도서출판 윤성사 059
DMZ 평화와 가치

제1판 제1쇄 2020년 2월 28일
엮은이 대진대학교 DMZ 연구원
펴낸이 정재훈

펴낸곳 도서출판 윤성사
주 소 서울특별시 서대문구 서소문로27, 충정리시온 409호
전 화 편집부_02)313-3814 / 영업부_02)313-3813 / 팩스_02)313-3812
전자우편 yspublish@daum.net
등록 2017. 1. 23

ISBN 979-11-88836-49-9 (93350)
값 15,000원

© 대진대학교 DMZ 연구원, 2020

이 책의 전부 또는 일부 내용을 재사용하려면 반드시 사전에 저작권자와
도서출판 윤성사의 동의를 받아야 합니다.

잘못 만들어진 책은 구입하신 서점에서 교환 가능합니다.

DMZ
평화와 가치

대진대학교 DMZ 연구원 엮음

김정완·나용우·박영민·박은진·이정훈
최용환·한상민·함광복·황수환

머리말

　남북 분단의 상징인 DMZ(비무장지대, Demilitarized Zone)가 새롭게 조명을 받고 있다. 1953년 7월 군사정전협정 체결과 함께 설정된 한반도 DMZ는 지난 67년 동안 역설적으로 세계에서 가장 중무장한 지역으로 남아 갈등과 대립의 상징지대가 되어 왔다. 남북한은 248km 구간의 DMZ에 철조망을 두르고 지뢰지대를 조성해 드넓은 금단의 땅으로 만들었다. 이에 대한 반대급부로 그동안 DMZ 내에서 자연은 스스로 움을 틔우고 번성하여 위대한 생태보고를 일궈냈다. 세계적 멸종위기종 101종을 포함해 5,929종의 야생생물이 서식하면서 상생의 생명 공간을 창출해 냈다. 이처럼 DMZ는 무장(武裝)과 생명이 중첩된 역설적 공간(DMZ Paradox)이 되었다.

　2013년 이후 DMZ를 세계생태평화지대로 조성해야 한다는 구상이 점차 정책 의제로 구체화하기 시작했다. 특히 문재인 정부가 출범하면서 제시된 '한반도 신경제지도 구상'하에서 2018년 '4.27 판문점 남북정상회담', '9.19 평양공동선언', 2019년 '6.30 남북미 정상 판문점 회동' 등 일련의 한반도 평화프로세스 전개와 맞물리면서 DMZ는 세계적 관심 지대로 떠오르게 되었다. 더욱이 2019년 9월 25일 문재인 대통령은 유엔총회 기조연설에서 DMZ는 세계가 그 가치를 공유해야 하는 '인류의 공동유산'이라고 규정하고, DMZ 국제평화지대화 조성 방안을 제안하였다. 이는 판문점과 개성을 잇는 지역에 평화협력지구를 지정하여 남북한뿐만 아니라 국제사회가 함께 세계 상생과 함께 한반도의 항구적인 평화정착을 도모하자는 내용이었다. 이를 위해 DMZ 내에 현재 남북한에 주재하는 유엔기구와 평화·생태·문화 관련 국제기구를 유치하겠다는 방안을 제시했다. 이제 DMZ는 단순히 남북한만의 의제가 아니라 '국제적' 의제로서 인류가 추구해야 하는 '평화적 가치'를 담지하고 있다는 것을 천명했다.

　그간 DMZ에 관한 연구는 안보, 평화, 생태환경 등 다양한 측면에서 독자적으로 추진됐으나 이제는 DMZ에 대한 입체적인 조망을 위해 개별 학문보다는 학제적인(interdisciplinary) 접근이 요구되고 있다. 여기에는 사회과학, 환경학, 생태학 영역뿐만 아니라 평화학, 냉전사, 문화인류학, 문화콘텐츠 등의 영역이 두루 포함되어야 한다.

　본 연구는 '대진대학교 DMZ연구원'이 학술총서 발간사업으로 기획한 첫 번째 성과물로서 국내 DMZ 관련 분야별 최고 전문가들의 지혜를 하나로 모았다.

　또한, 무엇보다도 먼저 DMZ가 지닌 평화자원으로서의 가치에 주목하고 그 현황과 함의를 살폈다. DMZ의 평화자원은 남북한뿐만 아니라 국제사회에 심오한 함의를 제공하고 있으며 그중 하나는 DMZ 일원에 켜켜이 누적된 대립과 갈등, 그 반작용으로서 평화와 협력의 갈망에 관한 것이다. 또 다른 평화자원은 DMZ를 사이에 두고 남북한이 공유하는 역사·인문 콘텐츠이다. 대표적인 예로서 철원 지역 DMZ 군사분계선 중심에 있는 태봉국 도성과 관련된 유적을 들 수 있다. 마지막 평화자원은 생태자원이다. 이에 본 연구는 DMZ는 멸종 위기 야생동물인 두루미와 독수리 등의 월동지이고 다양한 수생동물과 각종 희귀식물의 보고라는 점을 학술적으로 규명했다.

그리고 본 연구는 이러한 DMZ의 평화자원과 생태자원을 다룸에 있어 관련 지방자치단체의 정책적 관심이 무엇보다 중요하다는 판단으로 그동안 경기권과 강원권의 지자체들이 보여준 DMZ에 대한 인식과 노력을 담았다.

마지막으로 DMZ의 미래상을 살펴보기 위해 DMZ가 남북 간 교류협력에 어떻게 기여할 수 있으며 그 모델은 무엇인지를 모색하는 글을 실었다. 더 나아가 공산주의와 자본주의 간의 마지막 대결 공간인 DMZ를 국제평화지대로 조성함에 있어 채택해야 할 전략과 고려사항을 다루었다. 이를 위해 통독 이후 사라졌던 독일의 DMZ인 '그뤼네스 반트(Grünes Band)'의 재조성 과정과 현재의 관리 상황은 중요한 참고 모델이 될 수 있다는 점에서 이를 조망했다. 이와 함께 향후 DMZ는 한반도를 넘어 세계의 상생 공간이 된다는 점에서 DMZ 세계평화공원을 상생을 기본 모토로 삼고 있는 증산사상과 연계하여 그 함의를 다루었다.

본 총서가 DMZ의 모든 것을 소개하고 지향점을 제시할 수는 없을 것이다. 다만, 이번 총서를 계기로 대진대 DMZ연구원이 DMZ의 형상과 의미를 추적하기 위한 첫걸음을 뗐다는 점에서 소박한 의미를 찾고자 한다. 아무쪼록 DMZ 연구자들과 관심 있는 독자들께 조금이라도 도움이 되기를 기대한다.

끝으로 이번 총서 발간에 지원과 격려를 아끼지 않으신 학교법인 대진대학교 윤은도 이사장님과 이면재 총장님께 깊은 사의(謝意)를 표하며 앞으로 DMZ연구원은 그동안 남북간의 대립과 갈등의 상징이었던 DMZ를 남북통일과 세계상생의 공간이라는 꿈을 실현하는 DMZ(Dream Making Zone)로 발전시키기 위한 노력을 배가할 것을 다짐한다.

2020년 2월 28일
대진대학교 DMZ 연구원 원장 김정완

차례

제1편 DMZ의 재발견 ·· 9

1장 DMZ 평화자원과 가치 ·· 11
  제1절 들어가며 ··· 13
  제2절 DMZ의 정치군사적 의미와 평화자원 ····································· 14
  제3절 DMZ 평화적 활용을 위한 노력과 한계 ·································· 19
    1. 탈냉전과 DMZ 및 접경지역 평화적 활용 논의의 진전 ············· 19
    2. 통일경제특구 ·· 20
    3. DMZ 세계생태평화공원 ·· 22
    4. DMZ 평화적 활요에 대한 기존 구상 평가 ····························· 23
    5. 최근 남북합의 진전과 한계 ·· 25
  제4절 결론 : DMZ 평화자원의 가치 활용을 위한 과제 ···················· 26

2장 DMZ 인문자원과 가치 ·· 31
  제1절 DMZ란 무엇인가? ··· 33
    1. 2018 DMZ 명장면 ··· 33
    2. DMZ를 잘 모르는 몇 가지 실수 ·· 34
    3. 뜻밖의 유산 '20세기가 남긴 냉전유적' ·································· 35
  제2절 뜻밖의 선물 '20세기가 남긴 냉전 유적지' ······························ 36
    1. 그곳은 한국사를 담은 역사책이다 ··· 36
    2. DMZ에 잠겨있는 '근대' ·· 38
    3. 살아있는 전쟁박물관 ··· 42
    4. 냉전 부산물 '민통선 문화' ·· 50
    5. 단 하나밖에 없는 냉전자연생태계 ··· 54

3장 DMZ 생태자원과 가치 ·· 57
  제1절 DMZ 일원의 생태계 현황 ·· 59
    1. 생물종 다양성 ··· 59
    2. 생태계 유형과 특성 ·· 61
    3. 생태계 위협요인 ··· 63
  제2절 DMZ 일원 생태자원 요소와 가치 ··· 64
  제3절 DMZ 일원의 생태보전 관련 기존 논의와 정책 ······················· 68
    1. DMZ 일원 생태조사 및 연구 ·· 68
    2. DMZ 관련 기존 논의 및 정책 ·· 70
    3. DMZ 일원 생태보전 노력 : 유네스코 생물권보전지역 지정 ···· 72
  제4절 DMZ 생태가치 보전을 위한 주요 과제 ·································· 74

제2편 변화하는 DMZ : 경기, 강원권 ············ 77

4장 경기권 DMZ ············ 79
제1절 서론 ············ 81
제2절 DMZ에 대한 이미지와 인식 : 분단, 전쟁, 평화, 생태 ············ 82
제3절 DMZ의 생태와 문화 자산 : 3강과 문화 ············ 87
    1. 한탄강 ············ 87
    2. 임진강 ············ 88
    3. 한강하구와 중립수역 ············ 91
제4절 DMZ 삶의 흔적 복원을 통한 분단 극복 ············ 93
제5절 경기권 DMZ의 미래 : 남북 통합의 실험장 ············ 95

5장 강원권 DMZ : 평화학적 의미와 가치 ············ 99
제1절 들어가며 ············ 101
제2절 평화의 의미와 영역 ············ 105
    1. 평화의 의미 ············ 105
    2. 평화의 영역 ············ 106
제3절 'DMZ 평화의 길'에 대한 평화적 의미의 적용 ············ 107
    1. 정치적 경계허물기 ············ 107
    2. 군사적 긴장해소 ············ 108
    3. 생태·환경적 차원 ············ 110
    4. 지역경제 활성화 ············ 111
    5. 역사·문화유산 보존과 활용 ············ 111
제4절 나오며 ············ 113

제3편 DMZ의 미래상 ············ 117

6장 DMZ의 평화적 이용을 위한 남북협력 방안 ············ 119
제1절 서론: 국가 발전전략에서 DMZ의 위상 ············ 121
제2절 접경지역(borderlands)의 유형과 남북 DMZ 접경지역 ············ 123
제3절 접경지역간 국제협력의 사례 ············ 128
제4절 단절의 선에서 연결과 공존의 공간으로의 DMZ 활용방안 ············ 129
    1. DMZ 공동농업지구 설치 및 공동운영 ············ 131
    2. DMZ 국제평화대학 및 국제기구 설치 ············ 133
    3. 공유하천 공동관리를 통한 남북협력 ············ 133
제5절 결론: 남북 DMZ의 평화적 이용을 위한 추진과제와 선결조건 ············ 135

7장 DMZ 국제평화지대화 방안 ··· 141
제1절 들어가며 ·· 143
제2절 'DMZ 역설'과 DMZ 가치 설정 ··· 144
제3절 DMZ의 규범과 관할권 문제 ··· 148
제4절 DMZ 평화적 이용방안 ·· 151
1. 남북 공유하천 협력 ·· 151
2. 개성-판문점 국제평화지대 조성 ···································· 154
3. DMZ 지뢰 문제의 해결 ·· 156
제5절 결론 ··· 158

8장 독일의 그뤼네스 반트(Grünes Band) 발전 과정과 정책 현황 ········ 161
제1절 들어가며 ·· 163
제2절 그뤼네스 반트의 탄생과 발전 그리고 분트(BUND)의 역할 ···· 166
1. 그뤼네스 반트와 독일의 통일: ······································· 166
   "자연보호로 하나가 되다(im Naturschutz vereint)"
2. 그뤼네스 반트와 분트의 역할: ······································· 167
   "비전이 현실이 되다(Eine Vision wird Wirklichkeit)"
제3절 독일통일 후 그뤼네스 반트 정책 변동과 연방정부의 다층적 거버넌스 ······ 169
   (multilevel governance)
1. 그뤼네스 반트와 다층적 거버넌스: 수평적 상호작용, 왜 중요한가? ··· 169
2. 그뤼네스 반트의 도약과 발전(2002년 이후): ··················· 171
   자연 보전과 지속가능한 발전의 융합
제4절 사례 연구: ··· 174
   튀링엔(Thüringen) 주의 그뤼네스 반트 정책 수립 및 이행 현황
제5절 결론 및 시사점 ·· 177

9장 증산사상과 DMZ 세계평화공원 ··· 183
제1절 서론 ··· 185
제2절 DMZ 세계평화공원의 지정학적 함의 ·································· 186
1. DMZ 세계평화공원의 위상 ·· 186
2. DMZ 세계평화공원의 입지 후보지 ·································· 187
제3절 증산의 한반도 상등국 천지공사 ·· 190
1. 한반도 상등국 천지공사 전개과정 ·································· 190
2. 오선위기 공사와 한반도 주변 국제정치 ·························· 195
제4절 증산의 천지공사 이념과 DMZ 세계평화공원 ························ 196
1. 해원상생과 DMZ 세계평화공원 ······································ 196
2. 보은상생과 DMZ 세계평화공원 ······································ 200
제5절 맺음말 ·· 202

제 1 편

DMZ의 재발견

제**1**장

DMZ 평화자원과 가치

DMZ 평화자원과 가치[*]

최용환

제1절 들어가며

한반도 비무장지대(이하 DMZ)는 1953년 한국전쟁이 종료되면서 탄생하였다. 한국전쟁은 3년이 넘는 기간 동안 한반도에 엄청난 피해를 안겼지만, 종전(終戰)이 아니라 정전(停戰)으로 마무리되었다. 승자와 패자가 없이 전쟁이 중단된 상태가 된 것이다. 전쟁으로 인한 남한의 인적 피해(사망, 실종, 부상, 납치, 포로 등)만 해도 군인 62만 여명, 민간인 99만 여명에 달한다.[1] 북한군 피해 역시 이에 못지않을 것이며, 북한 지역 민간인 피해도 막대할 것이다. 남북한의 물적 피해는 천문학적인 규모에 달한다.

더욱 중요한 것은 전쟁으로 인해 남북 양측에 남은 심각한 적대감과 상호불신이 지금까지 이어지고 있다는 사실이다. 남북한 정부는 상대방의 존재를 부인하면서 탄생하였다. 여기에 전쟁이 남긴 해소할 수 없는 부정적 후유증이 더해지면서, 한반도에서의 남북 간 대립과 갈등은 더욱 심각해졌으며 현재까지도 이어지고 있다. 탈냉전 시대가 도래하면서 남북 간 해빙 분위기가 조성되기도 하였지만, 정치·군사적 갈등이 발생하면 쉽사리 원래의 적대관계로 회귀하는 일이 반복되고 있다.

이러한 남북 갈등을 상징하는 공간이 DMZ이다. 주지하는 바와 같이 DMZ는 군사적 충돌 방지를 목적으로 설치되었다. 따라서 DMZ는 내부는 말 그대로 비무장 상태로 유지되어야함에도, 실제 한반도 DMZ는 세계에서 가장 중무장된 지역 가운데 하나이다. 정전협정에 따르면 쌍방은 DMZ 내부에서 혹은 DMZ를 향하여 또는 DMZ로부터 어떠한 적대행위도 할 수 없다. 하지만 DMZ는 물론이고 NLL과 그 인근 지역에서의 군사적 충돌은 무수히 발생하였으며, 심지어 2km 후퇴라는 원칙도 지켜지지 않고 있는 것이 한반도 DMZ의 현실이다.

그럼에도 불구하고, 생태·환경 등과 관련된 DMZ의 미래지향적 가치들이 새로운 주목을 받고 있으며 DMZ의 평화적 활용과 관련된 제안도 지속적으로 이루어지고 있다. 따라서 여기서는 DMZ

---

[*] 이글은 최용환, "DMZ 평화지대 조성을 위한 실천과제," 『접경지역통일연구』 제2권 제2호 (2018년 겨울호), pp. 54-76의 내용을 기초로 수정·보완·재정리한 것임

1) 박동찬, 『통계로 본 6.25전쟁』 (서울: 국방부 군사편찬연구소, 2014), p. 200, 263,

본래의 목적 그리고 미래 DMZ의 가치와 핵심적으로 연관되는 '평화'와 관련된 DMZ의 가치를 살펴보고자 한다. DMZ와 평화의 가치 연계가 중요한 것은, 남북화해 시대가 도래하면 DMZ의 위상과 가치는 크게 변화할 수밖에 없을 것이기 때문이다.

또한, 이 글은 DMZ 평화자원의 유형적 측면보다는 무형적 측면에 초점을 맞추고자 한다. 왜냐하면 DMZ 평화자원은 안보관광이나 통일관광 등의 협소한 차원으로 평가할 수 없는 무한한 가치를 가지고 있다고 보기 때문이다. 따라서 DMZ 평화자원은 아직 그 가치를 제대로 발현시켜본 적이 없으며, 따라서 그 잠재력으로 평가받는 것이 더 타당할 것이다.

제2절 DMZ의 정치군사적 의미와 평화자원

한국전쟁은 정전협정이 체결된 시점의 군사 대치선을 경계로 마무리되었으며, 남북 간 군사적 충돌 방지를 위해서 육상지역의 군사분계선(MDL: Military Demarcation Line)을 기준으로 남북 각 2km씩, 총 4km의 폭을 가진 DMZ(De-Militarized Zone)를 설정하였다.[2]

[그림 1-1] 비무장지대, 한강하구 중립수역, 북방한계선

---

2) 정전협정 제1조 제1항: 한 개의 군사분계선을 확정하고 쌍방이 이 線으로부터 각기 2km씩 후퇴함으로써 敵對 군대 간에 한 개의 비무장지대를 설정한다. 한 개의 비무장지대를 설정하여 이를 완충지대로 함으로써 적대행위의 재발을 초래할 수 있는 사건의 발생을 방지한다.

정전협정은 남북 간 육상 경계에 DMZ를 설정한 이외에 한강하구 지역에는 중립수역을 설정하였다.[3] 한강하구 중립수역은 육상의 DMZ와 다소 다른 법적 위상을 가진다. 예컨대 육상의 DMZ에서 일체의 통행이 제한받는 것과 달리 한강하구 중립수역은 남북 민간 선박의 무해통항을 법적으로 허용하고 있다. 반면 정전협정에서는 해상경계선을 설정하지 못하였다. 그 결과 1953년 8월 30일 유엔군 사령관 클라크(Mark W. Clark) 대장은 해상에서의 무력충돌 방지를 위해 동해와 서해에 북방한계선(NLL: Northern Limit Line)을 설정하였다.[4] 이에 대해 북한은 NLL이 일방적으로 만들어진 경계선이라며 이를 무력화하려는 시도를 지속해오고 있으며, 이는 남북 간 주요 갈등 원인 가운데 하나가 되고 있다.

정전협정에 따라 DMZ에 대한 관할권은 군사정전위원회(Military Armistice Commission)가 가지는데, DMZ 내 군사분계선(Military Demarcation Line, 이하 MDL) 이남 지역에 대해서는 유엔군 총사령관이, DMZ 내 MDL 북방 지역은 북한군 총사령관과 중국인민지원군 총사령관이 공동책임을 진다. 결국 DMZ는 대한민국 헌법상 대한민국 국토의 일부이지만, 실질적으로는 대한민국의 주권이 제한되는 독특한 위상을 가지는 지역이 되었다. 예컨대 군사정전위원회[5] 허가 없이 어떤 군인이나 민간인도 DMZ에 들어갈 수 없는 것이 현실이다. 최근에는 DMZ의 비군사적 활용과 관련하여 유엔사의 권한을 어디까지 인정해야 하는지 여부가 새로운 쟁점이 되고 있다.

일반적으로 DMZ는 군사적으로 대립상태에 있는 양자를 인위적으로 분리하려는 의도로 조약이나 협정에 의해 설치되는 완충지대를 의미한다. 한반도 이외에 세계 여러 곳에 DMZ가 설치되어 있는데, 남극과 같이 군사적 충돌 방지가 아니라 특정 국가의 이익 독점 방지를 목적으로 DMZ가 설치되기도 한다. 이외에 노르웨이의 스발바르 제도는 영유권 문제 해결을 위해 DMZ로 남은 사례이다. 즉 DMZ는 적대세력 간 완충지대로 기능하기도 하지만, 어떤 지역에서 DMZ는 접경지역의 적극적 이용을 통해 상호 이익 증진과 평화 정착에 기여하는 공간이 되기도 한다.[6]

---

3) 정전협정 제1조 제5항: 한강하구의 수역으로서 그 한쪽 강안이 일방의 통제 하에 있고 그 다른 한쪽 강안이 다른 일방의 통제 하에 있는 곳은 쌍방의 민용선박의 항행에 이를 개방한다. 첨부한 지도에 표시한 부분의 한강하구의 항행규칙은 군사정전위원회가 이를 규정 한다. 각방 민용선박이 항행함에 있어서 자기 측의 군사통제하에 있는 육지에 배를 대는 것은 제한받지 않는다

4) 동해에는 군사분계선 연장선을 기준으로 북방경계선(NBL: Northern Boundary Line)을 설정하였음. NBL은 1996년 7월 이후 북방한계선(NLL)으로 명칭이 통일되었음. 서해 NLL은 당시의 영해 기준인 3해리를 고려하고, 서해5도와 북한 지역과의 개략적인 중간선을 기준으로 설정하였음. 더 자세한 내용에 대해서는 최용환, "한강하구 모래준설을 위한 한강하구 중립지역 관할권 검토," Policy Brief, 2008-5 (수원: 경기연구원, 2008) 참조.

5) 군사정전위원회는 정전협정에 기초하여 만들어졌으며, 협정의 이행 감독, 협정 위반 사건의 처리 등을 담당하였음. 1991년 북한이 군사정전위원회 불참을 선언하면서 기능이 중지되었다가, 1998년 '유엔사와 북한군 간의 장성급회담'이 개최되면서 동 회담이 군사정전위원회의 기능을 대체하고 있음

6) 조응래 외, 『DMZ의 미래』(서울: 한울아카데미, 2013), p. 24.

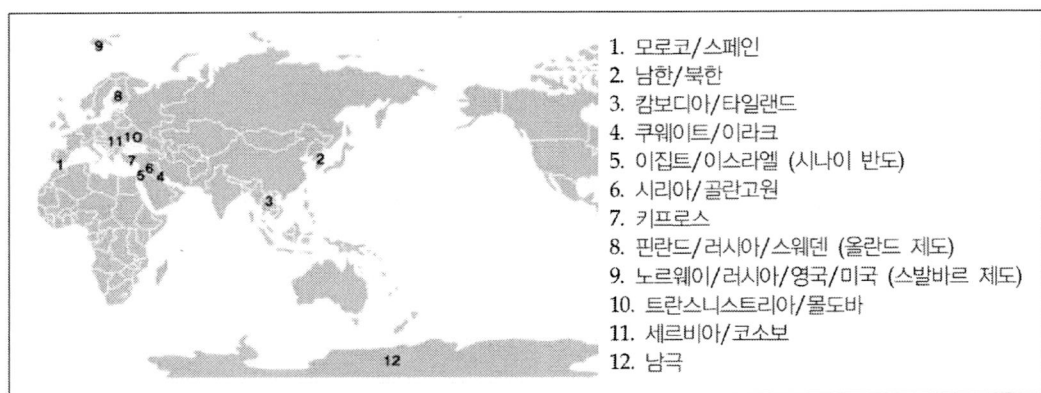

출처: 박은진 외, "분단·대립 접경지역의 해외사례와 한반도 DMZ의 시사점," 『이슈&진단』 제44호 (수원: 경기개발연구원, 2012. 4. 25), p. 1.

[그림 1-2] 세계의 비무장지대

    한국전쟁 자체가 냉전의 대리전 성격을 가졌던 만큼, 한반도의 DMZ는 남북 분단의 경계이자 동서 냉전의 경계이기도 했다. 세계적 차원의 냉전은 1990년대 초반 붕괴되었지만, 한반도 DMZ는 과거 냉전시대의 유산으로서 여전히 남아있는 상태이다. 한반도의 정치·군사적 갈등은 여전히 심각한 상태이며, 미중 패권경쟁에 따른 신냉전구도가 강화되면서 한반도의 이중적 분단구조 역시 여전히 유지되고 있다.

    하지만 남북화해 시대가 도래하면 DMZ는 분단과 갈등의 공간에서 소통과 협력의 공간으로 변화할 것이다. 이것은 역설적으로 현재 군사적 대치를 상징하는 시설과 공간들이 향후 과거 역사를 상징하는 기념물로 변화할 것이라는 의미이다. 나아가 지금부터 DMZ에서 평화협력 질서를 만들어가는 모든 과정이 새로운 역사의 중요한 이정표가 될 것이라는 의미이기도 하다. 즉 과거부터 지금까지 한반도의 갈등과 대립을 상징하는 모든 시설과 공간들은 마지막 남은 냉전의 박물관이자 역사의 현장으로서 가치를 가질 것이다. 또한 분쟁의 공간을 평화와 번영의 공간으로 바꾸어가는 모든 과정과 그 흔적들이 미래 이 지역의 평화가치를 담아내는 자산이 될 것이다. 아래 그림에서 볼 수 있는 것처럼 과거 베를린 장벽이 있던 거리는 통일 이후 평화로운 광장으로 변모하였으며, 장벽의 흔적은 이제 과거 역사를 보여주는 상징물로 변화하였다. 이는 한반도 철도가 대륙 철도와 연결되는 순간 경의선 철도 중단점과 같은 공간이 어떻게 변화할 것인지를 보여주는 사례이다. 예컨대 현재의 철도중단점은 대륙으로 출발하는 기점이자, 대륙으로부터 한반도 중심으로 들어오는 관문이 될 것이다.

출처: (左) 김병희, "터널지나면 콧구멍이 새카만 … 열차의 추억" 공감(대한민국 정책주간지)
⟨http://gonggam.korea.kr/newsView.do?newsId=01IUdftA0DGJM000⟩
(검색일: 2020. 2. 24) (右) 필자

[그림 1-3] 경의선 철도 중단점(左), 포츠담 광장 베를린 장벽유적(右)

그런 의미에서 현재 DMZ에 설치된 대규모 군사시설을 포함하여, 향후 접경지역에서의 남북화해협력과 관련된 모든 것들이 미래자원으로서의 가치를 가지고 있다고 보아야 할 것이다. 즉, DMZ 평화자원은 안보관광 대상으로서 땅굴이나 전적지, 혹은 GP, GOP 등과 같은 군사시설물에 한정되지 않는다. DMZ 평화자원은 DMZ의 역사와 관련이 있으며 과거부터 현재까지 그리고 앞으로 만들어 나아가야 할 역사적 사실들이 모두 DMZ 평화자원이라고 할 수 있다. 따라서 DMZ 평화자원의 가치를 살펴보기 위해서는 단순히 하드웨어적 측면이 아니라 협력의 맹아가 되는 소프트웨어적 측면을 동시에 보아야 할 것이다. 미래 DMZ 평화자원은 역설적으로 현재 갈등이 가장 첨예한 곳에서 시작하여, 협력이 이루어지지 않는 쟁점, 그리고 발전의 잠재력이 제한된 사안들에서 찾을 수 있을 것이다.

그런 의미에서 2018년 남북군사합의 결과 DMZ 내 GP 일부를 철거하면서 DMZ 최동단 고성 369GP를 통일역사유물로 조성하기로 한 것은 의미가 크다. 나아가 현재는 중단되었으나 개성공단이나 금강산 관광지구 등이 재가동된다면 남북협력의 상징적 공간으로서 DMZ 위상과 역할 변화를 보여주는 중요한 자원이 될 수 있을 것이다. 또한 탈냉전 이후 접경을 관통하여 이루어지는 모든 남북협력사업들 역시 향후 DMZ 평화자원으로서의 가치를 가진다.

2019년 내외국인 800명을 대상으로 실시한 온라인 설문조사[7] 결과에 따르면 DMZ에 대한 최초 연상 키워드는 북한, 휴전선, 남북분단 순이었다. DMZ의 가치 요소 8개를 구분한 평가에서는 분단상징이라는 평가가 가장 높았으며, 이어서 생태자원, 전정상징, 평화상징 등의 순 이었다. 다만 국적별로 한국인들의 경우에는 DMZ의 생태자원적 가치를 가장 높게 평가한 반면, 외국인들은

---

7) 경기연구원의 의뢰로 2019년 7월 16일부터 26일까지 기간 동안 PMI에서 수행한 온라인 서베이 결과임. 표본은 800명(한국인 500, 중국인 150, 독일인 150)임. 더 자세한 내용에 대해서는 이정훈 외, "한국인과 외국인이 본 DMZ의 이미지와 가치," 『이슈&진단』, No. 285 (수원: 경기연구원, 2019. 9.11) 참조

전쟁상징 혹은 분단상징의 의미를 더 높게 평가하고 있음을 알 수 있다. 이 조사 결과가 절대적인 것은 아니겠으나, 한국인과 외국인들이 생각하는 DMZ의 가치에 차이가 있다는 점은 시사하는 바가 크다. 즉 한국인들은 DMZ의 최초 설치 목적보다 DMZ 설치의 결과 새롭게 부각되는 생태·환경적 가치에 더 주목하는 반면, 외국인들은 여전히 냉전적 가치를 중심으로 DMZ를 평가하고 있다.

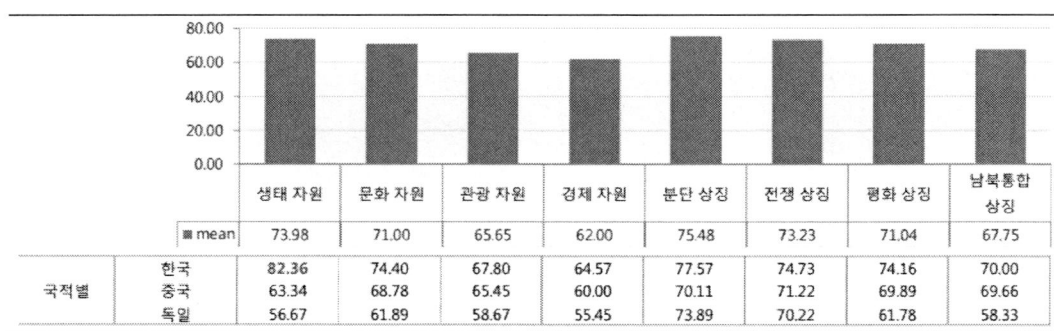

출처: 이정훈 외, "한국인과 외국인이 본 DMZ의 이미지와 가치," 『이슈&진단』 No. 285 (수원: 경기연구원, 2019. 9.11), p. 13.

[그림 1-4] DMZ에 대한 가치평가(n=800, 100점 만점)

DMZ에 대한 일반인들의 인식이 이렇다 보니, 지금까지 DMZ 평화자원의 가치는 이른바 안보관광 차원에서 접근하는 정도에 그쳤던 것이 사실이다. 안보관광은 과거 안보교육의 장으로서 한국전쟁 전적지, 전쟁 유적 및 기념관 등을 중심으로 이루어졌다. 최근에는 이 개념을 확장하여 죽음, 재난재해, 잔혹한 행위 관련 현장이나 역사적 사실 중심의 이른바 다크투어리즘(dark tourism), 슬픔의 장소(grief tourism) 등으로 분류되기도 한다.[8] 2009년부터 2019년까지 기간을 대상으로 DMZ 관련 소셜미디어 분석을 시행한 연구의 결과에 따르면, DMZ와 관련하여 매년 상위 빈도를 보이는 키워드는 역시 평화, 생태, 전쟁, 관광, 통일, 남북, 북한 등이다. 특히 관광에 대한 인식을 살펴보면 연도별 차이가 있으나 '평화' 키워드와 함께 인식되고 있음을 알 수 있다.[9]

하지만 한반도 DMZ가 가지는 역사성, 세계사적 상징성 등을 고려할 때 DMZ 평화자원의 가치는 안보관광보다는 훨씬 넓은 견지에서 평가할 필요가 있다. 물론 DMZ의 생태·환경적 가치와 그 잠재력은 무궁무진하며, 미래에 더 큰 주목을 받게 될 것이다. 하지만 DMZ의 어떤 가치도 평화가 전제되지 않으면 진정한 빛을 볼 수 없을 것이다. 전쟁과 분단이 냉전적 과거와 관련된 것이라면 그것이 끝나는 지점인 평화는 새로운 시작이자 미래와 연관된 가치이다. 또한 평화는 생태·환경 등 DMZ의 미래적 가치 활용을 위한 전제이자 그 자체로 중요한 의미를 가진다. DMZ의 진정한 평화는 과거부터 현재까지 DMZ의 부정적 이미지를 새로운 가치로 변모시킬 수 있는 기반이 되기 때문이다.

---

8) 전효재, 『안보관광지역의 관광경쟁력 강화방안』 (서울: 한국문화관광연구원, 2016), p. 44.
9) 노희경, "통일관광을 위한 비무장지대(읍)의 관광학적 가치에 대한 인식 변화 연구: 소셜미디어 빅데이터를 중심으로," 『관광레저연구』 31(10) (2019. 10), p. 73.

예컨대 DMZ에 평화질서가 수립되면 남북 접경지역에 설치된 광범위한 군사시설보호구역은 한반도 중부권 발전의 새로운 공간으로 변모할 것이며, 한반도 중부지역을 동서로 관통하는 DMZ는 남북축의 백두대간과 함께 한반도의 중요한 생태축이 될 것이다.

DMZ 생태평화공원, 통일경제특구를 포함한 접경지역 평화적 활용 구상이 그동안 추진되지 못했던 것은 남북관계의 구조적 요인에 기인한 측면이 크다. 즉 남북 간의 정치·군사적 대립이 첨예한 상황에서 접경지역에서의 남북교류는 제한될 수밖에 없었던 것이 현실이다. 하지만 남북화해협력 시대가 도래하면 DMZ를 포함한 접경지역의 위상과 가치는 크게 변모할 것이다.

특히 남북 간 교통·물류 등 인프라 연결이 이루어지는 것은 단순한 남북교류협력의 확대를 넘어 대륙과의 육상연계를 의미한다. 기존의 단절된 경계를 넘어 교류협력의 폭과 깊이가 대륙까지 확대되는 것을 염두에 둔 구상 마련이 필요한 이유이다. 중국의 일대일로(一帶一路) 구상, 러시아의 신동방정책, 몽골의 초원의 길 등 동아시아 주요 국가들의 국가전략을 고려하여, 남북교류 정책도 기획할 필요가 있다. 이는 DMZ 평화자원의 가치가 무한히 확장될 수 있다는 것을 의미한다.

제3절 DMZ 평화적 활용을 위한 노력과 한계

1. 탈냉전과 DMZ 및 접경지역 평화적 활용 논의의 진전

DMZ의 평화적 활용에 대한 논의는 냉전시기부터 있어왔다. 하지만 냉전시기 DMZ의 평화적 활용에 관한 제안의 대부분은 비무장지대라는 명칭이 무색하게 중무장된 DMZ를 실질적으로 비무장화시키는 것에 초점을 맞추고 있었다. 이러한 제안 가운데 최초는 1972년 당시 유엔군 수석대표 로저스(Feliz H. Rogers) 소장의 제안으로 알려져 있는데, 동 제안의 핵심 역시 DMZ의 실질적 비무장화였다. 하지만 냉전기 DMZ의 평화적 활용에 대한 구상들은 정치적 제안의 성격이 강했으며, 어떤 구상도 실질적 진전을 이루지 못하였다.

한국 정부는 냉전질서가 붕괴하자 남북 간 체제 경쟁이 사실상 종식되었다는 자신감에 기반하여 적극적이고 다양한 제안들을 내놓기 시작하였다. 노태우 대통령은 1988년 10월 18일 유엔총회 연설과 1989년 9월 11일 국회특별연설을 통해 DMZ 내부에 평화시 건설을 제안한 바 있다.[10] 노태우 대통령의 평화시 제안 이전인, 1982년에도 한국 정부는 비무장지대 안에 공동경기장 구상을 가지고 있었으며, 1988년 6월 29일 당시 신민당 김대중 총재도 비무장지대 안에 가칭 민족공원과 통일운동장 등을 제안하기도 하였다.[11] 하지만 이러한 구상들은 북측의 호응을 받지 못하였으며, 1990년대 초반에 불거진 북한 핵위기 등으로 추진될 수 없었다.

2000년 남북정상회담이 개최되고, 남북관계 개선이 이루어지면서 개성공단과 개성 및 금강산 관광, 남북 도로·철도 연결 사업 등이 접경지역에서 추진되면서 접경지역의 평화적 활용에 대한

---

10) "노태우 대통령 유엔총회 연설 (요지)," 『통일한국』 Vol. 59 (1988), p. 57.
11) 강석윤, "평화시 그 가능성을 진단한다," 『통일한국』 Vol.92 (1991). p. 82.

논의도 본격화되기 시작하였다. 당시 본격적인 DMZ 활용은 아니지만, DMZ를 관통하는 도로와 철도 등이 개설되는 등 제한적이지만 변화가 발생한 것이 주효했다. 생태·환경 등 DMZ의 새로운 가치에 주목한 DMZ 활용 구상이 본격화 된 것도 탈냉전 이후의 일이다. 물론 1979년 처음으로 세계자연보전연맹(IUCN)이 DMZ 평화공원 조성을 제안한 바 있으며, 1992년에도 IUCN은 유엔환경계획(UNEP)과 함께 DMZ 국제자연공원을 조성하자고 제안하기도 했다. 뿐만 아니라, 남측의 설악산과 북측의 금강산을 연결하는 평화공원을 조성하는 문제에도 관심을 보였다. 하지만 냉전기 이러한 구상은 남북 모두의 관심에서 벗어나 있었기 때문에, 논의는 제한적으로만 이루어졌다.

2000년대 접경지역에서 개성공단, 금강산관광 등 남북교류협력사업이 추진되면서 DMZ와 접경지역의 평화적 활용에 대한 주민인식의 변화도 발생하였다. 즉, DMZ를 관통하는 남북협력이 이루어지면서 접경지역 주민들은 남북관계 개선에 따른 변화를 낙후된 접경지역 발전의 계기로 인식하기 시작한 것이다. 예컨대, 통일경제특구는 개성공단 사업이 본 궤도에 이르면서 제안되기 시작하였는데, 2006년 최초 법안 제출 이후 2020년 현재까지 지속적이고 경쟁적으로 관련 법안들이 제출되고 있는 것은 접경지역 주민들의 지역발전에 대한 기대가 결합된 결과이다.

생태·환경 등 DMZ의 새로운 가치에 대한 인식, 접경지역 개발에 대한 주민요구의 증가 등에 맞추어 중앙정부와 지자체는 관련 구상을 구체화하였다. 2000년대 한국 정부는 부처별로 여러 가지 DMZ 평화적 활용 구상을 제시하였고, 이러한 추세에 따라 경기도와 강원도 등 광역지자체는 물론이고 기초 지자체들까지 자체 계획을 수립하였다. 예컨대 2009년 한해에만 행정안전부의 '남북교류·접경권 초광역개발 기본구상', 환경부의 'DMZ 생태평화공원 조성 기본계획', 문화체육관광부의 'PLZ 광역 관광개발계획' 등이 발표되었다. 이를 기반으로 지자체들 역시 관련된 자체 구상을 발전시켰다. 이와 같은 계획들을 관통하는 키워드는 '평화', '생태·환경', '지역 개발' 등이었는데, 이는 과거와 달라진 DMZ의 성격 변화를 상징한다.

2. 통일경제특구

2004년 12월 개성공단 시범단지에서 첫 제품이 출시되고, 2005년 말 시범단지 인프라가 거의 완공되면서 통일경제특구 논의가 시작되었다. 통일경제특구는 개성공단에 대응하는 공단을 남측지역에도 조성하여, 북한의 저렴한 노동력을 활용하겠다는 구상이다. 2006년 2월 여·야 국회의원 100명이 '통일경제특별구역의 지정 및 운영에 관한 법률안'을 공동발의한 것이 통일경제특구 논의를 촉발하는 계기가 되었다. 최초 제안된 통일경제특구 법률안은 경기도 파주시를 대상으로 하고 있었는데, 동일한 시기에 강원도는 철원 평화시 제안을 내놓았다. 이것은 남북 간 경제협력을 통해 지역발전을 꾀하려는 지자체들의 입장을 반영한 것으로 판단된다.

통일경제특구 구상은 개성공단의 성장과 확대에 맞추어 논의가 확대되었으나, 2008년 이후 남북관계가 경색되면서 실질적 진전은 없었다. 그럼에도 불구하고 통일경제특구 추진을 위한 법률안은 국회에 지속적으로 상정되었으며, 2010년에는 정부안이 제출되는 등 논의는 지속 되었다. 이명박 정부에서는 통일경제특구와 비슷한 컨셉의 '나들섬 구상'이 제안되기도 하였다. 중앙정부 차원의 통일경제특구 구상이 답보 상태에 머무는 동안 접경지역 지자체들은 동 구상 실천을 위한 자체 구상을 구체화하는 등 논의를 이어갔다.

논의의 실질적 진전은 없었지만 접경지역 지자체들은 관련 구상을 구체화하여 경쟁적으로 제시하였다. 예컨대, 인천시가 인천(강화)과 개성을 연계하는 발전구상을 제시하자, 김포시는 김포와 개성을 연계한 교류협력단지 구상을 내놓는 식이었다. 이외에도 최초 통일경제특구 법안 제출 당시 염두에 두었던 파주시도 독자적인 통일경제특구 구상을 제시하였으며, 인근 지자체인 연천군과 고양시도 별도의 계획을 발표하였고, 강원도는 설악과 금강을 연계한 구상을 발표하기도 하였다.

〈표 1-1〉 주요 접경지역 지자체들의 남북연계 구상

출처: 강화도, 『2010년도 주요 군정계획』(2010); 신종호 외, 『경기도의 통일경제특구 유치방안 연구』(수원: 경기개발연구원, 2012), p. 97.; 김범수 외, 『강원도 DMZ와 한반도 공간관리』(춘천: 강원발전연구원, 2013), p. 36.

통일경제특구 구상의 핵심 논리는 개성공단에 대응하는 공단을 남측지역에 건설하여, 값싼 북측 노동력의 이점을 활용하겠다는 것이었다. 하지만 개성공단 자체가 1단계를 마무리하지 못하고 답보상태에 머물러 있는 상황에서 남측 대응공단 건설에 대한 북측의 관심은 매우 낮았다. 개성공단이 원활하게 진행되던 시기에는 개성공단에 공급해야 할 북측 서부 접경지역의 가용한 노동력 부족이 문제가 되고 있었다. 즉, 서부 접경지역에서 남측 지역으로 추가로 파견할 수 있는 북측의 여건이 마련되지 않은 상황에서 북한과 협의 없이 남한 독자적으로 추진한 구상은 현실성이 부족했다. 또한 통일경제특구는 북측 노동자의 낮은 임금에 기대를 걸고 추진되었지만 남측 지역에 경제특구가 건설될 경우 여기에 고용되는 북한 노동자들의 임금수준을 남한의 최저임금 아래로 책정할 수 있는지의 여부는 매우 논쟁적인 사안이었다.

더 나아가 통일경제특구 논의가 현실화되기 위해서는 중앙정부의 정책 실행 의지가 핵심이다. 특히 한국 정부의 주권이 일부 제한되는 DMZ라는 특수 지역을 대상으로 한다면 더욱 그렇다고 할 수 있다. 하지만 2008년 이후 남북관계 경색과 남북교류의 전반적인 위축 분위기 속에서 통일경제특구 구상은 현실화될 수 없었다. 통일경제특구 법안은 20대 국회 1호 법안으로 제출되는 등 관련 법안들이 다수 상정되었지만 21대 국회의원 총선거를 앞둔 2020년 2월 현재 국회임기만료로 폐기될 것으로 보인다. 개성공단 사업이 중단된 상황에서 국제사회의 대북제재 수위도 높다보니 통일경제특구 구상이 실현되기 위해서는 앞으로도 상당한 시간이 필요할 것이다.

3. DMZ 세계생태평화공원

DMZ는 생태·환경적 측면과 평화적 측면 등 다양한 가치를 담고 있는 지역이다. 따라서 동 지역의 가치에 주목한 계획과 구상은 지속적으로 제기될 가능성이 높다. 공원의 특성상 생태적 측면에 대한 관심이 우선할 개연성이 높지만, 한반도의 특성상 평화 역시 포기할 수 없는 가치이자 DMZ를 상징하는 키워드라는 점에서 양자를 포괄하거나 연계하는 개념이 반영될 것이다.

생태와 환경 등 DMZ의 새로운 가치에 주목한 구상 가운데 대표적인 것이 DMZ 세계생태평화공원이다. 이 구상은 이명박 정부에서는 DMZ 생태평화공원이라는 이름으로 국정과제로 제시되었으며, 박근혜 정부에서는 DMZ 세계생태평화공원이라는 명칭으로 제안되었다. 생태와 평화라는 DMZ의 이중적 가치를 결합한 구상이 국정과제로 제시되면서 중앙정부 부처들은 관련 계획을 구체화시키기 시작하였다. 2009년 환경부는 'DMZ 생태평화공원 기본계획'을 발표하였다. 이 계획을 바탕으로 환경부는 철원 지역을 대상으로 한 연구사업[12]을 추진하기도 하였다. 하지만 이 계획은 DMZ 내부를 대상으로 하지는 않았고, 민간인통제선(이하 민통선) 이북의 접근 가능한 지역에 생태평화지구를 조성하고, 지역 특성을 반영한 생태탐방로를 조성하는 등의 내용을 담고 있었다.

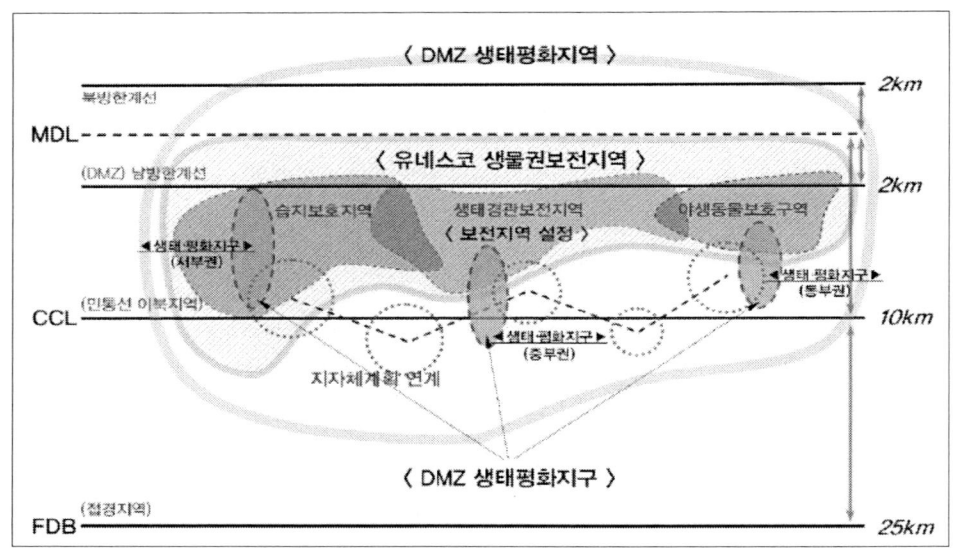

출처: 환경부, 『DMZ 생태평화공원 기본계획』(2009).

[그림 1-5] **DMZ 생태평화공원 개념과 공간구성**

정부가 DMZ 생태평화공원 구상을 구체화하자, 접경지역 지자체인 경기도 역시 2008년 자체적으로 관련 구상을 구체화하여 발표하였다. 이 계획도 환경부 구상과 동일하게 DMZ 내부가 아니라 민통선

---
12) 환경부·(주)하늘그린, 『DMZ 일원 생태·평화공원 조성을 위한 기본계획 수립』(2011)

인근의 접근 가능한 지역을 대상으로 한 것이었다. 즉 DMZ 생태평화공원이라는 명칭을 가지고 있지만, 실질적으로는 DMZ 내부가 아니라 그 주변지역을 대상으로 하는 계획들이었다. 이것은 DMZ 내부 접근이 제한되는 상황에서 사업의 현실성 제고를 위해 불가피한 측면이 있다.

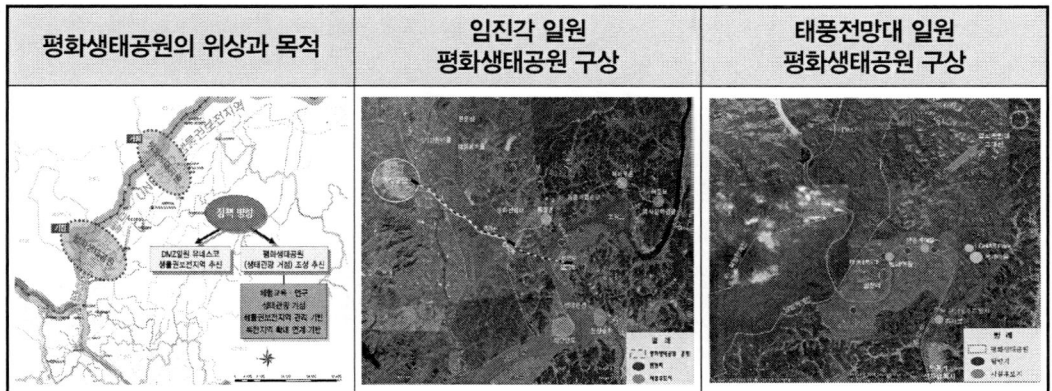

출처: 경기도, 『DMZ일원 평화생태공원 조성 및 생태관광 개발을 위한 연구』(2008).

[그림 1-6] 경기도 평화생태공원 구상(안)

이후 박근혜 정부에서도 DMZ 세계생태평화공원 논의가 진행되었다. 이 계획의 구체적인 내용이 발표되지는 않았으나, DMZ 내부에 소규모의 공원을 조성한다는 것이 과거와 다른 내용이었다. 하지만 남북 간 협의 없이 DMZ 내부에 공원을 조성하는 구상의 실현가능성에 대한 의구심이 있었으며, 남북 간 정치·군사적 긴장이 지속되면서 동 논의 역시 실현되지 못하였다. 그럼에도 불구하고 접경지역 지자체들은 정부가 계획하고 있는 DMZ 세계생태평화공원의 지역 내 유치를 위해 경쟁하는 모습을 보였다. 지자체들 간의 국책사업 유치를 위한 경쟁은 당연한 측면도 있지만, 지역의 활동가 지원이나 소규모 생태·환경 분야 사업이 상대적으로 경시되는 부작용도 발생하였다.

4. DMZ평화적 활용에 대한 기존 구상 평가

DMZ 평화적 활용과 관련된 부처별·지자체별 계획들이 난립하면서 몇 가지 한계들이 부각되었다. 첫째, 사업 명칭에는 'DMZ'를 내세웠지만, 실제 사업의 내용은 DMZ가 아니라 그 주변 접경지역을 대상으로 한 계획이 대부분이었다. 이는 DMZ 내부에 접근할 수 없는 현실적 한계를 고려할 때 불가피한 측면이 있지만, 생태와 환경 관련 이슈에 접근할 때에도 행정구역 경계를 기초로 접근하는 등 문제는 개선이 필요하다.

둘째, DMZ의 진정한 평화적 활용을 위해서는 북한이라는 상대방과의 논의와 협력이 불가피하지만, 대부분의 계획들은 이 점에 대한 고려 없이 제안되었다. 특히 생태와 환경 등 이슈는 한국과 외부세계에서는 관심을 가지는 사안이지만, 북한 입장에서는 상대적으로 중요성이 떨어지는 이슈였다.

뿐만 아니라, 남북 간 정치·군사적 대립이라는 근본문제의 해결 없이 군사적으로 매우 민감한 지역인 DMZ를 활용하는 일은 한계가 있을 수밖에 없었다.

셋째, DMZ 활용을 위해서는 접경지역 주민들의 이해관계에 대한 고려가 필수적임에도 불구하고, 중앙정부 중심으로 정책이 제안되면서 해당지역 주민들의 의사 반영에 한계가 있었다. 물론 지자체들은 상대적으로 지역 주민들의 이해관계를 반영한 계획을 발표하였지만, 재정자립도가 낮은 접경지역 지자체들의 성격상 중앙정부의 지원 없이 독자적으로 추진할 수 있는 정책은 한계가 분명했다. 그 결과 대부분 지자체 계획은 중앙정부 계획의 지역 내 유치를 위한 경쟁의 성격을 가지고 있었으며, 현실성보다는 당위성에 초점을 맞추고 있었다.

이와 같은 문제점이 압축적으로 드러난 것이 2012년 유네스코 생물권보전지역 신청 사례이다. 즉, 지역주민 의사 및 생태·환경적 고려, 북측과의 협의 등이 결여된 대표적인 경우라고 할 수 있다. 아래 그림에서 볼 수 있는 것처럼 생물권보전지역을 신청하면서 그 경계는 남북의 인위적 경계선을 기초로 하고 있으며, 북한과의 협의 없이 신청이 이루어졌다. 또한 철원지역에는 주민들의 반대로 완충지역과 전이지역을 설정하지 못하였다. 이는 생물권보전지역 지정시 개발 제한을 우려한 철원지역 주민 설득에 실패[13]하였기 때문이다.

이후 한국은 2019년 강원도와 경기도 연천 지역을 나누어 각각 유네스코 생물권보전지역 지정을 받았다. 하지만 결국 DMZ 내부를 제외한 지역을 대상으로 하였으며, 이번에는 철원군 지역 주민들의 동의를 얻어 완충지역 및 전이지역을 설정하였다.

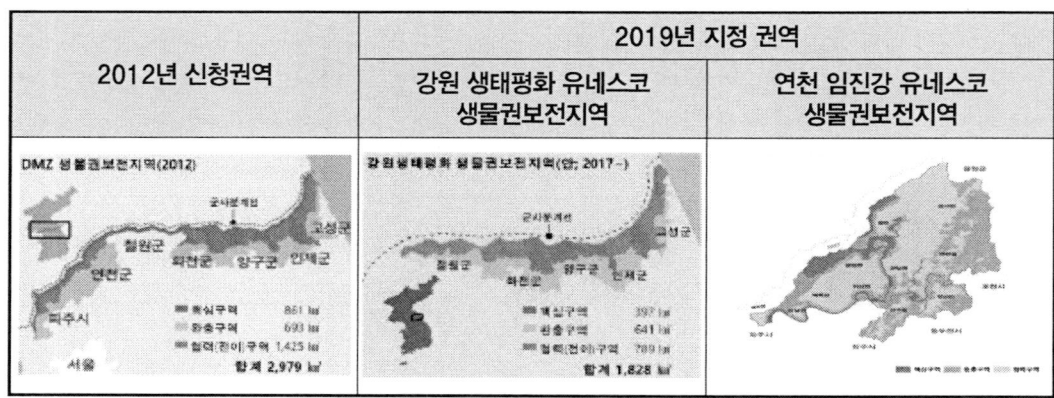

자료: 좌 & 중) 박상용 외, "남북평화시대, 유네스코 생물권보전지역 등재와 새로운 함의," 『정책메모』 제691호 (춘천: 강원연구원, 2018. 5. 29), p. 4.
우) 환경부 in 강찬수, "DMZ접경과 제주도 전역 유네스코 생물권보전지역 지정됐다," 『중앙일보』(2019. 6. 19)에서 재인용.

[그림 1-7] 유네스코 생물권보전지역 신청 사례

---

13) 목정민, "DMZ 보전지역 지정 유네스코서 퇴짜," 『경향신문』 (2012. 7. 12)

5. 최근 남북합의 진전과 한계

2018년 평창동계올림픽을 계기로 한반도 정세 변화 움직임이 시작되면서 DMZ와 관련된 몇 가지 중요한 합의가 채택되었다. 2018년 4.27 판문점 선언에서 남북 정상은 지상, 해상, 공중 등 모든 공간에서 적대행위를 중지하고 DMZ를 실질적 평화지대로 만들어 나가기로 합의하였다. 이어서 2018년 9월 19일 평양 남북정상회담에서는 평양공동선언과 함께 '역사적인 판문점선언 이행을 위한 군사분야 합의서'(이하 9.19 군사합의)를 채택하였다.

출처: 국방부

[그림 1-8] 9.19 군사합의: 지상, 해상, 공중 적대행위 중지구간

9.19 군사합의는 판문점 선언에서 약속한 DMZ 평화지대 건설을 위한 구체적 내용을 담고 있는데, △DMZ 등 접경지역에서의 훈련 및 비행금지 구역의 설정, △무력충돌 방지를 위한 교전수칙의 조정, △군사적 문제의 평화적 해결 등이 그것이다. 또한 △DMZ 내부 감시초소 철수, △판문점 공동경비구역의 비무장화, △공동유해발굴 및 △역사유적 공동조사·발굴 등을 비롯하여, △서해 NLL 일대 평화수역 조성, △남북교류의 군사적 보장, △상호 군사적 신뢰구축, △한강하구 공동이용의 군사적보장 등의 내용도 포함하고 있다.[14]

9.19 군사합의에 대한 평가는 크게 엇갈린다. 이를 긍정적으로 평가하는 측에서는 남북 군대 간 우발적 충돌 가능성을 제거하였으므로 남북 적대관계 해소에 기여할 것이라는 입장이다. 반면 부정론의 입장은 9.19 군사합의에서 남한이 북한보다 더 많이 양보함으로써 안보가 더 불안해졌다는 것이 핵심이다.[15] 여기서 긍정론과 부정론 주장의 시비를 가릴 필요는 없겠지만, 9.19 군사합의는 남북 양자가 비례적으로 이행하게 되는 사안이라는 점에서 부정론의 주장은 상당한 과장을 담고 있다고 할 수 있다. 반면 긍정론의 입장은 한반도 비핵화 프로세스가 진전을 보이고, 남북 간 군사적 신뢰가 지속적으로 제고되는 한에서 의의가 있다. 왜냐하면 그동안 남북 간에 합의한 수많은 사안들이 정치·군사적 요인에 의해 형해화된 사례가 너무나 많기 때문이다.

---

14) 보다 자세한 내용에 대해서는 국방부, 『2018 국방백서』(2018), pp. 248-260
15) 한용섭, "군비통제 관점에서 본 9.19 남북군사합의의 의의와 전망," 『국가전략』 제25권 2호 (2019), pp. 21-23

2020년 2월 현재까지 9.19 군사합의의 기본틀은 여전히 유지되고 있다고 볼 수 있다. 접경지역에서의 군사적 충돌은 아직까지 발생하지 않고 있으며, 적대행위 중지 역시 큰 틀에서는 여전히 지켜지고 있기 때문이다. 하지만 북한은 2019년 5월부터 십여 차례의 단거리 유도탄과 SLBM 시험발사 훈련을 실시하였으며, 2019년 11월 23일에는 김정은 국무위원장이 직접 NLL인근 창린도를 방문하여 포격훈련을 지도함으로써 9.19 군사합의 위반 논란을 부채질한 바 있다. 물론 북한도 정례적인 한미연합훈련과 한국군의 전략무기 도입이 9.19군사합의 위반이라며 문제를 제기한 바 있다. 9.19 군사합의는 이와 같은 군사합의 위반 문제를 논의하기 위한 남북군사공동위원회 가동을 명시하고 있다.[16] 따라서 남한이 군사합의 위반 소지가 있음을 언급한 중단거리 유도탄 시험과 창린도 포격훈련 문제와 북한이 문제를 제기한 한미연합훈련 및 전략자산도입 문제 등은 응당 남북군사공동위원회를 구성하여 논의해야 하는 사안이다. 하지만 아직까지 남북군사공동위원회는 가동되지 못하고 있으며, 9.19 군사합의 역시 진전을 보이지 못하고 있는 실정이다. 물론 이것은 2019년 2월의 하노이 북미정상회담 결렬에 따른 한반도 정세 경색의 결과이다. 동시에 이것은 한반도와 DMZ 문제의 속성을 적나라하게 보여준 사례라고 할 수 있다. 즉 아직까지도 한반도 문제의 현실주의적 속성의 본질은 변하지 않았으며, 정치군사적 상황의 변화 없이 DMZ의 평화적 이용은 매우 제한적으로만 가능하다.

제4절 결론: DMZ평화자원의 가치 활용을 위한 과제

이글에서는 유형적인 DMZ 평화자원의 내용을 검토하지 않았다. 오히려 평화와 관련하여 DMZ가 가진 잠재력이 무엇이며, DMZ 평화자원의 가치를 발현·확대시키기 위한 쟁점과 과제들을 검토하였다. 최근 한국정부가 제시하고 있는 DMZ 국제평화지대 구상 역시 이러한 맥락에서 이해할 수 있을 것이다. DMZ 국제평화지대 구상이 과거 DMZ 평화적 활용과 다소 다른 점이 있다면, 그것은 DMZ의 경제적 활용보다는 평화의 정착을 통해 안보적 측면을 강조하는 것이다. 즉, 북한의 안보우려를 해소할 수 있는 수단으로서 DMZ의 국제적 활용을 추진하자는 것이다. 여하튼 이 모든 구상은 결국 DMZ 평화자원의 가치를 최대한 활용하자는 것이라고 할 수 있다. 즉, DMZ 국제평화지대 구상 역시 큰 틀에서 보자면 DMZ 평화적 활용 논의의 맥락에서 볼 수 있다.

그렇다면 DMZ 평화자원의 가치를 활용하기 위한 과제는 무엇일까?

DMZ는 기본적으로 남북 간 군사적 충돌방지를 목적으로 설치되었다. 따라서 남북 간 군사적 충돌이 불필요하거나 불가능한 상황이 만들어져야 DMZ의 위상과 역할도 변화할 수 있을 것이다. 이는 역설적으로 현재의 DMZ가 가지고 있는 평화자원으로서의 가치를 보여주는 것이기도 하다. DMZ가 존재함으로써 군사적 충돌을 최소화하는 등 소극적 평화를 달성할 수 있다는 의미이기도 하기 때문이다. 하지만 DMZ가 남북 간의 분쟁 방지라는 최소목표에 충실하는 순간, DMZ는 분쟁과 갈등의 상징공간으로 전락한다. 1953년 7월 27일 한국전쟁의 종전과 함께 설치되어 현재까지 한반도

---

16) 9.19 군사합의 제1조 1항

DMZ는 그런 공간이었다. 하지만 한반도에 평화 무드가 조성되고 남북화해 시대가 도래한다면 DMZ 평화자원의 가치는 크게 증가할 것이다. 특히 생태·환경 등 DMZ의 새로운 가치와 접목한다면 그 가치는 더욱 빛을 발할 수 있을 것이다. 더 나아가 DMZ에서의 협력이 대륙과 한반도의 육상연계와 접목된다면 DMZ는 완전히 새로운 공간으로 변모하게 될 것이다. 결국 DMZ 평화자원의 가치를 활용하기 위해서는 정치·군사적 긴장해소와 남북 간 신뢰구축이 우선적으로 이루어져야 한다.

그 과정에서 DMZ 평화적 활용을 위해서는 북한이라는 현실적 상대방의 입장과 수요에 대한 고려도 필수적이다. 김정은 체제 출범 이후 북한은 비록 낮은 수준이나마 지속적인 경제성장을 이루었으며, 증거가 파편적이지만 1990년대 중후반과 같은 인도적 위기는 크게 완화된 것으로 보인다. 또한 북한 내 시장화 현상이 확산되면서 경제협력의 여건도 크게 변화하였다. 남북 교류협력의 모든 분야가 마찬가지이지만, 군사적으로 첨예한 지역인 접경지역의 특성상 북한의 수용력과 요구에 대한 고려가 필수적이다. 최근의 DMZ 국제평화지대 구상 역시 이러한 맥락에서 이해할 수 있다.

모든 국가 정책이 마찬가지이지만, 접경지역에서의 교류협력 역시 해당 지역에 거주하는 주민들의 이해관계에 대한 고려도 필요하다. 특히 접경지역은 분단 이후 남북 간 대립과 갈등으로 인해 지역발전의 지체와 개인 재산권 행사의 제한 등이 지속적으로 이루어져 온 지역이다. 분단으로 인해 수십년간 규제와 안보부담에 노출되어 발전이 이루어지지 못한 지역의 개발 요구를 지역 이기주의로 치부해서는 안된다. 또한, 생태 및 환경 등 DMZ의 가치가 중요한 것은 사실이지만, 이를 일방적으로 지역에 강요한다면 지역주민들의 반발이 발생할 수 있다. 결국 모든 국가정책의 핵심에는 국민이 있을 수밖에 없는 현실에서 정책의 직접적 영향을 받는 국민들의 동의와 지지는 필수적일 것이다.

중앙정부와 지방자치단체의 역할 분담 및 유기적 연계 등을 고려하여 접경지역 현안에 대해서도 관심을 기울일 필요가 있다. 과거 접경지역 정책은 중앙정부 부처간, 중앙정부와 지자체, 지자체와 지자체, 공공과 민간의 원활한 소통이 이루어지지 못하였다. 그 결과 중앙정부는 부처별로 계획을 입안하고, 지자체들 역시 경쟁적으로 별도의 계획을 제시하는 등 혼선이 있었다. 당시 이것이 크게 문제되지 않았던 것은 남북관계의 경색으로 실질적인 사업 진전이 없었기 때문이라고 볼 수 있다. 따라서 향후 남북화해 시대에는 각 주체별·사업별 유기적인 연계가 필요하다.

개성공단과 금강산 관광 등 과거 경협 사업의 개선점에 대한 고려도 필요하다. 개성과 금강산 사업은 그 자체로 성과가 있었지만 미흡한 점도 있었다. 예컨대, 개성공단은 북한 내부와 단절된 폐쇄형 경제특구였다. 그 결과, 북한 내부 경제와의 연계는 이루어지지 못했으며, 남북 간 경제적 연계도 제한적으로만 가능했다. 따라서 향후 남북 경협은 폐쇄형 경제특구 방식보다는 남북 간 산업연계 등을 통한 폭넓은 교류 지향하여야 할 필요가 있다. 예컨대 북한 내부에서 물자를 조달하고, 특구에서 생산되는 제품 역시 북한 지역 판매를 염두에 둘 필요가 있다. 또한 남북한 지역 간 산업적 연계 등을 고려하여 남북의 경제적 연계를 강화하고, 그 시너지를 확보할 필요도 있다. 뿐만 아니라 최근 북한의 김정은 위원장이 기존 남북경협 방식의 남한 의존성을 비판하고 서로운 경협방식이 필요함을 주장하는 등 북한의 입장 변화에 따른 경협방식의 변화도 고려하여야 할 것이다.

과거 통일경제특구 구상의 전제였던 남한의 자본과 북한의 저임금 노동력이라는 기존 공식에서 벗어나, 첨단 분야에서의 교류를 병행할 필요도 있다. 2018년 중국을 방문한 북한의 '조선로동당 친선방문단'의 방문지는 중국의 실리콘 밸리로 불리는 중관춘, 첨단 농업 기술 현장인 농업과학원 등 진일보한 경제개발 현장이었다.[17] 북한의 관심과 정책 변화에 관심을 가질 때 보다 현실성 있는 경제협력이 가능할 것이다.

  앞서 살펴본 접경지역의 특성상 교류협력이 불가피한 분야와의 연계도 매우 중요하다. 특히 접경지역에서의 인적 교류를 활성화하기 위해서는 전염성 질병에 대한 사전 공동대처가 필수적이다. 또한 남북한 주민들 간의 갈등 소지가 있는 공동수계에서의 수량배분 등의 문제에 대한 남북합의와 공동대처 노력도 매우 중요하다. 특히 이러한 분야에서의 협력은 제재 국면에서도 추진 명분이 분명하고, 북측도 관심을 보이고 있기 때문에 우선적으로 관심을 가질 필요가 있다.

---

17) 노지원, "북 대표단 '중국의 실리콘밸리' 등 잇단 방문," 『한겨레신문』 (2018. 5. 15)

참고문헌

강석윤(1991). 「평화시 그 가능성을 진단한다」 통일한국, Vol. 92, p. 82.
강화도(2010). 「2010년도 주요 군정계획」.
경기도(2008). 「DMZ일원 평화생태공원 조성 및 생태관광 개발을 위한 연구」.
국방부(2018). 「2018 국방백서」.
김범수 외(2013). 「강원도 DMZ와 한반도 공간관리」. 춘천: 강원발전연구원.
노태우 대통령 유엔총회 연설 (요지)(1988). 통일한국, Vol. 59.
노희경(2019). 「통일관광을 위한 비무장지대(을)의 관광학적 가치에 대한 인식 변화 연구: 소셜미디어 빅데이터를 중심으로」. 관광레저연구, 31(10) p. 73.
박동찬(2014). 「통계로 본 6.25전쟁」. 서울: 국방부 군사편찬연구소.
박은진 외(2012), 「분단·대립 접경지역의 해외사례와 한반도 DMZ의 시사점」. 「이슈&진단」 제44호, 수원: 경기개발연구원.
신종호 외(2012). 「경기도의 통일경제특구 유치방안 연구」. 수원: 경기개발연구원.
이정훈 외(2019). 「한국인과 외국인이 본 DMZ의 이미지와 가치」, 「이슈&진단」 No. 285, 수원: 경기연구원.
전효재(2016). 「안보관광지역의 관광경쟁력 강화방안」. 서울: 한국문화관광연구원.
조응래 외(2013). 「DMZ의 미래」. 서울: 한울아카데미.
최용환(2008). 「한강하구 모래준설을 위한 한강하구 중립지역 관할권 검토」. *Policy Brief*, 2008-5, 수원: 경기연구원.
＿＿＿＿(2018), 「DMZ 평화지대 조성을 위한 실천과제」, 접경지역통일연구, 제2권 제2호.
한용섭(2019). 「군비통제 관점에서 본 9.19 남북군사합의의 의의와 전망」. 국가전략, 제25권 2호.
환경부(2009). 「DMZ생태평화공원 기본계획」.
＿＿＿＿(2011). 「DMZ일원 생태·평화공원 조성을 위한 기본계획 수립」. (주)하늘그린,

김병희. "터널지나면 콧구멍이 새카만 … 열차의 추억" 공감(대한민국 정책주간지).
노지원. "북 대표단 '중국의 실리콘밸리' 등 잇단 방문," 「한겨레신문」(2018. 5. 15).
목정민. "DMZ 보전지역 지정 유네스코서 퇴짜," 「경향신문」(2012. 7. 12).
「한국경제신문」. (2011. 9. 21).
〈http://gonggam.korea.kr/newsView.do?newsId=01IUdftA0DGJM000〉(검색일: 2020.2.24.).

제2장
DMZ 인문자원과 가치

DMZ 인문자원과 가치

함광복

제1절 DMZ란 무엇인가?

1. 2018 DMZ 명장면

한반도 냉전 기류가 출렁일 때마다 화제가 됐던 책, 페렌바크(Fehrenbck)의 '어떤 전쟁(This Kind of War)'에는 1953년 7월 27일 DMZ가 탄생하던 판문점 정전협정 순간이 이렇게 묘사돼 있다.

「1953년 7월 27일 월요일, UN군사령부의 윌리엄·K·해리슨 중장과 북한의 남일이 1년 전 휴회기간에 공산 측이 건립한 목조 건물로 들어갔다. 10시 1분, 그들은 쌍방이 준비한 18개 문서 중 첫 번째 문서에 서명했다. 그들이 모든 문서에 서명하는 데 12분이 걸렸다. 서명이 끝나자 그들은 각각 일어서서 아무 말 없이 걸어 나왔다.」

DMZ가 인간의 나이로 65세가 되던 2018년, 대한민국의 문재인 대통령과 북한의 김정은 국방위원장이 판문점에서 평화의 시대를 개막하는 '4.27 판문점 선언'을 했다. 65년 전 분단을 결정한 바로 그 자리, 적과 적이 마주 앉았다가 12분 후에 악수 없이, 말없이 등을 돌렸던 바로 그 자리에서 남북정상은 악수하고 포옹하고 같이 걷고 마주 앉았다.

도보다리(Foot Bridge)의 극적 회동은 지구촌의 눈길을 사로잡았다. 정전협정 직후 중립국감독위원회는 회의장 동선을 단축하기 위해 판문점 동쪽 습지에 목조다리를 놓았다. 좁은데다 낡고 아무도 기억하지 않았던 냉전 부산물, 오직 걸어서만 건널 수 있는 '도보다리(Foot Bridge)'가 평화의 화신으로 부활했다.

'판문점 선언'에는 'DMZ 평화지대화'의 약속도 포함되어 있었다. DMZ는 냉전 시대를 종말하듯 세기적, 세계적 명장면을 잇달아 연출했다. 2018년 11월 15일 남북한군은 DMZ 촉수(觸手)인 감시초소(GP)를 피아간 10개씩 폐쇄하기 시작했다. 한국군은 다이나마이트로 첫 감시초소를 폭파했다. 폐쇄가 아니라 흔적조차 없애버린다는 의지가 담겨있었다.

2018년 11월 22일, 강원도 철원군 화살머리 고지 '남북 DMZ 공동유해 발굴 지역'에서 남북 군사당국자가 조우하면서 악수를 했는데, 이것이 바로 또 하나의 명장면이었다. 북으로 간 예술가 이태준은 '무존록'에서 이 길을 철원 용담에서 안협 모시울 5촌집가는 70리길로 묘사했다. 연결하던 도로는 옛날부터 있던 길이었으나, 그때 그 길엔 남도, 북도, 민통선도 DMZ도 없었다. 화살머리 고지 전술도로 잇기는 잃어버린 과거와의 길잇기인 것이다.

	2019년 6월 30일 오후 3시 46분, 도널드 트럼프 미국 대통령과 김정은 북한 국무위원장의 판문점 깜짝 회동을 두고 언론에서는 '세기적 번개'라고 보도했다. DMZ에서 가장 놀라운 한 장면으로 보도한 기사도 나왔다.

	그후 DMZ 문은 다시 닫혔다. 그러나 2018년 그해는 남북 분단 상황이 마감 직전까지 근접했던 해, 한반도 냉전사에서 처음으로 통일 전야를 경험해 본 해로 평가할 만하다. 그러나 DMZ는 언젠가 사라지고 말 한시적 존재기 때문에 새삼 냉전시대 심볼로 보존하자는 사회적 요구가 분출됐다. DMZ를 평화적으로 이용하자는 담론이 재점화된 것이다.

	1971년 군사정위원회 제317차 본회의에서 유엔군 측 수석대표 로저스(Feliz. H. Roges)는 "DMZ 내의 군사시설물을 파괴하고 'DMZ를 DMZ화'하자"고 제안했다. 47년만에 남북이 응답했다. '4.27 판문점 선언'에서 남북은 'DMZ의 평화지대화'를 합의했다. 전쟁용으로 설치한 DMZ를 평화용으로 활용하기로 했다. 통일시대를 맞아 '사라지는 DMZ'가 아니라, '살아있는 DMZ'로 만들려는 논의가 다시 시작됐다. 2018년 DMZ의 괄목할 만한 성과다.

2. DMZ를 잘 모르기 때문에 저지르는 몇 가지 실수

	통일로 가는 길에서 우선 건너야 할 벌판이 DMZ이다. 그 벌판이 목전에 있지만, 우리는 DMZ를 잘 모를뿐더러 몇 가지 중대한 실수를 저지르고 있다.

	첫째, DMZ가 어디인지 잘 모른다. 엄밀한 의미의 DMZ는 '서해안 한강하구에서 동해안까지'도 아니고, '서해의 끝 섬 백령도에서 동해안까지'도 아니다. 정전협정 제1조 '군사분계선과 비무장지대 조항'에서 명시한 군사분계선 제0001호 표지판이 박힌 임진강 하구에서 제1,292호 표지판이 세워진 동해안 동호리까지의 선 좌우 2km 구간이 DMZ이다.

	문제는 제1,292호 표지판까지 거리다. 누가 그 거리를 155마일로 알고 있을까? 교과서에 표기된 것이나 심지어 군인까지도 155마일을 미터법으로 환산 248km라고 믿고, 그렇게 쓰고 있다. 그러나 DMZ의 공간적 범위 연구에서 그 거리는 148마일, 약 238km라고 수정됐다. DMZ 길이 155마일에 DMZ의 폭 4km를 곱한 값 992㎢라고 하던 DMZ 면적도 약 903.8㎢로 수정됐다.

	둘째, '비무장지대는 중무장지대'라는 사실을 믿으려 하지 않는다. 중국군은 한국전쟁에서 DMZ 일대에 총길이 4,000km에 소위 '지하만리장성'을 구축했다. 1952년까지 길이 198.7km의 갱도 7,789개를 구축했고 엄체호 75만개, 유개 및 무개 참호 길이 3,420km를 굴착했다. 북한군도 총 1,730개의 갱도 88.3km, 각종 엄체호 참호 260km를 구축했던 것으로 밝혀졌다. DMZ는 설치 때부터 중무장지대다.

	평화지대화 추진에 난제가 될 DMZ 지뢰 매설에 대해서는 북한측의 공개 정보가 없다. 남한에서만

105만여 발을 매설한 것으로 알려지고 있다. 전국에 계획된 지뢰지대는 1,100여 곳으로 면적은 2,000만㎡, 민통선 지역의 미확인 지뢰지대는 209, 9,782만㎡로 알려졌다.

셋째, 그곳의 전쟁은 진행 중이라는 사실을 잘 모른다. DMZ가 설정된 순간부터 시작된 화공전(火攻戰), 가공된 뉴스나 비방으로 공방전을 벌이는 확성기 '소리의 전쟁,' 1974년 첫 땅굴이 발견된 이래 40년이 넘도록 땅굴전쟁도 이어지고 있다. 삐라 전쟁, 드론 전쟁, 금강산댐으로 촉발된 북한강, 임진강의 '물전쟁'은 21세기 DMZ에서 수행되는 또 다른 전쟁 양상이다.

넷째, DMZ 일대의 높은 인구활동을 무시하는 것은 최고의 실수다. 센서스 인구통계는 DMZ 일대의 '숨겨진 인구'인 군인 인구가 잡히지 않는다. 2020년 1월말 현재 강원도 화천군의 인구현황은 '총12,560세대, 24,806명(남 13,426 / 여 11,380), 인구밀도 26.7명'이다. 주민등록상 인구현황일 뿐이다. 보병 3개 사단의 주둔하고 있는 군인 인구는 포함되지 않았다.

급격한 인구감소, 그 '인구절벽' 위기에 대응하기 위해 병력 절감형 부대 구조개편이 진행 중이다. 육군 '8개 군단·39개 사단' 체제를 2025년까지 '6개 군단·33개 사단 체제'로 바꿔가고 있다. 육군은 9만 9천명이 감축된다. 철원 화천 양구 인제 고성 등 강원도 접경지 민간인구 규모의 군인인구가 줄어든다.

다섯째, DMZ에 '손 하나 까딱하지 않은 자연이 있다.'고 믿는 실수를 하고 있다. DMZ의 자연생태계는 '과거 전쟁 파괴', '현재 냉전 간섭'의 2중고를 겪는 냉전자연생태계라는 인식이 필요하다. '갈 수 없는 곳'이라는 DMZ의 특수성이 많은 사람들이 그곳의 자연을 동경하며, 'DMZ=자연생태계'라는 인식에 매몰되게 하였을 수 있다.

3. 뜻밖의 유산 '20세기가 남긴 냉전유적'

DMZ에 상상력을 입혀 인문학적 조언을 한다면 이 시대에서는 어떤 모습으로 비칠까? 전쟁과 분단, 불신의 상징 그 너머에 미처 몰랐던 뜻밖의 얼굴로 다가오지 않을까. 냉전의 반사적 이익으로 얻은 '뜻밖의 유산' DMZ의 5가지 얼굴에 대해 알아보자.

첫 번째 얼굴, 그곳은 거대한 역사유적지이다. 밖에 있었다면 이미 서툰 솜씨로 발굴됐거나 산업화에 의해 사라졌을 우리의 과거가 그곳에 보존돼 있다. 고대에서 근대 현대 그리고 현재가 묻혀있는 그곳을 한국사의 화판이라고 부를 수 있을 것이다.

두 번째 얼굴, 그곳은 근현대사의 자취를 고스란히 간직하고 있는 '20세기 유적지'이다. 철원 노동당사와 승일교는 해방공간에 설계됐거나 세워진 건축물들이다. 판문점 돌아오지 않는 다리, 임진강 철교 등은 '살아있는 냉전사'이다.

세 번째 얼굴, 그곳은 재래식 전쟁의 과거와 현재가 공존하는 전쟁박물관이다. 한때 세계 각국의 무기를 시험해 보던 곳, 냉전 두 진영이 개선하고 개량한 최첨단 무기를 실전에 사용했거나 현재까지도 배치하고 있는 곳이다. 온갖 전쟁의 도구와 전략과 전술이 실험되고 있는 '살아있는 전쟁박물관'이라고 할 수 있다.

네 번째 얼굴, 그곳은 독특한 '민통선 문화'의 발상지이다. 새 터전을 찾아온 이주민들이 독특한 문화를 만들어 냈다. 군사문화까지 뒤섞였다. 그곳은 한국판 멜팅 포트(Melting Pot) '살아있는 냉전 사회학 교실'이다.

다섯 번째 얼굴, 그곳은 교과서대로 진행되지 않은 '전혀 다른 자연'이 천이를 해가고 있는 곳이다. 자연이 전쟁의 폐해와 냉전 간섭을 어떻게 극복해 가는지를 적나라하게 보여는 '단 하나뿐인 냉전자연생태공원'이라고 할 수 있다.

결론적으로 DMZ는 20세기가 지구에 남기고 간 '뜻밖의 유산, 냉전 유적지'라고 부를 수 있을 것이다.

제2절 뜻밖의 선물 '20세기가 남긴 냉전 유적지'

1. 그곳은 한국사를 담은 역사책이다

1) 인류가 시원한 터가 그곳일까?

그렉 보웬(Greg Bowen). 그는 한국사의 시원을 30만 년 전으로 끌어올리면서 평강고원 오리산이 '배꼽산'이란 사실을 증명해 보인 사람이다. 1978년 1월 20일 금요일, 미 2사단 병사이던 그는 누군가 손을 댄 것 같은 돌멩이, 구석기 시대 주먹도끼 3개를 주워들었다. 프랑스의 생 아슐 유적에서 처음 발견됐다는 아슐리앙 주먹도끼. 현생 인류보다 더 오래된 인류의 시조들의 쓰던 석기였다. 보웬의 발견은 세계 고고학지도를 완전히 새로 그리는 고고학계의 혁명이었다.

석기들은 한탄강이 U자 모양으로 감싸 도는 대지상(臺地狀)에 분포했다. 탄소측정 결과 석기들은 30년이라고 반응했다. 한탄강 대지상을 만든 DMZ 오리산(鴨山)의 화산 폭발연대를 역산한 것과 같은 시대이다. 30만 년의 나이를 먹은 유물이 30만 년의 나이를 먹은 현무암판 위에 쌓인 3~8m의 갈색 흙더미 속에 숨어있었다.

철원 DMZ 너머 평강고원 오리산(鴨山, 453m). 경원선 열차가 평강역으로 들어서기 십여 리 전에 평강고원에 한 줌 흙덩어리처럼 솟아있는 산 같지 않은 산. 그 산이 한국 고대사를 탄생시켰다. 먼 옛날 백악기 한라산, 백두산처럼 그 산에서 화산이 폭발했다. 벌어진 지각 틈을 따라 점성이 묽은 마그마가 쿨럭쿨럭 흘러 나왔다.

오리산이 토해 놓은 용암은 검붉은 '쇳물의 바다'로 문산까지 97km나 흘러갔다. 평강, 철원, 포천, 연천, 파주에 이르는 직경 150km의 현무암 대지가 생겼다. 그때 빚어진 전곡리 현무암 대지 퇴적층에 오랜 인류의 세월이 숨겨져 있었던 것이다. 전곡리 아슐리안 주먹도끼는 한반도 인류사를 까마득히 세계에서 가장 먼 옛날로 깊이 끌어내렸다.

2) 한반도 통일 에너지가 분출한 땅

오리산의 기운 때문이었을까? DMZ는 고대로부터 현재에 이르기까지 한반도 통일 에너지가 분출하던 숙명의 땅이 됐다. 태봉국의 궁성 철원성 철원 풍천원 DMZ 한가운데 묻혀있다. 고려는 이 도성에서 건국해 개성으로 천도했으며 조선조는 개성 수창궁에서 건국해 한양성으로 천도했다. 신라는 한탄강

매소성에서 당군을 패퇴시켜 통일신라의 기틀을 마련했다. 신라 마지막 왕 경순왕은 임진강을 건너 왕건에게 귀부함으로서 고려 통일의 발판을 마련해 줬다. 1953년 7월 27일 판문점 정전협정은 남북분단의 냉전시대를 열었다. 2018년 '4.27 판문점 선언'은 통일시대를 개막을 예고했다. DMZ 한가운데 들어앉아 있는 철원성 등 고대유적을 일부 학자는 '현존하는 미발굴 유적지 중 가장 규모가 크다'고 평가하고 있다.

3) 궁예, 한반도 단전에 궁궐을 세우다

고려사 지리지에는 "궁예궁전의 옛터가 동주(東州. 철원의 옛 지명)의 북쪽 27리 풍천벌에 있으며 그 위성의 둘레는 1만4421척(4,370m)이요, 내성의 둘레는 1,905척(577m)인데 절반이나 무너졌으며 궁전의 터가 아직도 완연하게 남아있다."고 기록돼 있다. 일제의 '조선보물 고적조사 자료(강원도편)'는 외성은 6,000간, 즉, 36,000척(10,908m), 내성은 400간 즉, 2,400척(727m)이나 된다고 적고 있다. 바깥 성은 토석축성이며 높이 4~12척, 폭 12~16척, 안성은 높이 7척, 폭 12척의 토성이라고 기록하고 있다.

2001년 몇 명의 전문가들이 궁예도성 답사 기록을 남겼다. 도성은 기록돼 오던 것보다 더 컸다. 그들은 둘레 1.8km의 왕궁성과 7.7km의 내성, 12.5km 외성으로 된 3중성으로 밝혀졌다. 남대문 터는 아카시아 군락지가 차지하고 있었다. 남벽은 옛 경원선 철길이 허믈고 지나가고 있었다. 그래도 높이 1m, 길이 50~60m쯤 성터 흔적이 뚜렷했다. 외성 남벽 서쪽 부분에는 길이 20m, 하단 폭 6~7m, 높이 3~4m의 토성이 확인됐고, 내성 남벽의 경우 길이 400~500m 정도의 토성이 연결됐다. 외성동벽은 130m가량은 말짱하다고 해도 좋을 만큼 성 모습이 확연했다.

철원성은 DMZ 속에서 남북 어디로도 치우치지 않게 들어앉아 있다. 군사분계선이 대궐터인 옛 고궐리 한가운데를 가르고 지나가면서 도성을 정확히 남북으로 반쪽씩 나누고 있다. 철원성과 DMZ의 기하학적 만남은 결코 우연이 아니다. 궁예가 세우려던 '대동방국'의 이상이 아직도 진행 중이란 사실을 말하고 있는 것 같다. 지금 한국의 통일이상과 궁예의 통일천하는 너무 일치하고 있다. 통일신라에서 고려로 넘어가는 완충기에 궁예의 나라가 갖는 역사적 상징성은 독립과 분단에서 통일시대로 넘어가는 완충기로 상징되는 DMZ의 역사적 상황과 너무 흡사하다.

1,100년의 긴긴 세월, 그 큰 성(城)은 거기 있었다. 궁예왕의 대동방국 건설 야망이 깃든 '이상의 섬', 이승의 고난을 다 내려놓으라고 궁예가 설파하던 미륵신앙의 메카, '피안(彼岸)의 섬'. 그렇게 철원성은 상상에서 현실로 돌아왔다.

2. DMZ에 잠겨있는 '근대'

1) 접경지역의 등록문화재

등록문화재는 주로 개화기를 기점으로 한국전쟁 전후까지 축조된 건조물이나 시설물 형태의 문화재들을 말한다. 폐쇄되고 고립된 DMZ가 그 역사의 흔적들을 보존하고 있었는데 2004년 말 현재 DMZ 일대의 등록문화재는 다음과 같다.

문화재	주소	설명
2002. 05. 31. 지정		
철원 노동당사 (제22호)	철원 철원읍 관전리 3-2외 4필지	지상 3층의 철근콘크리트 및 벽식구조로 지은 1946년산 북한건축. 6.25사변 때 파괴되어 일부 흔적만 남아 있다. 사회주의 리얼리즘 계열의 건축적 특징과 시대성을 반영하고 있다.
철원 감리교회 (제23호)	철원 철원읍 관전리 100-2외 1필지	1936년 일본 기술로 지은 지상 3층 석조 건축물. 한국전쟁 때 파괴되어 일부 흔적만 남아 있다. 항일운동 및 반공투쟁의 역사성이 있다.
철원 얼음창고 (제24호)	철원 철원읍 외촌리 603-1	지상 1층 콘크리트 박스형태의 일본 건축물. 한국전쟁 때 파괴되어 벽체 잔해만 남아 있다.
철원 농산물검사소 (제25호)	철원 철원읍 외촌리 620-1	일제시대에 지은 지상 2층 시멘트 조적조 건축물. 창호의 형태 등 근대건축물의 특징을 잘 나타내고 있다.
철원 승일교 (제26호)	철원 동송읍 장흥4리, 갈말읍 문혜리 읍계	1948년~1958년 소련식 유럽공법의 철근콘크리트 라멘조 아치교. 남북분단의 특수성, 교량의 조형미가 돋보인다.
화천 인민군사령부막사 (제27호)	화천 상서면 다목리	1945년 지은 1층 장방형 석조 슬레이트의 단순한 형태의 건축물 당시의 인민군 생활상을 엿볼 수 있는 희귀성 군사시설물이다.

문화재	주소	설명
2004. 02. 06. 지정		
파주 구 장단면사무소 (제76호)	파주시 장단면 동장리 515	1934년에 지은 1층 철근콘크리트조 건축물로 곳곳에 총탄의 흔적이 남아있다.
경의선 구 장단역지 (제77호)	파주시 장단면 동장리 198	1937년 경의선 개통으로 건축되었으며, 한국전쟁과 남북분단의 상징성·역사성이 있다.
장단역 증기기관차 화통 (제78호)		한국전쟁 때 폭탄을 맞아 철로에 탈선하여 그 자리에 멈춰선 증기기관차 화통이다.
경의선 장단역 죽음의 다리 (제79호)	파주시 장단면 도라산리 894	미군들이 피살되어 '죽음의 다리'라는 명칭이 붙여졌다.
2004. 09. 04. 지정		
화천 수력발전소 (제109호)	화천군 간동면 구만리	1944년 준공 당시 전력공급을 위한 중요시설로 이용되었으며, 수력발전소 기능과 디자인의 조형미가 돋보인다.
화천 꺼먹다리 (제110호)		화천댐이 준공되면서 1945년 교각상판을 철골로 건립하였다. 1981년 구만교가 준공되면서 폐쇄됐다. 단순하면서 구조적으로 안정감 있는 입면 형상을 보여주며, 잘 보존된 원형은 교량사 연구 자료로 쓰인다.
금강산 전기철도교량 (제112호)	철원군 김화읍 창리 산81-5	남북분단의 현실을 상징적으로 보여주는 1926년 놓은 다리. 금강산 전기철도의 흔적을 그대로 간직하여 한국 근현대사의 모습을 극경하게 보여주고 있다.

2) 건축사 박물관, 철원 읍지(邑趾)

구 철원읍은 민간인 통제구역으로 폐허나 다름없는 곳이다. 사람이 살지 않는 폐허에 일제가 세운 거대한 인공도시이며, 해방공간에서 한국전쟁에 이르는 북한 통치 기간에 강원도청 소재지이기도 했던 '북한의 도시'가 묻혀있다. 구 철원읍은 도시유적이 숨 쉬는 근대도시박물관이라고 할 수 있을 것이다.

구 철원읍은 1932년 작은 촌락이 읍으로 승격된 이래 커다란 도시로 발전했다. 1937년 발간한 철원읍지(鐵原邑誌)에는 당시 철원읍 인구가 4천269가구, 1만9천693명이라고 기록하고 있다. 또한, 5개의 학교, 4개의 은행, 34개의 행정기관이 존재했으며 여관과 식당, 술집은 각 103개가 있었다고 기록되어 있다. 90년대 초 발행된 철원군지는 1945년 8월 15일 현재 철원읍 인구가 3만7천855명이었다고 기록하고 있다.

3) 금강산 전기철도

금강산 전기철도는 1921년부터 1926년까지 철원~창도 구간을 1차로 개통하였고, 1926년부터 1931년까지 51.6km의 난구간이었던 내금강 구간을 부설했다. 화계에서 해발 1,000m의 단발령까지 스위치백 시설을 하는 등 고도의 토목 및 철도기술이 도입되었고, 그해 7월 1일부터 111.6km의 전 구간을 전철화했다. 당시 동력공급처는 금강산수력발전소로 북한강 상류를 막아 통천 방면으로 역류시키는 유역변경식 발전 시스템이었으며 1만3,000kW의 전력을 생산했다.

전기철도는 1936년부터 금강산 전기철도주식회사에서 운영하다가 1942년 1월 1일자로 경성전기주식회사가 인수했으며 1945년 8월 15일 이후로는 북한이 운영했다. 1937년 기준 여객 15만 3,092명, 수화물 16,420매, 화물 1만 423톤을 수송한 기록이 있다. 당시 운행횟수는 1일 8회, 요금은 7월 50전(쌀 1가마)이었다.

역명	DMZ 남쪽에 위치(본 역 3곳, 간이역 4곳)						
	철원	사요	동철원	동송	양지	이길	정연	유곡
역명	DMZ와 인접한 곳에 위치						
	김화	광삼	하소				
역명	북한 땅에 위치						
	항정	백약	금성	경성	탄감	남창도	창도	기성
	현리	도파	화계	말휘	내금강			

철원~유곡간 24.5km 구간은 복원 예정이다.

4) 카올린 로드, 플로라이트 로드

카올린 로드와 플로라이트 로드를 이으면 서울~내금강 핫라인이 형성된다.

(1) 카올린 로드

강원도 양구군 방산면은 경기도 광주의 왕실 도자기 가마에 양질의 고령토(Kaolin)를 대던 곳이다. 조선 영조실록에는 '광주분원에서 사용할 백토(고령토)를 백성이 부역으로 강원도 양구에서 가져왔다.'는 기록이 남아있다.

방산을 지난 수입천은 16km를 더 흘러 지금은 파로호 속에 묻힌 방구매 나루에서 양구읍에서 흘러오는 서천(西川)과 합류한다. 방구매 나루는 서울 마포 나루에서 소금배가 올라오던 곳이다.

백토를 실은 배·뗏목은 북한강을 따라 화천, 춘천, 가평을 지나 양수리에 이르고 한강, 경안천을 거슬러 올라가 광주분원의 금사리(金沙里)로 갔다.

(2) 플로라이트 로드

1938년 양구를 기점으로 한전리, 도사리, 지석리, 비득고개, 비아리, 사태리, 문등리, 청소령, 회양군 내금강면 말휘리를 잇는 76km의 도로가 뚫렸을 때, 일본은 문등리 형석광(螢石鑛,

fluorite)을 주목하고 있었다. 말휘는 철원에서 내금강까지 이어지는 금강산전기철도의 29번째 역. 형석 더미는 말휘로 수송됐으며 금강산철도로 철원으로 갔다. 다시 경원선으로 원산부두에 쌓이면 배로 실어 일본으로 옮겼다.

5) 바이블 루트

서울에서 원산에 이르는 추가령 열곡대 한가운데로는 그 옛날 경원선과 금강산 철길이 지나던 문물의 전파루트이다. 한편으로 그 길은 한국 기독교의 선교루트이기도 했다. 철원제일감리교회는 이 '바이블 루트'를 개척한 초대 교회이자, DMZ 기독교 순교사가 쓰인 곳이다. 허물어진 유지(遺址)에 그런 역사가 숨겨져 있다.

'철원 제일교회'는 1936년 7월 기공해 1년 만인 1937년 준공했으며 그해 9월 30일 봉헌식을 거행했다. 대지면적 1,200평, 건평 198평의 2층과 3층 갤러리가 있는 고딕식 석조건물이었다. 1905년부터 일본에서 활동하고 있던 미국의 저명한 건축가 보리스(Willim Merrel Vories 1880-1964)가 설계했다. 화강암 석축은 중국인 기술자들이 시공했다. 보리스는 1938년 목사를 위한 주택(목사관)도 설계했는데, 목사관은 그의 자료에 'Chulwon, 1938, Methodist Mission House'로 명시되어 있다. 두 건물의 설계도면은 지금 일본 오사카 예술대학 건축과에 소장돼 있다.

철원제일교회가 석조건물로 세워질 무렵 금강산 길목에는 철원제일, 철원제2, 김화, 금성, 창도, 내금강, 철원동, 철원서, 평강, 안협, 월정, 연천, 삭령 등 13개 교회가 세워져 있었다. 한국전쟁 당시 이들 교회에서 12명의 목회자가 순교한 것으로 기록되어 있다. 철원지방 첫 순교자는 철원 제일교회 강종근 목사. 신사참배 반대로 투옥돼 옥사한 주기철 목사 등 50명의 순교자 가운데 한 사람이다.

1945년 남북분단~한국전쟁 종료까지 순교하거나 피랍된 사람들 (총 11명)			
년도	성명	교회명	비고
1946	김윤옥 목사	철원 제일교회	반공비밀결사 주모자로 피검되어 옥사
1949	방승학 목사		8월 18일, 북한군에게 피랍 후 돌아오지 않음
1950	조춘일 목사	김화교회	9월 30일, 북한군에게 총살당함
	한사연 목사	금성교회	10월 30일, 피살(원산 앞바다에서 수장당함)
	장종식 목사		총살
	이도영 전도사	연천읍 교회	10월 10일, 총살
	김축수 목사	석왕사 교회	부흥회를 다녀오다 피살
	유득신 목사		만주 혜림교회에서 시무하다 해방 후 철원지방에서 목회 활동 중 북한군에 납치
	김유해 목사	지석교회	후퇴하는 북한군에게 납치
밝혀지지 않음	이운성 전도사	월정교회	북한군에 납치

3. 살아있는 전쟁박물관

1) 한국전쟁을 넘어선 지구촌 전쟁

　한국전쟁은 3년 1개월의 전쟁 기간 가운데 3분의 2를 현 휴전선 일대에서 치른 특이한 양상의 전쟁이다. 즉 전장이 휴전선 일대에 집중된 전쟁이라고 볼 수 있다. 1951년 7월 10일 휴전교섭이 시작된 이래 1953년 7월 27일까지 2년여를 고스란히 한 자리에서 치열한 전투를 벌였기 때문에 DMZ 일대는 전 지역이 서로 전승지로 내세우는 전적지이다.

　한국전쟁은 1950년 6월 25일 38선 전역에서 발발했다. 국방부 군사편찬연구소는 38선 상의 옹진반도 전투(6월 25일~26일), 문산전투(6월 25일~28일), 의정부 전투(6월 25일 ~ 6월 26일), 춘천 및 홍천 전투(6월 25일~30일)와 38선 이남에서 북한군의 해상 상륙과 태백산맥을 통한 기습 침투로 벌어진 강릉 전투(6월 25일 ~28일)를 한국전쟁 최초의 전투로 기록하고 있다. 한국전쟁은 1953년 7월 27일 판문점에서 정전협정이 조인되는 순간까지 전투를 벌였던 김화 351고지 전투(7월 14일~27일), 중가산 전투(7월 8일~27일)까지 모두 111개의 전투를 벌였다.

　DMZ와 인근 지역 전투는 1951년 중국군 공세와 UN군 반격 그리고 정전협정에 이르는 1951년 4월에서 1953년 7월까지 2년여 기간이 절정이다. 한국전쟁에서 있었던 전투 가운데 60%가 DMZ 일대에서 벌어졌다. DMZ는 전쟁 직후의 모습이 거의 원형 그대로 보존되고 있는 곳이다. DMZ의 산, 강, 벌판이 전쟁의 기억을 간직하고 있다.

　한국전쟁에서는 UN군에서 병력지원 16개국, 의료지원국 5개국, 물자지원 42개국 등 63개국이 참전했다. 공산군에서는 병력지원을 한 중국 구 소련 외에도 체코슬로바키아 동독 폴란드 헝가리 루마니아가 의료지원, 몽골이 물자지원으로 참전했다.

　국방부 군사편찬연구소는 한국전쟁에서 전사한 한국군이 137,899명이며 부상은 45만 명이라고 집계하고 있다. UN군과 공산군 집계는 다음과 같다.

UN군	전사	총 37,902명	공산군	북한군	전사	52만 명
		미국(33,686명), 영국(1,078명), 터키(966명), 캐나다(516명)			실종	12만 명
					포로	
	부상	103,460명		중공군	전사	148,600명
	실종	3,950명				
	포로	5,817명			부상	798,400명

위키피디아 등 인터넷 매체에서는 더욱 구체적인 통계를 볼 수 있다.

UN군 집계 (단위: 명)				
	전사	부상	실종	포로
한국군	158,365	710,783	132,256	
미국군	36,940	103,284	3,737	4,439
영국군	1,078	2,674	179	997
오스트레일리아	339	1,216	3	26
네덜란드	120	645		3
필리핀	112	229	16	41
터키	741	2068	163	244
남아프리카 연방	34		9	
그리스	188	459		
벨기에	104	336		1
룩셈부르크	2	15		
에티오피아	12	536		
콜롬비아	163	448		28
캐나다	312	1212	1	32
프랑스	262	1008	7	12
뉴질랜드	23	79	1	

공산군 집계 (단위: 명)				
	전사	부상	실종	포로
북한군	294,000	226,000	120,000	
소련	315	500		
중공군	183,000	383,500	25,600	

표를 보면 알 수 있듯 한국전쟁의 111개 전투 현장은 지구촌 전장일 수밖에 없었다. 그 전투의 자국이 DMZ 일대의 산, 강, 벌판에 남아있다고 해도 과언이 아니다. DMZ 그 자체가 전사(戰史)이자 전쟁기념관인 것이다.

한편, 국방부 군사편찬연구소는 개전 초기 38선 일대의 전투와 북진 과정 중 일어난 전투는 제외하고 한국전쟁 전투목록 중 DMZ와 인근 지역 전투를 정리했는데, 1951년 4월 중국군 1차 춘계공세 이후의 전투를 시간순으로 작성한 것이 특징이라고 할 수 있다. 정리한 것은 아래 표와 같다.

⟨1951년⟩

중공군 1차 춘계공세: 1951년 4월 22일	
사창리 전투	4월 22일~24일
장승천 전투	4월 22일~23일
임진강 전투	4월 22일~25일
금굴산 전투	
글로스터 고지 전투(235고지 전투)	
적성 전투	4월 22일~25일
가평 전투	

중공군 2차 춘계공세			
현리 전투	5월 16일~22일	가칠봉 전투	9월 4일~10월 12일
벙커고지 전투	5월 16일~19일	단장의 능선 전투	9월 13일~10월 13일
용문산 전투	5월 18일~21일	적근산 삼현 전투	9월 21일~22일
대관령 전투	5월 22일~25일	백석산 전투	9월 24일~10월 1일
인제 전투	5월 30일~31일	마량산 전투	10월 3일~8일
자일리 전투	5월 30일	연천 313고지 전투	10월 3일~5일
도솔산 전투	6월 4일~19일	학당리 전투	10월 11일~13일
대우산 전투	7월 15일~31일	월비산 전투	10월 12일~15일
향로봉 전투	8월 18일~24일	949고지 전투	11월 17일~18일
피의 능선 전투	8월 18일~9월 7일	크리스마스 고지 전투	12월 25일~ 1952년 2월 13일
스트랭글 작전	8월 18일~24일		
펀치볼 전투	8월 18일~9월 20일		

⟨1952년⟩

별 고지 전투	2월 18일	평양대 공습 작전	7월 11일~8월 29일
사튜레이트(차단) 작전	3월 3일~6월 30일	고양대 전투	9월 6일~12월 13일
사천강 전투	4월 1일~11월 1일	854, 812고지 전투	9월 21일~1953년 6월 17일
아스널/이리 고지 전투	5월 18일~6월 21일	노리 고지 전투	9월 29일~30일
김화 400고지 전투	6월 21일	백마고지 전투	10월 6일~14일
수력발전소 폭격 작전	6월 23일~27일	화살머리 고지 전투	10월 6일~10일
불모 고지 전투	6월 26일~8월 1일	체로키 스트라이크 작전	10월 9일~1953년 7월 27일
수도 고지 전투	7월 7일~10월 14일	저격능선 전투	10월 14일~11월 24일
지형능선 전투		삼각고지 전투	10월 21일~25일
351고지 전투	7월 10일~11월 10일	고왕산 전투	10월 23일

⟨1953년⟩

김화 잣골 전투	2월 26일~4월 21일	M-1 고지 전투	6월 10일~23일
180고지 전투	3월 10일	화살머리고지 전투	6월 29일~7월 11일
포크찹 고지 전투	3월 23일~7월 8일	중공군 7.13 대공세	7월 13일~27일
네바다 전초 전투	3월 28일~30일	베티고지 전투	7월 13일~16일
나부리 전투	5월 2일	금성 전투	7월 13일~20일
후크 고지 전투	5월 2일~28일	김화 351고지 전투	7월 14일~27일
저수지 폭격작전	5월 13일~29일	북정령 전투	7월 20일~26일
요크/엉클 고지 전투	5월 19일~20일	중가산 전투	7월 8일~27일

2) 냉전사의 다큐멘터리

(1) 한반도에서 일어난 남북 및 북미 마찰

북·미 군사적 마찰 일지	
날짜	내용
1959.06.15.	P4정찰기 동해상에서 피습, 조종사 귀환
1963.05.17.	H23헬기 비무장지대서 피습, 조종사 2명 귀환
1965.04.28.	RB47정찰기 동해상에서 피습, 조종사 귀환
1968.01.23.	프에블로호 원산 앞바다서 피납, 승무원 82명 11개월 후(12월 23일) 귀환
1969.04.15.	BC-121 정찰기 동해서 격추
1969.08.17.	OH23헬기 DMZ 남방에서 피격, 승무원 생환
1974.05.09.	OH58헬기 및 AIG헬기 임진강 부근서 피격, 인명피해 없음
1976.08.18.	도끼만행사건 판문점서 발생, 미군 장교 2명 피살
1977.07.04.	CH47헬기 북한영공서 피격, 사망자 3명, 생존자 1명, 2일 뒤 귀환
1981.08.26.	R71정찰기 동해 공해상서 북한 미사일에 피습, 승무원 무사
1994.07.17.	H58헬기 원통 부근 북한지역 불시착, 조종사 1명 사망, 1명 억류
2002.01.30.	미국 부시대통령, '악의 축'발언
2003.03.02.	북 미그기 미군 정찰기 근접 비행

남·북 군사적 마찰 일지(1955년~1975년)	
날짜	내용
1955.05.28.	'대성호' 어부 10명 납치
1956.11.07.	서해 성공서 아군기 2대 습격
1957.05.16.	북 선박, 연평도서 어선 납북
1958.02.16.	창랑호(DC-3기) 승객 28명, 승무원 3명 피납
1959.11.13.	속초항에서 출발한 명태잡이 어선 용진호, 신영호 2척 납북
1960.08.24.	연평도 근해에 북한 무장선 침범, 포격전 끝에 격침시킴
1962.12.13.	연평도 근해에서 북 함정과 교전, 아군 6명 사상
1965.10.29.	강화 앞바다에 있던 북 함정, 어부 109명 납치
1967.01.19.	동해 휴전선 근해에서 해군 제56함(당포호) 포격 침몰
1968.01.21.	무장간첩 부대 청와대 기습 침투
1968.11.03.	울진과 삼척에 무장공비 침투
1969.12.11.	YS-11기 강릉 대관령 상공에서 공중 납북(승객, 승무원 51명)
1970.06.21.	연평도 서북방서 해군 방송선 납북(승무원 20명)
1970.07.22.	국립묘지 현충문 폭파기도
1971.01.06.	서해안서 북 경비정 어선에 포격 1척 침몰
1972.02.04.	대청도 서쪽 해상 북한함정 포격, 우리 어선 1척 침몰
1973.03.07.	군사분계선 내 작업 중이던 아군에 북 총격, 포격전 발생
1974.06.28.	동해 해상 북한 해군 함정에 의해 해군 경비정 격침
1974.08.15.	박정희 대통령 저격, 육영수 여사 서거
1975.10.06.	대흑산도 무장간첩선 침투

남·북 군사적 마찰 일지(1978년~1998년)	
날짜	내용
1978.11.27.	충남 홍성, 공주, 오산지역에 3인조 무장간첩 출현
1980.03.23.	한강 입구에 3인조 무장간첩 침투
1981.06.21.	충남 서산 무장간섭선 격침, 9명 사살, 1명 생포
1982.04.21.	중동부 전선 북한 측 총격으로 경계초소(GP)간 교전
1983.06.19.	문산천 침투 간첩 3명 사살
1983.08.06.	월성 해안 무장간첩 3명 사살
1983.10.09.	아웅산 폭탄테러
1983.12.03.	부산 다대포 해안 간첩 2명 침투
1984.11.23.	소련 학생 마투조크 귀순 판문점 JSA 내 총격전,
1986.04.24.	고성 동해 앞바다 무장간첩선 격침
1986.09.14.	김포공항 폭탄테러
1987.11.29.	KAL 858기 공중폭파
1992.05.22.	무장병력 3명 중부전선 군사분계선 1km 침범, 전원사살
1993.05.03.	DMZ 내에서 아군 경계초소에 총격
1994.04.29.	판문점 공동경비구역(JSA) 내 무장병력 40명 투입, 무력시위
1996.04.05. ~ 07.	JSA 내 무장병력 투입(200~300명), 중화기 반입 박격포 진지 구축
1996.09.18.	북한 잠수함 강릉 앞바다 좌초(26명 탑승)
1997.06.05.	북한함정, 서해 북방한계선 침범 후 아군함정에 함포 3발 사격
1997.10.17.	북한 무장군인 12명 대성동 주민 2명 납치
1998.06.22.	북한 잠수정 1척 속초 침투(사체 9구) 발견

남·북 군사적 마찰 일지(1998년~2003년)	
날짜	내용
1998.11.18.	북 반잠수정, 여수 침투
1999.06.07.	북 경비정 서해 NLL 침범
1999.06.15.	1차 서해교전
1999.09.02.	NLL 무효화, 해상군사통제수역 선포
2001.04.09.	북한 경비정, 서해 북방한계선(NLL)침범
2001.06.02.	북한 상선 3척 제주해협 침범
2001.11.18.	북한 경비정, NLL 침범
2001.11.27.	북한군 DMZ 내에서 아군 경계초소에 총격
2002.06.29.	2차 서해교전
2003.02.20.	미그-19기 연평도 NLL 상공 침범
2003.02.24.	북한 지대함 미사일 동해상으로 발사
2003.06.01.	북한 어선 8척 NLL 침범, 아군 경고사격
2003.07.17.	경기도 연천 북방 20km지점 DMZ 북한군 경계초소에서 아군 초소에 총격

(2) DMZ, 그러나 철거되는 냉전 유적

북한군은 DMZ 군사시설물로 철책선 260km, 감시초소(Guard Post: GP) 158개, 관측소(Observation Post) 124개, 방송시설 117점, 막사 등 지원시설 3,362동, 기타 선전물 등 314개를 구축해 놓고 있었다. 반면, 한국군의 DMZ 군사시설물은 철책선 290km, 감시초소 87개, 관측소 13개, 방송시설 107점, 막사 등 지원시설 1,209동, 길이가 공개되지 않은 시멘트 방벽 등이다.

땅굴은 1970년대 등장한 북한군의 DMZ 군사시설로 남침을 위해 만들어진 것으로 보인다. 총 4개의 남침 땅굴이 존재하는데 다음과 같다.

	위치	내용
제1땅굴	1974년 11월 15일, 고랑포 동북방 8km 지점	소련제 다이너마이트, 북한제 전화기, 작업진척 일정을 기록한 흔적이 발견되었다.
제2땅굴	1975년 3월 19일, 철원 북방 13km 지점	귀순한 북한 노동당 연락부 소속 김부성 씨가 본인이 직접 측량했고, '콤푸레샤' 요원으로 땅굴 작업에 동원되었다고 증언했다.
제3땅굴	1978년 10월 17일, 판문점 남방 4km 지점	서울에서 불과 44km 거리로 제1·2 땅굴보다 훨씬 위협적인 것으로 평가되었다.
제4땅굴	1990년 3월 3일, 양구 동북방 26km 지점	전선 전역에 걸쳐 남침 땅굴을 굴착하고 있음을 입증했다.

2004년 6월 3, 4일 양일간 설악산에서 열린 제2차 남북장성급 군사회담 합의에 따라 남·북한군은 2004년 6월 15일 0시를 기해 전쟁 수단으로 사용되던 선전방송을 일체 중단했다. 심리전의 모든 수단을 제거하기로 합의한 것인데, '앞으로 어떤 경우에도 선전수단들을 다시 설치하지 않으며 선전활동도 재개하지 않는다.'는 조항을 명문화 함으로써 그 뜻을 더욱 공고히 했다.

그로부터 15년이 지난 2018년, DMZ를 평화지대로 설정하기로 한 '4.27 판문점 선언'으로 DMZ는 구체적인 해체 수순을 밟는 것이나 마찬가지였다. 마침내 남·북한군은 그해 11월 15일 DMZ 감시초소(GP)를 피아간 10개씩 폐쇄하기 시작했다. 또한, 11월 22일 '남북 비무장지대(DMZ) 공동유해 발굴'에 앞서 강원도 철원군 화살머리 고지에 전술도로를 연결하기도 했다. 남·북한군이 같은 목적으로 군사도로를 연결한 것은 정전협정 이래 처음 있는 일이다.

4. 냉전 부산물 '민통선 문화'

1) 유토피아를 찾아간 사람들

발단은 '땅'이다. 전쟁이 끝나자 새로운 터전을 찾으려는 사람들이 수복지구 일대로 몰려들었다. 북위 38°선 이남이어서 해방 이후부터 남한의 통치권에 있었던 경기도 지역에서는 전쟁 기간 농사를 짓지 못한 농민들이 옛집을 찾아 몰려들었다. UN군사령부는 DMZ에서 군사작전을 효율적으로 수행하기 위해 폭주하는 '귀농 의지'를 제지하는 한편 민간인의 출입을 통제할 완충대가 필요하다고 판단했다.

이에 따라 1954년 2월 미 육군 제8군단 사령관은 직권으로 농민들이 DMZ 가까이 접근할 수 없도록 DMZ 후방 5~20km에 귀농을 막는 '귀농선(No-Farm Line)'이 그어졌다. 한강 남단에서 시작돼

DMZ를 따라가며 동해안까지 면적 1,528㎢(경기도 480㎢, 강원도 1,048㎢) 벨트가 형성됐다. 당시 행정구역대로 경기도 강화·김포·파주·연천군과 강원도 철원·화천·양구·인제·고성군 등 2개의 도, 9개의 군, 24개의 읍·면, 213개의 리(민간인 미거주 지역 포함)가 이 금단의 섬에 갇히게 됐다.

1959년 6월 11일에는 DMZ 방어 임무를 한국군이 담당하게 됐다. 귀농선 통제권도 한국군에 이양됐는데, 한국군은 귀농선 북쪽의 옛 논과 밭을 개간할 필요가 있다고 생각했다. 한국군은 귀농선에서 민간인통제선(民統線 : Civilian Control Line)으로 이름을 바꾸고 민간인을 입주시키기 시작했다.

민통선 북방지역으로 사상 유례없는 주민이주가 일어났다고 해도 과언이 아니었다. 이 지역은 역사적으로 대규모 정책이라고 할 수 있는 사민(徙民)[1]이 있던 곳이다. 10세기 초 궁예가 철원에 태봉국을 세우면서 '청주인 사민 1,000호'를 단행했다고 하는데 1,100년 전 사민의 땅에 '20세기판 민통선 사민'이 재현된 사실이 흥미롭다.

그 땅을 찾아간 4가지 유형의 사람들도 있다. 민통선이 설정되기 전에 찾아갔거나 전쟁 중에도 그 자리에서 살던 사람들이거나 북한에 대응하기 위한 전략적 입주에 동참한 사람들 그리고 햇볕 정책에 따라 입주한 사람들이다.

2) 강원도 민통선과 경기도 민통선

(1) 강원도 민통선

1956년 4월 25일, 강원도 양구군 해안면에 개척민 150가구 965명이 입주했다. 민통선 정책입주의 효시이다. 아직 귀농선 관할권이 한국군에 이양되기 전이지만, 전쟁피해 복구를 목적으로 들어온 것이다.

1957년 5월 11일, 강원도 고성군 명파리에도 같은 목적으로 50세대 300여 명이 귀농선을 넘어 입주한 것으로 밝혀졌다.

(2) 경기도 민통선

경기도는 휴전 후 남한 땅이 된 '북위 38°선 이북 지역'의 땅이 적었다. 이 때문에 북위 38°선 이남 지역에 거주하던 사람들은 전쟁이 끝나자마자 자신들의 고향 땅으로 돌아올 수 있었다. 1954년 5월 25일에 이미 58세대가 연천군 백학면 백령리와 두일리 고향으로 돌아와 있었기 때문에 계획적인 정책입주로 보기는 어렵다.

3) 전장의 평화지대 대성동

경기도 파주시 군내면 조산리 대성동 마을은 1953년 8월 3일 '자유의 마을'이란 이름으로 DMZ 안에 건설됐다. 이곳은 정전협정 부칙 "정전협정이 조인될 시점 비무장지대 내에 거주하고 있는 주민들은

---

[1] 사민의 사전적 의미는 '백성을 이주시켜 국토를 개척하는 정책적 이주'이다.

계속 거주가 허용된다."라는 '사민(私民)의 비무장지대 출입에 관한 협의'를 근거로 세워졌다.

군사분계선 북쪽 비무장지대에도 똑같이 '사민(私民)의 비무장지대 출입에 관한 협의'를 근거로 세워진 기정동 마을이 있다.

남쪽의 대성동, 북쪽의 기정동, 판문점은 군사분계선 위에 서로 1~1.8km쯤 떨어져 직삼각형을 이루고 있다. 1951년 10월 판문점에서 휴전회담이 열리면서 現 군사분계선에서 교착된 채 치열한 전투를 치르고 있었으나 판문점을 지척에 두고 있는 이 삼각지대는 마치 태풍의 핵처럼 '전장의 평화지대'라는 행운을 누리고 있다. 16세대 60명의 노인과 아이들은 피난을 가지 않았고, 이곳을 떠났던 사람들도 정전협정이 조인되던 1953년 7월 27일 다시 돌아오면서 30세대 160명 정도가 거주하게 되었다.

대성동의 행정구역은 해방 직후 경기도 장단군 군내면 조산리에서 1962년 11월 21일 파주군 임진면으로, 1973년 1월 1일 다시 장단군 군내면으로 개편되었다. 2018년 기준으로 49세대 193명이 거주하고 있다.

4) '젖과 꿀이 흐르는 기회의 땅'

자립 안정촌, 재건촌, 통일촌은 민통선 북방지역에 정책이주를 단행하면서 입주 목적을 구별하기 위해 사용했던 용어다. 정전협정이 체결된 직후 북한은 DMZ까지 다가와 농사를 짓는 '선전촌'을 건설하기 시작했는데, 이에 대한 정책적 대응으로 민통선 북방지역에 건설된 마을이 바로 '자립 안정촌'이다.

전략촌이 가장 많이 생겼던 지역은 강원도 철원군이었다. 철원 평야 60%가 민통선 북방지역에 들어앉아 있었는데 이 땅을 농경지로 재가동하고 대북 선전효과를 거두기 위해 대대적인 정책이주가 단행됐다.

1959년 4월 10일 철원읍 월하리에 72세대 353명이 입주한 것을 시작으로 1980년 11월 29일 철원읍 관전리에 32세대가 입주했다. 11차례에 걸쳐 총 975세대가 집단 입주한 것이다. 자립 안정촌은 양구군 해안분지, 고성군 명파리 등을 포함해 99개 마을이 건설됐다.

1972년 4월 25일 강원도 양구군 만대리[2]에 해안분지의 2차 개척민 100가구 476명이 첫발을 디뎠다. 군인들은 분지의 북쪽 벽에 뚫린 V자 홈을 통해 북한군이 주둔하고 있는 매봉(1,290m)이 빤히 이쪽을 바라보고 있는 점을 주목했다. 정말 1만호가 풍족하게 사는 것처럼 보일 필요가 있었다.

이윽고 주황색 또는 하늘색 박공지붕에 흰 벽체의 집들이 시멘트 포장길에 머리를 맞대고 있는 마을이 생겼고, 그 길로는 주황색의 경운기들이 오갔다. 이렇게 1968년~1973년 사이 이 같은 의도로 민통선 북방지역에 12개의 '재건촌'이 만들어졌다.

경기도 파주시 군내면 백연리 '통일촌'은 더 적극적인 정책이주 개념으로 설립된 민통선 북방

---

[2] 만대리는 들이 넓어 1만호가 살 수 있다는 뜻의 마을 유래를 갖고 있다.

마을이다. 1972년 4월 제1사단 전역 부사관 14명이 입주해 영농을 시작했고 이듬해 8월, 반공의식이 투철한 통일촌이란 이름으로 재건됐다. 당시 전역을 앞둔 부사관 40세대와 예비군 주민 40세대 등 80세대가 입주했다.

강원도 철원군 김화읍 유곡리는 북한의 오성산에서 빤히 내려다보이는 옛 금강산 철길 옆 마을이다. 1973년 8월, 백연리와 같은 목적으로 통일촌이 건설됐는데 전역을 앞둔 현역 장교 부사관 30세대, 35세 이하 예비군 30세대 등 총 60세대가 입주했다.

5) 햇볕정책의 산물 해마루촌

경기도 파주시 진동면 동파리 '해마루촌'은 동파리(東坡里)의 해 뜨는 동(東), 언덕을 뜻하는 파(坡)를 우리말로 풀어쓴 지명이다. 이름만큼이나 마을도 아름다운데 마을을 높은음자리표 모양으로 설계했기 때문이 아닌가 싶다. 민통선 북방마을 가운데 가장 늦은 2001년 입주가 시작된 이곳은 52채의 집들이 전원 주택단지처럼 깔끔하게 꾸며져 있다.

김대중 정부는 땅을 찾고 싶어 하는 실향민, 농민들의 욕구를 햇볕정책으로 풀어주었다. 6.25전쟁 당시 민간인 소개 작전으로 강제이주 됐던 주민들은 그렇게 입주 영농의 숙원을 풀게 되었다. 1999년부터 2년 동안 60가구가 살 수 있는 3만 평의 마을 부지를 건설하고 2001년부터 입주를 단행해 2007년 7월 현재 52세대, 인구 155명의 마을을 조성했다. 이렇게 전국에서 가장 작은, '경기도 파주시 진동면'의 소재지가 만들어졌다.

모든 민통선 북방마을이 전쟁과 도발의 공포와 긴장을 안고 살고 있다. 그러나 해마루촌은 민통선 북방지역이 가지고 있는 필연적 갈등을 해소하고 평화롭게 살고 싶은 기원을 담고 있다. 모든 민통선 북방마을이 반공정책에 기조를 두고 건설됐다면 해마루촌은 햇볕정책의 산물이라고 볼 수 있다.

6) 사라지는 민통선 마을

2012년 4월 9일 오후 3시, 강원도 철원군 동송읍 양지리의 민통선 검문소 바리게이트가 철거됐다. 민통선이 1km 북상해 연주고개로 올라갔고, 양지리에 살던 101세대 230명은 1972년 4월 민통선 북방지역에 입주한 지 40년 만에 민통선 굴레를 벗어던지게 됐다.

1980년대 민통선 북방지역에는 한때 113개 마을에 8,799세대 3만9,725명(경기도 6,333세대 2만8,786명, 강원도 2,466세대 1만939명)이 살았다. 그 중 양지리는 94번째로 '민통선' 딱지를 뗀 것이다. 경기도에 네 군데(파주시 군내면 조산리 대성동, 백연리 통일촌, 진동면 동파리 해마루촌, 연천군 중면 황산리) 강원도에 다섯 군데(철원군 동송면 이길리, 갈말읍 정연리, 근북면 유곡리 통일촌, 김화읍 생창리, 근남면 마현리)만이 민통선 북방마을에 남아있다. 민통선의 대명사였던 강원도 화천군, 양구군, 인제군, 고성군에는 한 군데도 남아있지 않다. 민통선 시대가 마감되고 있는 것이다.

민통선은 DMZ의 주연이다. DMZ의 모든 콘텐츠가 민통선 안에 있기 때문이다. 민통선 사람들의 삶은 이 땅의 분단사, 냉전사의 적나라한 기록이다. 그 화판에 새겨진 그림이 하나둘 지워지다가 모두 사라지는 중이다. 그동안 허투루 보아왔던 민통선의 문화 유산적 가치가 소리소문없이 사라지고 있다는 점은 안타깝다.

5. 단 하나밖에 없는 냉전자연생태계

1) 휴전 이듬해부터 시작한 DMZ 자연조사

DMZ 자연생태계 조사는 기록상 휴전협정 직후부터 자원조사 명목으로 실시됐다. 그 일지를 요약하면 다음과 같다.

1954년	휴전협정 다음 해 한국 정부의 민통선 지역을 대상으로 실시
1966년	한국자연보존연구소(한국자연보존협회 전신)와 美 스미소니언 연구소 2년 동안 예비학술조사
1972년	한국자연보존협회 66년 조사지역 재조사. 문화재관리국 재정보조
1987년	자연보호중앙협의회 민통선 북방지역 자원조사
1991년	성천문화재단 3년간 생태조사/환경부 강원 경기도, 도서지방(백령, 연평도) 자연생태조사
1995년	환경부 강원도 민통선지역 자연환경 정밀조사 산림청 임업연구원 2000년까지 비무장지대 인접지역 자연생태 조사
1996년	유네스코 한국위원회 강원도 3개 지역 생태계보호지역 지정 용역조사(환경부)

그 외 국토통일원이 접경지역 기초조사를 한 일이 있다. 국제기구에 의한 DMZ 생태조사도 있었다. 1992년 국제자연보호연맹(IUCN)은 유엔환경계획(UNEP)을 통해 DMZ국제공원조성을 제안하면서 美 웨스팅사에 DMZ 서부지역과 동부지역의 자연조사를 의뢰했으며, 美 아시아재단에서도 이 무렵 재미 한국 학자에 DMZ자연생태 연구를 용역하기도 했다. 1996년엔 유엔개발계획(UNDP)이 서울대 환경생태계획연구실에 DMZ생태조사를 의뢰했었다. 언론, 환경단체 등이 취재, 독자적 목적에 따라 조사한 일도 있었다.

DMZ 자연생태계 조사 연구는 경의선과 동해선 복원 공사현장의 환경영향 평가를 계기로 DMZ 내 자연조사를 한 것을 제외하고 공식적으로 DMZ를 조사한 일은 두세 차례에 불과하다. 산림청 임업연구원은 2001년 2월 비무장지대 및 인접지역 생태계조사(1995년~2000년) 결과를 발표하면서 'DMZ 내부 1곳'을 조사했다고 밝혔다.

본격적인 DMZ 내부 자연생태계 조사는 2008년에 이뤄졌다. 환경부는 그해 10월 서부지역(파주 연천), 2009년 9월 15~19일 중부지역(철원 김화), 12월 7~10일 중부지역(철원 김화) 겨울철

조사를 했다. 2012~14년에는 민통선 이북 지역을 동부·중부·서부지역으로 구분하여 생태조사를 실시했다. 국립생태원은 DMZ 일원을 5개 생태계 유형으로 구분하고 2015년 동부해안, 2016년 동부산악, 2017년 서부평야, 2018년 중부 습지, 2019년 서부한강하구일대로 나눠 조사를 진행했다.

대부분의 조사단이 'DMZ는 완벽한 자연생태계를 유지한다.'는 보고서를 내놓았다. 그러나 2008년 이전의 DMZ 자연생태계 조사는 민통선북방, DMZ 남방한계선 지역에서 이뤄졌기 때문에 한계가 있었다. DMZ 내부 조사도 군 수색로를 통해 육안 조사나 문헌 조사에 의존할 수밖에 없는 실정이었다.

2) DMZ엔 원시림이 없다

1995년 비무장지대예술문화운동 협의회는 '비무장지대의 과거·현재·미래'에서 당시 강원도 DMZ 인접지역의 숲은 88.4%가 녹지 자연도에서 등급 7이하라고 주장하고 있다. 등급 7이란 20년 생 미만의 나무가 숲을 이루고 있는 정도를 일컫는다. 경기도 지역은 등급 7이하가 87.3%, 등급 2이하가 51.2%나 됐다.

이 보고서에서 DMZ일대는 생태적 천이가 중단된 방해극상(妨害極相:Dis-climax Forest)으로 유지되고 있다고 주장한다. 온대지방 삼림이 파괴된 후 극상림(極相林:Climax Forest)에 도달할 때까지 150~200년이 걸린다고 볼 때 현재 이 일대는 생태적 천이(生態的 遷移:Ecological Succession)이가 지속중이거나 천이 자체가 방해받고 있다는 것이다.

DMZ 자연조사의 결정판이라는 평가를 받는 임업연구원의 조사(1995년~2000년) 결과에 따르면 일부 지역은 시급한 복원 작업이 필요한 빈약한 자연 생태계를 유지하는 것으로 나타났다. DMZ일대의 임목축적량이 남한 평균의 48%에 불과하다는 연구결과도 나왔다.

그러나 DMZ 자연생태계에 대한 비판은 '인간의 발길이 닿지 않은 자연'의 존재를 바라는 기대 때문에 주목받지 못했다. DMZ 생태계가 과거 전쟁으로 파괴되고 그 후 반세기 동안 냉전 간섭을 받은 '자연스럽지 못한 자연'이라는 관점에서 조사된 일도 없었다. DMZ일대의 작전용 산불, 확성기 소음 등 군사활동, 도로 철책선 벙커 등 군사시설 센서스에 잡히지 않는 높은 인구밀도 등에 대한 자연생태계 파괴, 폐해는 어느 조사에서도 감안되지 않았다는 것이 문제였다.

3) DMZ 생물권 보전지역의 지정

2019년 6월 19일 프랑스 파리 유네스코 본부에서 열린 제31차 유네스코 인간과 생물권계획(MAB) 국제조정위원회는 DMZ 인접지역인 강원도 5개 군(철원·화천·양구·인제·고성)과 경기도 연천 지역을 생물권보전지역(BR)으로 지정했다. 2012년 7월 11일 주민 반대 등을 이유로 제24차 국제조정이사회에서 유보했던 것을 7년 만에 해결한 것이다. 1996년에도 주민 반대로 강원도 철원·양구·인제·고성 등 4개 군의 민통선 북방지역 609㎢를 자연생태계 보호지역으로 지정하고 유네스코 생물권보전지역 지정을 신청하려다가 무산된 적이 있기에 이번 지정이 더욱 의미가 있다고 본다.

참고문헌

김재한(2000). 『상호이익을 위한 DMZ 정책』. 한림대.
이문항(2000). 『군사분계선의 영역과 비무장지대』. 한림대.
＿＿＿(2001). 『JSA-판문점(1953-1944)』. 한림대.
조두순(2000). 『접경지역의 자연생태환경』. 환경부.
함광복(1995). 『DMZ는 국경이 아니다』. 문학동네.
＿＿＿(2000). 『한국민족사 대관 '민간인 통제구역'』. 정신문화연구원.
＿＿＿(2002). 『할아버지 연어를 따라오면 한국입니다』. 이스트워드.
＿＿＿(2005). 『한국 DMZ, 그 자연사적 탐방』. 집문당.
＿＿＿(2007). 『흐르지 않는 강』. 이스트워드.
＿＿＿(2012). 『DMZ 어디로 가나?』. 강원연구원.

Johan Galtung(2000). 『From DMZ to ZOP』. 유럽평화대.
T. R. Fehrenbach(1963). 『This Kind of War』. The Macmillan Company, New York.

제3장
DMZ 생태자원과 가치

DMZ 생태자원과 가치

박은진

제1절 DMZ 일원의 생태계 현황

1. 생물종의 다양성

한반도의 비무장지대 DMZ는 정전협정 이후 70년 가까운 시간 동안 사람에게는 금단의 땅이 되어 그 결과 세상 어디에도 없는 독특한 야생의 공간이 되었다. 일반인들에게 DMZ 내부로의 출입이 허용되지 않아 DMZ 내부 야생 동식물 분포를 아직 정확히 알 수는 없다. 하지만 인접한 민통선지역과 접경지역에서 실시되었던 생태조사 결과로 유추할 때, DMZ와 주변 접경지역의 생태계는 다른 어떤 지역보다 생물다양성이 풍부한 곳이라는 데에 의심의 여지가 없다.

국립생태원이 DMZ 인접지역에서 2015~2018년 실시한 조사와 과거 1974년 이후 조사된 자료를 종합하여 발표한 결과에 따르면, 총 6,168종이 확인되었다[1] (<표 3-1>, <표 3-2>). 관속식물, 포유류, 조류, 양서파충류, 담수어류 등 주요 생물분류군들의 경우 전체 종수의 40% 이상이 이곳에서 발견된 것을 알 수 있다. 다른 곳에서는 찾아보기 힘든 멸종위기종들이 특별히 많이 서식하는데 환경부 지정 멸종위기종 전체 267종 중에서 40%에 가까운 102종이 확인되었다. 멸종위기종을 분류군별로 보면, 조류와 양서파충류는 70% 이상, 포유류 60%, 담수어류 44%가 이 지역에서 서식하고 있음을 확인하였다.

무엇보다 국제적인 멸종위기종으로 주목을 받고 있는 생물종들이 DMZ 일원에 많이 분포한다. 두루미의 경우 세계자연보전연맹(IUCN)이 지정한 멸종위기종으로서 서부의 DMZ와 민통선지역에 서식하는 개체수가 많고, 또 다른 국제적 멸종위기종인 사향노루· 산양이 화천, 양구, 인제 등 DMZ 일원의 중동부지역 산악지대에 서식한다. 또한, 세계적으로 약 2,400마리만 남아있는 저어새도 남북의 접경지대인 서부 무인도서와 강화도 인근에 서식하는 것으로 확인되었다. DMZ가 없었다면 이 국제적 멸종위기종들은 아마 세계에서 아예 없어졌을 수도 있다고 해도 과언이 아니다.

---

[1] 환경부. 2019. DMZ 일원 생태계보전 종합대책 수립 연구. 국립생태원

〈표 3-1〉 우리나라 전체와 DMZ 일원의 야생동·식물 종수와 비율(환경부, 2019)

분류	우리나라		DMZ 일원			
	전체 종수	멸종위기종수	전체 종수	비율(%)	멸종위기종수	비율(%)
식물(관속식물)	4,552	88	1,936	42.5	18	20.5
포유류*	89	20	48	53.9	12	60.0
조류	527	63	271	51.4	45	71.4
양서파충류	53	8	34	64.2	6	75.0
담수어류**	213	27	135	63.4	12	44.4
육상곤충	18,158	26	3,050	16.8	4	15.4
저서무척추동물***	1,172	32	694	59.2	5	15.6
해조류, 고등균류	7,187	3	-	-	-	-
합계	40,230	267	6,168	14.7	102	38.2

* 우리나라 전체 종수는 국립생물자원관의 종목록을 기준(2018.12.)으로 작성되었으며, 포유류는 고래목 제외
** 한국의 민물고기(김익수·박종영, 2007)의 담수어류 목록을 기준으로 작성
*** 저서무척추동물 분야는 국립생물자원관에서 세부적으로 분류하고 있지 않아, 제4차 전국자연환경조사 지침의 기준을 준용

〈표 3-2〉 DMZ일원에서 실시된 생태조사 결과 보고서

번호	연도	제 목	수행기관명
1	1974	비무장지대인접지역 종합학술조사 보고서	문화공보부 문화재관리국
2	1989	비무장지대 자연생태계 조사연구	국토통일부
3	1992	비무장지대 인접지역(민통선 지역)의 자연생태계 조사보고서	환경처
4	1995	비무장지대 인접지역(민통선 지역) 자연환경 정밀조사보고서(Ⅰ)	환경부
5	2000	비무장지대 및 인접지역의 산림생태계 조사 종합 보고서 (1995~2000)	산림청 임업연구원
6	2004	비무장지대의 환경생태학적 조사·분석 및 영향평가	환경부·국립산림과학원
7	2005a	군사접경지역 자연유산 기초자원 보고서(중부지역)	문화재청
8	2005b	DMZ의 야생동물 서식 실태조사 및 기존 자료의 종합적 분석에 관한 연구 보고서	한국산지보전협회
9	2006a	DMZ 야생동물 현황과 보전관리에 관한 연구 보고서	한국산지보전협회
10	2006b	군사접경지역 자연유산 기초자원 보고서(서부지역)	문화재청
11	2007	군사접경지역 자연유산 기초자원 보고서(동부지역)	문화재청
12	2008	제3차 전국자연환경조사	환경부·국립환경과학원
13	2009	DMZ 서부지역 생태·산림·문화재 현황 조사·연구 보고서	환경부·산림청·문화재청
14	2010	DMZ 중부지역 생태계 조사 보고서	환경부·국립환경과학원
15	2012	DMZ 일원 생태계 조사 -민통선이북지역 생태계조사-	환경부·국립환경과학원
16	2013	DMZ 일원 생태계 조사 -민통선이북지역 중부권 생태계조사-	환경부·국립환경과학원
17	2014a	DMZ 일원 생태계 조사 -민통선이북 서부권 생태계조사-	환경부·국립생태원
18	2014b	DMZ 일원 생태계 조사 -민통선이북 동부 GOP지역 생태계조사-	환경부·국립생태원
19	2015	DMZ 일원 생태계 조사 -민통선이북지역 동부해안권역-	환경부·국립생태원
20	2016	DMZ 일원 생태계 조사 -민통선이북지역 동부산악권역-	환경부·국립생태원
21	2017	DMZ 일원 생태계 조사 -민통선이북지역 서부평야권역-	환경부·국립생태원

출처: 환경부·국립생태원 (2016). DMZ 일원의 생물다양성 종합보고서.

2. 생태계 유형과 특성

DMZ 일원은 크게 서부 임진강하구, 서부평야, 중부산악, 동부산악, 동부해안의 생태권역으로 구분된다(〈표 3-3〉). 한반도를 동서로 가로질러 평야, 구릉, 산악, 해안 등 다양한 지형 분포를 보이며 이에 따라 크게 습지, 농경지, 2차 천이 관목림, 산악활엽수림, 산악침엽수림 등의 생태계 유형으로 나눌 수 있다.

서부지역은 낮은 구릉지대와 평야로서 특히 한강과 임진강 하류지역에 넓은 충적평야지대가 형성되어 있다. 중부지역은 산지로 둘러싸인 한반도의 대표적인 용암대지로, 유동성이 큰 현무암질 용암류가 기존의 골짜기를 메워 넓은 평탄지를 만든 후 다시 침식곡이 형성된 곳이다. 동부지역은 높은 산악지대로 이루어져 있으며, 양구군에는 기반암 차별침식으로 인하여 형성된 해발고도 450m 내외로 패인 펀치볼 침식분지가 위치해있다.

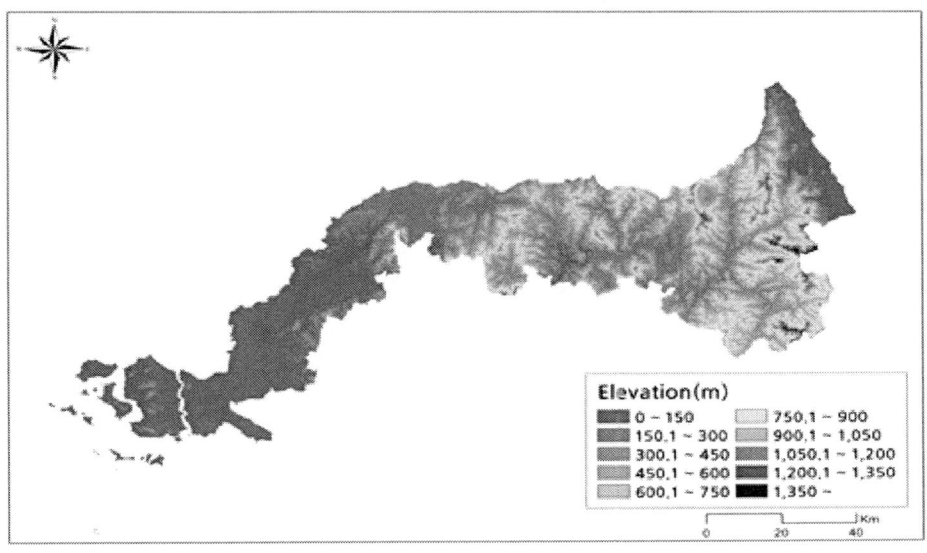

[그림 3-1] 동고서저의 특성을 보이는 DMZ 일원 지형(표고) 현황

<표 3-3> DMZ · 민북지역의 권역별 토지피복 현황

(단위 : ㎢ (%))

구분	서부 임진강하구	서부평야	중부산악	동부산악	동부해안
합 계	255.5(100.0)	265.9(100.0)	394.8(100.0)	324.0(100.0)	311.6(100.0)
시가화 건조지역	6.2(2.4)	5.8(2.2)	3.6(0.9)	3.0(0.9)	2.4(0.8)
농경지	63.0(24.7)	66.5(25.0)	19.3(4.9)	21.0(6.5)	3.2(1.0)
산림	124.1(48.6)	144.5(54.3)	347.9(88.1)	286.2(88.3)	293.5(94.2)
초지	35.5(13.9)	35.0(13.2)	13.8(3.5)	7.0(2.2)	7.5(2.4)
습지	4.7(1.9)	4.6(1.7)	5.3(1.3)	3.0(0.9)	1.5(0.5)
나지	7.9(3.1)	3.0(1.1)	2.7(0.7)	2.8(0.9)	2.9(0.9)
수역	14.1(5.5)	6.5(2.4)	2.2(0.6)	1.0(0.3)	0.5(0.2)

출처: 환경부 세분류토지피복도 GIS 자체분석.

　DMZ 일원의 식생은 산지낙엽활엽수림, 산지침엽수림, 침활혼합림, 산지관목림, 아고산식생 등의 다양한 산지식생과 습지식생, 경작지 잡초식생, 해안사구식생 등으로 구분된다. 동부지역은 사구, 습지, 산림식생 등 다양한 생태계 유형이 확인되는데 해발 1,000m 이상의 산악지역으로 산불과 군사도로 및 군시설물 주변의 소규모 벌채 등의 교란이 자주 일어나는 DMZ 내부와 바로 인접지역의 경우 울창한 산림이 분포하지 않고 초지와 2차 천이 관목림을 많이 볼 수 있다. 상대적으로 교란이 적은 민통선지역 산림이 잘 보전되어 있는데 대부분의 산지는 신갈나무가 우점하고 해발고도가 낮은 계곡부에 졸참나무, 능선부와 급경사지에 소나무와 굴참나무가 주로 분포한다. 산지습원식생이 소규모로 분포하고 하천에는 버드나무, 갯버들 등이 주로 분포한다.

　중부지역은 해발 600m 내외의 산지와 평야가 분포하는 지역으로 하천 경관이 잘 발달하였으며, 농경지 인근 지역에는 침식토양이 분포한다. 이 지역도 산지 대부분은 신갈나무가 우점하고 능선 및 급경사지에는 소나무와 굴참나무가 분포하며, 농경지와 다양한 크기의 습지가 분포한다. 특히, 충적지 및 과거 논경작지에 묵논 습지식생이 발달한 것을 볼 수 있다.

　서부지역은 해발 500m 이하의 저지대로 다양한 습지가 분포하고 있고 과거 논으로 이용되었다가 방치되어 묵논 습지를 형성한 곳이 나타난다. 파주 일대는 해발 100m 이하 구릉지가 대부분이며 잦은 교란을 받아 2차 천이가 진행되는 빈약한 식생으로 구성되어 있는 경우가 많다. 구릉지대에 주로 상수리나무와 리기다소나무가, 일부 묵논 지역에 버드나무, 오리나무 군락이 분포하며, 임진강 주변으로 암벽식생과 하변식생이 분포한다.

[그림 3-2] 동부, 중부, 서부 DMZ 일원의 대표적 생태경관 현황

3. 생태계 위협요인

현재까지 DMZ 내부는 잦은 산불과 벌목 등 군사활동에 의한 영향을 받고 있으나 그 외에는 다른 인위적 활동이 없고 출입이 제한되어 야생동·식물에게는 피난처 역할이 되고 있다. 하지만 민통선이북지역의 경우 산림면적이 80년대 후반 78%에서 2010년대 중반 76%로 줄었고, 반면 시가화 건조지역 면적은 같은 시기 0.2%에서 1.4%로 증가하였다. 또한, 농경활동을 위한 출입이 잦아지고 인삼밭 등 농경활동 증가에 따라 농경지 면적이 확대되고 서식지 면적은 감소되고 있는 추세이다[2]. 산불과 군사활동 및 개발·이용사업 등으로 서식지와 산림의 훼손이 심화되고 있다고 볼 수 있다.

농경활동과 농경지 면적의 증가는 이 지역에서 홍수 저감을 위한 소하천 정비, 농로의 포장과 확장

---

[2] 박은진·남미아. 2013. 민통선 이북지역의 토지피복 및 인삼 재배면적 변화 분석. 한국생태학회지 27(4): 207-515.

등 생태네트워크의 훼손과 변화를 의미한다. DMZ 내부를 관통하는 자연적인 소하천이 인공적으로 정비되면서 생태통로의 기능이 감소하고, 묵논과 묵밭 등 생물다양성이 높은 서식지가 감소하는 등 민북지역 생태계가 농경활동과 도로포장, 개발이용 사업 등으로 위협받고 있다[3].

동부 산악지역 DMZ 일원의 경우, 전술도로 및 군사시설, 군사활동으로 인해 산사태의 위험이 높고 기후변화에 따른 집중호우 등 이상기후와 함께 그 잠재적 위험은 증가하고 있다. 동부지역 민북지역의 경우 군사활동과 기후변화의 자연적인 영향 외에 다른 위협요인이 크지는 않다고 볼 수 있다. 개발수요가 낮을 뿐아니라 대부분 면적이 산악지형으로 토지 개발·이용이 용이하지 않으며 법적으로도 보호지역 지정이 되어 있다. 반면, 철원지역부터 서부지역의 경우 넓은 평야지대로서 개발·이용이 용이하고 법적 보호지역 지정이 되어있지 않아 언제든 상황변화에 따라 개발 위협에 노출되어 있다고 볼 수 있다(〈표 3-4〉).

〈표 3-4〉 DMZ · 민북지역 권역별 보호지역 현황

(단위 : km²)

구분	서부 임진강하구	서부평야	중부산악	동부산악	동부해안
산림유전자원보호림	2.88	12.54	124.92	153.82	93.07
백두대간보호지역	-	-	-	-	37.08
상수원보호구역	1.75	-	-	-	-
천연보호구역	-	-	-	24.36	85.00
천연기념물	-	0.14	1.00	1.80	-
합계	4.63	12.68	125.92	179.98	215.15

출처 : 한국보호지역 통합DB관리 시스템(KDPA)자료 분석.

제2절 DMZ 일원 생태자원 요소와 가치

DMZ와 인접지역이 가지는 자원 가치를 논의할 때, 대부분 자원유형을 생태·환경자원, 역사·문화자원, 안보·전적자원(또는 평화자원)으로 크게 구분한다. 최성록·박은진(2010)은 세 가지 자원유형에 대해 각각의 자원요소와 자원예시, 그 기능과 가치를 구분 정리하였다(〈표 3-5〉). 여기서 생태·환경자원은 다시 생물종 수준, 생태계 수준, 경관 수준으로 구분되는데, 생물종 수준의 자원요소는 생물종다양성, 멸종위기종, 희귀종이라고 볼 수 있다. 예를 들면 DMZ와 인접지역에 서식하는 모든 생물종과 두루미, 산양, 사향노루 등 멸종위기종 및 희귀종이 해당된다. 생태계 수준의 자원요소는 서식처, 산림, 토양, 습지 등 생태계 구조와 기능 과정이 일어나는 특정 생태계라고 할 수 있다. 경관 수준의 자원요소는 서식처간의 연결성, 심미적 영감을 주는 경관과 지질 등이 될 수 있다.

---

[3] 박은진 등. 2011. 민통선지역 생태계 훼손요인 및 영향 저감방안 연구. 경기연구원.

　DMZ일원 생태자원이 가지는 기능과 가치는 생태계서비스[4] 측면에서 볼 때, 물질순환과 토양의 형성, 1차 생산, 서식처 등의 기능을 하는 지지서비스(supporting service), 냉전의 역사와 평화, 생명의 기념비적 상징성으로 교육과 관광자원 기능을 하는 문화서비스(cultural service)가 특히 중요하다고 볼 수 있다(그림 3). DMZ 일원 지역의 생태경관과 생물다양성은 역사문화, 인문사회 자원요소와 함께 복합적으로 작용하게 되면 교육과 관광자원으로서 상징적 의미와 활용가치가 매우 커진다. 무엇보다 DMZ는 인간활동의 영향과 개발요구가 가장 큰 북반구 온대지역에서 단절되지 않고 사람들의 활동이 배제된 야생의 공간으로서 거의 최대 규모라고 할 수 있다. 아이러니하게도 전쟁이 남긴 최대의 자연 공간이라는 점이 인류 근대 역사, 자연과 인간의 관계, 평화 등 다양한 철학적 해석과 교훈을 만들고 있다.

〈표 3-5〉 DMZ 및 인접지역의 자원유형, 자원요소, 기능 및 서비스

자원유형		자원요소	자원 예시	기능 및 가치(서비스)
생태 · 환경 자원	생물종 수준	종다양성, 멸종위기종, 희귀종	DMZ내 모든 생물종, 두루미, 저어새, 산양 등	생태계 안정성과 회복력, 잠재 유전자원 확보, 생태교육 및 관광
	생태계 수준	특정 서식처, 산림/토양, 습지	대암산 용늪, 향로봉, 한강하구습지, DMZ전체 공간내의 산림과 토양, 하천배후 습지, 둠벙 등	생물다양성 확보, 생태교육 및 관광/휴양, 이산화탄소 흡수, 홍수조절
	경관 수준	서식처 연결성, 특이경관/지질	DMZ공간전체, 수변경관, 주상절리, 산림경관	생태이동통로, 휴양 및 관광, 교육
역사 · 문화자원		역사문화유적	선사유적, 왕릉, 산성 등 사적 및 문화재, 나루터	역사정체성, 교육 및 관광
		분단의 사회문화	마을, 군부대/시설	문화정체성 및 다양성, 교육 및 관광
전적 · 안보자원		전쟁유물 및 흔적	전쟁터와 기록, 판문점, 경의선기관차, 철도종단점, 자유의다리, DMZ자체	교육 및 관광
		분단의 상징물	DMZ자체, 전망대, 땅굴, 도라산역	교육 및 관광

출처: 최성록 · 박은진(2010) 수정.

---

4) Millennium Ecosystem Assessment, 2005. Ecosystems and Human Well-being: Synthesis (Millennium Ecosystem Assessment). Island Press, Washington DC

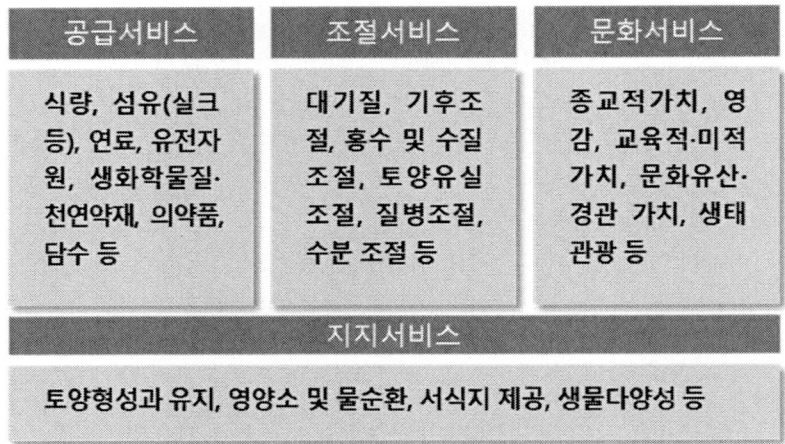

출처: 새천년생태계평가(MEA, 2005).

[그림 3-3] 생태계서비스의 4가지 유형과 구분

 기존에 DMZ와 인접지역의 자원에 대해 보전가치를 추정하기 위한 시도들이 있다(〈표 3-6〉). 각기 다른 지역에서 다른 대상을 놓고 지불의사액으로 추정한 결과들인데 생태자원과 보전에 대한 개념적 정의의 모호함에 대한 지적이 있다.[5] 최성록·박은진(2010)의 연구에 따르면, DMZ 전체공간과 이곳에 서식하는 멸종위기종, 민통선마을, 판문점 등의 주요자원의 보전가치는 성인 1인당 평균 55,000원으로 추정되었다.

---

5) 최성록·박은진. 2010. DMZ 일원 주요 자원의 보전가치 추정 연구. 강원발전연구원·경기개발연구원.

〈표 3-6〉 DMZ 일원의 비시장가치 평가 관련 연구

연도	저자	제목	평가방법 (샘플크기)	내용
1997 (2000년 발표)	전건홍, 윤여창	비무장지대 및 인접 지역의 보전가치평가 I (철원지역)	경매방식CVM (111명)	철원지역 생태계의 보전적 이용가치 추정, 관광객 1인당 2,842원(연간 총 10억5천11만9천 원). 지불수단은 안보관광 입장료
1998 (2000년 발표)	전건홍, 윤여창	비무장지대 및 인접 지역의 보전가치평가 II (서부지역 및 백령도)	지불카드CVM (121명)	임진각 방문자 면접조사, 생태계 보존가치는 1인당 14,202원(연간 총 2천1백64억 원). 지불수단은 한시적 특별세
			조건부순위법 (120명)	백령도 여행객 대상으로 "환경·생태", "해안청정도", "관광시설 및 안내", "뱃삯", "숙식대비 만족도"에 대한 점수법 및 총점을 활용한 순위법. 관광객 1인당 사용가치는 72,266원(연간 총가치는 28억 9천만 원)
2005	이충기	CVM을 이용한 DMZ 생태관광자원의 가치평가: 국제간 비교	단일양분형CVM (내국인1,030명, 외국인 158명)	5대 광역시 내국인과 판문점 방문 일본인 대상. 접경지역의 경제적 손실을 보상하기 위한 "DMZ환경보전기금"에 대한 지불의사. 내국인 1인당 21,100원(총 경제가치 7,600억 원), 일본인 1인당 31,400원으로 추정
2010	최성록, 박은진	DMZ 일원 주요 자원의 보전가치 추정 연구	초이스모델링 (1,737명)	경기도, 강원도, 서울, 6대 광역시 대상. 주요 자원으로 DMZ 전체공간, DMZ 일원의 멸종위기종 수, 판문점, 민통선마을에 대한 지불의사액 평균 1인당 55,000원으로 추정

제3절 DMZ 일원의 생태보전 관련 기존 논의와 정책

1. DMZ 일원 생태조사 및 연구

한반도 DMZ는 20세기 세계냉전의 마지막 남은 상징으로 평가받으며 남북관계 발전과 통일과정의 매개체로서뿐 아니라 그 자체의 생태적, 역사적 가치로 인해 끊임없는 관심의 대상이었다. 최초로 DMZ의 생태적 가치 보전에 대해 국제사회가 공식 논의한 것은, 1966년 일본 동경에서 열린 태평양과학회의로 기록되어 있다([그림 3-4])[6]. 이 회의에서 우리나라 대표로 참가한 경희대학교 원병오 교수팀이 비무장지대를 국립공원으로 설정하자는 주장이 의제로 채택되었다. 이 회의에 앞서 1965년 한국자연보존연구회가 DMZ 인접지역의 생태환경에 대한 조사를 실시한 것으로 기록되어 있다.

[그림 3-4] 최초 DMZ 생태보전 관련 국제사회 논의

이 조사와 회의를 시작으로 해서 꾸준히 DMZ 인접지역에 대한 조사가 이루어졌는데 1974년 문화공보부가 발간한 "비무장지대 인접지역 종합학술조사"가 관련 첫 보고서이다. 1991년부터 환경부가 비무장지대 인접지역인 민통선 이북지역에 대한 자연생태계 조사를 전국자연환경조사의 체계 안에서 조사하기 시작했다. 2008년과 2009년에는 국방부와 유엔연합사의 승인을 받아 DMZ 내부(남측)를 조사하였는데 서부지역과 중부지역 조사를 완료하고 2010년 이후 남북관계 경색으로 중단되었다. DMZ 내부에 대한 조사는 이 외에 2001년과 2003년 경의선 철도, 동해철도와 도로를 각각 개설하면서 환경영향조사와 2018년 DMZ 내부 화살머리고지 유해발굴을 위한 도로개설 시에

---

6) 동아일보(1966.9.1.). 한국비무장지대 국립공원안 채택 –태평양과학회의 동식물 등 조사키로–

환경영향조사가 전부이다. 조사는 대부분 DMZ 인접지역에서 이루어졌는데 2012년에서 2014년까지 민통선 이북지역의 동부, 중부, 서부권역에 대한 집중조사가 실시되었고, 2015년부터는 동부해안, 동부산악, 중부산악, 서부평야, 서부임진강하구의 5개 권역으로 나누어 DMZ 인접지역에 대한 조사가 이루어지고 있다([그림 3-5], [그림 3-6]).

[그림 3-5] 2013년 이전 DMZ 인접지역 및 내부 생태계 조사보고서

[그림 3-6] 2014년 이후 DMZ 일원 생태계 조사보고서

한편, DMZ일원에 대한 과거 자료를 종합적으로 분석한 박은진·여인애(2018)의 연구 결과에 따르면, DMZ의 생태보전은 그 자체의 생태적 가치로서만 논의되었다기보다는 지역경제 활성화 차원에서 자원으로 보전과 이용이 함께 다루어진 사례가 많음을 알 수 있다. 이 연구는 2017년까지 총 919건의 DMZ 관련 연구를 시기와 주제별로 분석하였는데 이 중 환경 주제는 전체의 약 30%로 가장 많은 비율을 차지하고 대부분의 경우 지역경제, 관광, 남북협력 등의 주제와 복합적으로 다루고 있음을 밝히고 있다. 이것은 DMZ의 생물다양성과 생태계가 그 자체로서 뿐만 아니라 남북협력과 통일 과정상의 매개로서 그리고 지역자원으로서 가치를 부여하여 왔음을 의미한다([그림 3-7]).

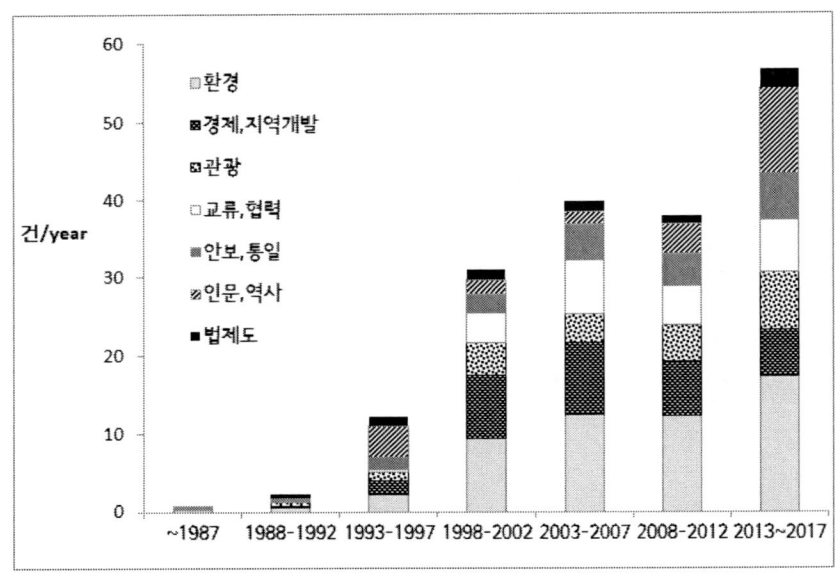

출처: 박은진·여인애(2018)

[그림 3-7] DMZ 일원 관련 연구 자료의 주제 및 양적 변화

2. DMZ 관련 기존 논의 및 정책

초기에 DMZ 관련 논의는, 비무장화와 남북관계 발전을 위한 평화적 이용, 즉 남북협력의 의제로서 관심이 높았다. 거기에는 DMZ 내 평화시 건설과 같은 개발론적 접근과 국제자연공원 조성과 같은 보전론적 접근이 모두 있었다. 1992년 세계자연보전연맹(IUCN)이 DMZ의 판문점 동쪽과 동부산악지역에 대규모의 국제자연공원 조성을 제안하기도 했고, 김영삼 정부도 DMZ의 자연공원화를 북한에 제의하였다. 김대중 정부에 들어서면서 남북화해모드가 급 진전됐고, 개성공단, 금강산관광 등 교류협력이 활발해지면서 2001년 대통령 신년사를 통해서 남북공동의 DMZ 접경생물권보전지역 지정 논의가 시작되었다. 이명박 정부와 박근혜 정부에서도 DMZ의 평화적이용 구상과 DMZ 세계생태평화공원 조성 등을 국정과제로 추진하였다.

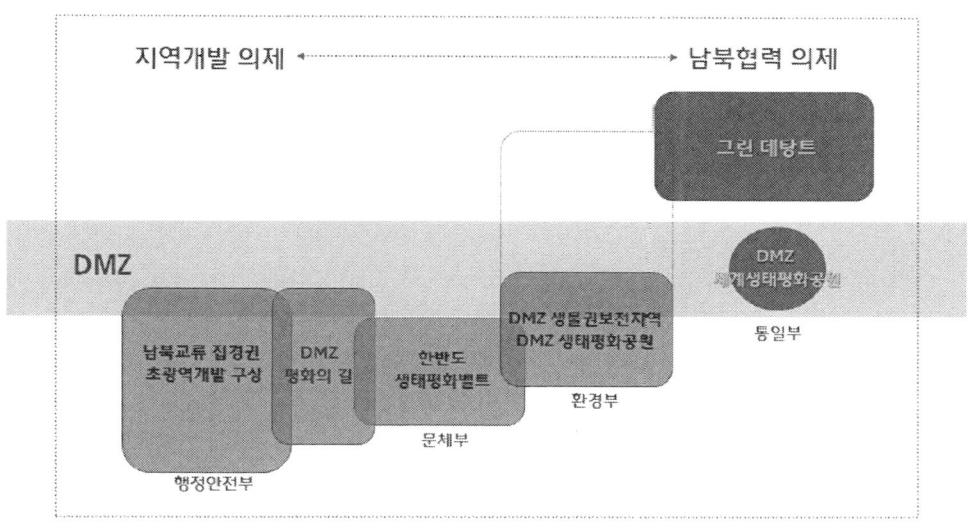

> 문재인 정부 국정과제 : 한반도 신경제지도 구상
　　　　　　　　DMZ 환경·관광벨트, 개성공단 / 금강산 관광 재개
　　　　　　　　남북접경지역관리위원회, 서해평화협력특별지대

[그림 3-8] 기존의 정부부처별 DMZ와 인접지역 계획구상

　각 부처별로 DMZ와 인접지역을 대상으로 추진된 다양한 정책구상은 [그림 3-8]에서 보는 바와 같다. DMZ 생태보전은 환경부 계획에 반영되어 있는데 크게 DMZ 생태평화공원과 생물권보전지역 지정계획으로 구체화되어 있다. 많은 논의와 제안이 있었지만, 남북협력 의제로서 DMZ의 보전과 이용은 계속 제자리걸음을 해왔다. 남북관계가 상당히 발전했던 김대중 정부 때도 DMZ를 남북협력을 위해 평화적으로 이용하자는 제안은 그리 성공적이지 못했다. 이는 정치적 긴장관계의 해소 결과로서 DMZ 보전 협력이 가능할 뿐, 긴장관계 해소를 위해 DMZ를 매개로 하거나 출발점으로 하는 접근은 그다지 유효하지 않음을 의미한다.

　한편, 기존에 DMZ 생태보전 관련 논의는 남북협력 의제로서뿐 아니라 접경지역의 생태환경 보전과 경제발전을 동시에 추구하는 지역의 지속가능발전 개념으로 확장되어 왔다. 남북의 정치적 긴장상황을 해소하고 협력을 촉진하는 매개로서 DMZ의 보전방안은, 남북이 공동으로 DMZ 내에 또는 전체를 평화공원화하자거나 DMZ를 접경생물권보전지역으로 지정하자는 제안과 구상 수준에 머물렀을 뿐 구체화할 수 없었다. 그럼에도 불구하고, 접경지역에서는 군사지역 이미지를 탈피하고 지역관광 활성화를 위한 자원으로서 DMZ의 상징성과 생태환경을 이용하고자 하였다. 경기도는 2012년 접경지역 발전을 위해 'DMZ정책과'를 신설하여 DMZ의 보전과 이용 정책을 강화하고, DMZ 인접지역에 생태탐방로를 포함하여 생태관광을 위한 각종 시설과 프로그램을 확대해 가고 있다. 강원도 또한 2014년 접경지역인 화천군, 인제군, 양구군, 고성군 지역의 생태자원과 지질자원을 포함하여 강원평화지역국가지질공원으로 지정받고 관광을 활성화하기 위한 토대를 마련하였다.

3. DMZ 일원 생태보전 노력 : 유네스코 생물권보전지역 지정

DMZ와 인접지역의 생태환경을 보전하고 지역의 지속가능발전을 도모하기 위해 생물권보전지역으로 지정하고자 하는 노력이 오랫동안 이어졌는데 마침내 2019년 연천임진강 생물권보전지역과 강원생태평화 생물권보전지역 지정이 승인되었다(〈표 3-7〉, [그림 3-9]). 유네스코 한국위원회의 이름으로 1997년 발간된 "민통선지역의 생태계 보전과 지역사회 활성화 동시달성을 위한 조사연구" 보고서에서 생물권보전지역 지정 노력의 시작을 찾아볼 수 있다. 이후 2001년 김대중 정부가 남북 공동으로 접경생물권보전지역 지정 추진하는 방안을 검토하면서 본격적으로 논의가 시작되었다. 북한의 무반응으로 큰 진전없이 계획만 수립되었다가 2012년 환경부가 DMZ 남측과 DMZ에 접하는 7개 시군을 포함하여 '한반도 DMZ 생물권보전지역 지정신청서'를 유네스코에 제출하였다(환경부, 2011; 환경부, 2012). 기존에 남북이 공동으로 DMZ 접경생물권보전지역을 지정하고자 하는 계획을 수정하여 우선적으로 가능한 남측지역에 먼저 지정을 추진하려는 시도였다. 이는 또한, 남북협력 의제로만 DMZ 보전을 논의하는 데에서 나아가 군사지역 규제를 받는 접경지역에서 생태보전을 통해 지역의 이미지를 제고하고 생태관광 등 지역발전을 위한 토대를 쌓는 데 활용하고자 하는 시도이기도 하였다. 하지만, 이 신청은 DMZ 남측을 포함한 것에 대해 북한이 강력한 이의 제기를 함으로써 유보되었다. 이후 접경지역 지자체가 주도하여 2018년에 다시 '연천임진강 생물권보전지역' 신청서와 '강원생태평화생물권보전지역' 신청서를 유네스코에 제출하여[7] 2019년에 지정 승인이 완료되었다.

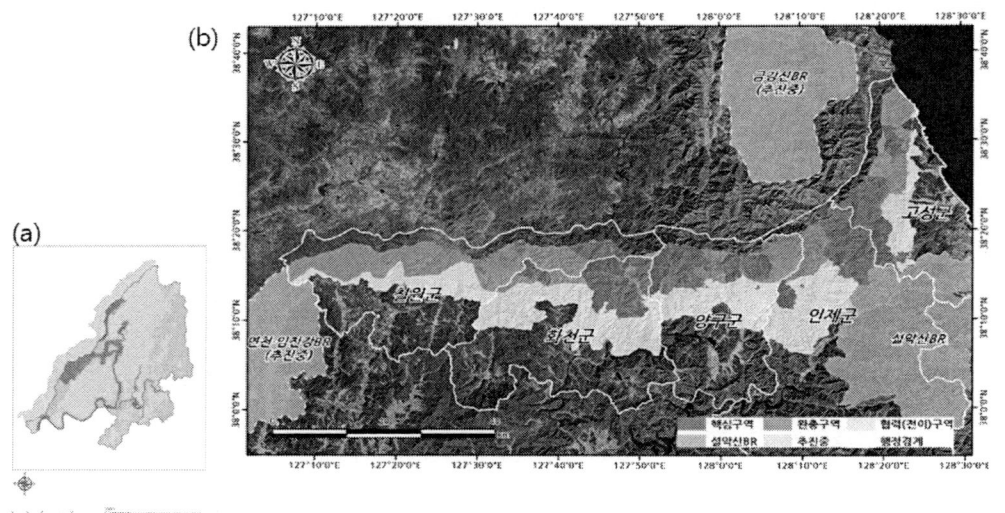

출처: 연천군(2018), 강원도(2018)

[그림 3-9] 연천임진강 생물권보전지역(a)과 강원생태평화 생물권보전지역(b) 현황

---

[7] 연천군. 2018. 연천임진강 생물권보전지역 지정신청서; 강원도. 2018. 강원생태평화 생물권보전지역 지정 신청서.

〈표 3-9〉 DMZ 일원에 대한 생물권보전지역 지정 추진 경과

시기	추진내용	비고
1997	유네스코 한국위원회, "민통선지역의 생태계 보전과 지역사회 활성화 동시달성을 위한 조사연구"	남북공동 접경생물권 보전지역 추진
2000	UNDP · 서울대학교, "경기북부지역에서의 환경적으로 건전하고 지속가능한 개발 조사연구"	
2001.1.	김대중 대통령, 접경생물권보전지역(TBR) 지정 추진 지시	
2001.4.	한국 MAB위원장, 북한 MAB 위원장에 TBR 지정 제안 서신 전달	
2002	환경부(KEI), "비무장지대 및 인접지역 자연환경의 효율적 관리방안에 관한 연구" - 남북공동 TBR 추진 검토	
2002	환경부, 생태복원 국제심포지엄(서울), DMZ포럼(뉴욕) 등을 통해 BR 공론화	
2004.1.	환경부, "DMZ 일원 자연생태계 보전방안" 국무회의 보고 및 관계부처 협의	
2004.8.	환경부, 유네스코 접경생물권보전지역 지정 추진계획 수립	
2005.8.	환경부, "비무장지대 일원 생태계보전대책" - 남국공동 TBR 지정 장기 추진	
2006	유네스코 MAB 국제조정이사회에서 북측에 TBR지정 다시 제안, 북한 무반응	
2008.9.	경기도, DMZ 평화생태공원과 DMZ BR 지정 추진계획 수립	남한 DMZ 인접지역 생물권보전지역 우선 추진
2009.12.	환경부, 국토환경성평가 지도를 토대로 DMZ BR 용도구역 안 및 지정 관리방안 마련	
2010.9.	경기도, 경기권 DMZ BR 용도구역 안 및 지정 관리방안 마련	
2011.3.	관계기관 합동, DMZ일원 유네스코 생물권보전지역 지정 추진계획 수립	
2011.9.	환경부 · 산림청 · 문화재청 · 경기도 · 강원도, DMZ 생물권보전지역 지정신청서 유네스코 제출	
2012.7.	유네스코 MAB국제조정이사회, DMZ 생물권보전지역 지정 결정 유보	
2013~2019	환경부, DMZ 일원 주민교육홍보(생물권보전지역 인식증진) 사업 추진	
2018.9.	연천임진강 BR(연천), 강원생태평화 BR(강원5개군) 신청서 유네스코 제출	
2019.6.	유네스코 MAB국제조정이사회, 연천임진강 BR과 강원생태평화 BR 지정승인	

제4절 DMZ 생태가치 보전을 위한 주요 과제

처음 DMZ 생태계의 상징성을 남북협력 의제로 활용하려는 시도는 다소 정치적 선동에 가까운 것으로서 논의에 머무르고 말았다면, 이제 정치적 상황이 변화되고 DMZ의 위상이 완전히 바뀌는 시점에서 DMZ 생태보전을 위한 매우 현실적이고 구체적인 방안이 필요하다. 특히, 정치적인 요구뿐 아니라 지역적인 요구에 따라 DMZ의 개발·이용과 함께 보전의 중요성이 동시에 논의되고 있어 향후 갈등이 예상되는 상황이기 때문이다.

이러한 맥락에서 DMZ 생태보전을 둘러싼 주요이슈들을 정리해보면 첫 번째로 DMZ의 법적인 위상변화 전망과 그에 따른 법적 보호조치의 문제이다. 종전선언 또는 남북합의에 따른 DMZ 평화지대화 과정에서 정전협정을 대체하여 DMZ 생태계를 보전할 수 있는 법적 보호규정이 없다는 점이다. 현재는 자연환경보전법 제2조 13호에 따라 관할권이 대한민국에 속하는 날부터 2년간의 '비무장지대'를 자연유보지역으로 정의하고 있으나 이후 DMZ를 보전할 수 있는 명확한 법제도가 없는 상태이다. 보호대상의 공간적 범위와 보호지역 유형을 구체화하여 거기에 맞는 국내법적 보호 및 관리규정을 마련할 필요가 있다. 또한, 더 나아가 남북 간의 합의에 따라 접경생물권보전지역이나 평화공원과 같은 접경보호지역 등 국제적 인증 프로그램을 도입함으로써 제도적 틀을 구체화하는 것이 필요하다. 정전협정에 따라 설정된 DMZ가 종전선언 이후 어떤 법체계에 따른 공간관리가 이루어져야 할 것인지는 바로 닥쳐올 현실이라 할 수 있다.

두 번째는 민통선지역의 훼손위협 저감과 우수생태계 보호방안이다. 민통선지역은 DMZ 생태계와 연결되어 있으면서 생태적으로도 매우 우수한 지역이 많이 분포한다. 민통선지역은 향후 축소 또는 해제 가능성이 있으며, 특히 서부권의 경우 이미 개발압력이 증가되어 훼손위협에 노출되고 중요 생태자원의 손실이 우려된다. 보전이 필수적으로 필요한 지역과 이용가능 지역에 대한 평가와 그에 기초한 계획적 공간관리가 필요하다. 또한, DMZ의 경우와 마찬가지로 군사기지 및 군사시설보호법을 대체하여 우수한 생태계 지역을 평가하고 보호지역으로 지정하는 등 공간관리 법제도 도입이 필요하다. 동시에 DMZ 생태보전을 위해 현재 실행가능한 인식증진 및 역량축적의 공간으로서 민통선지역과 접경지역이 중요하다는 점에서 지속가능발전 기반을 마련하고 실행사업을 구체화할 필요가 있다.

세 번째는 훼손지역의 복원과 개발사업의 영향을 최소화하는 문제이다. DMZ와 그 인접지역에서는 군사시설 및 활동에 따른 훼손과 오염, 미확인 지뢰지대 처리문제, DMZ 통과 도로의 개설과 기타 개발사업 등 DMZ 평화지대화와 이용으로 환경훼손이 우려된다. 이러한 문제에 대응하여 훼손지역의 유형별 복원방안, 개발사업 시 영향 최소화 방안 등 환경보전 원칙과 방향, 구체적 실행방안 등을 구체화할 필요가 있다. 또한, DMZ 동서 생태축 뿐 아니라 남북 간의 생태네트워크 구축을 위한 복원 및 생태통로 확보 방안 등을 마련하여 DMZ 생태축의 안정성을 높이고 남북 협력을 활성화하는 것이 바람직하다.

네 번째는 DMZ 생태보전과 지속가능이용을 위한 남북협력의 문제이다. 판문점선언에서 합의된 'DMZ 평화지대화'의 실현과정에서 다양한 관점과 계획구상이 예상되며 'DMZ 생태보전 및 지속가능이용'과 배치될 가능성이 존재한다. 현 정부가 추진하고 있는 '한반도 신경제지도 구상' 및 'DMZ 평화지대화' 내에 DMZ 생태보전의 가치가 녹아들어가야 하며, 상징적인 생태보전 협력사업을

구체화하는 실행접근이 필요하다.

마지막으로 지역의 보전-개발 갈등을 완화하고 지속가능한 발전에 대한 인식을 확산시키는 문제이다. DMZ 보전은 전국민적 관심과 지지를 받고 있으나 오랫동안 규제를 받아온 접경지역 특성상 개발요구와 기대 증가로 사회적 갈등도 우려된다. 현재 지자체 차원에서 자발적으로 추진하고 있는 생물권보전지역 지정신청이 문제해결에 매우 소중한 기회이자 DMZ 생태보전의 중요한 틀을 제공할 수 있을 것이다. 따라서, 생물권보전지역 지정신청을 계기로 삼아 잘 활용할 방안을 구체화하고 공간관리의 틀로서 범부처 인식 확산이 필요하다.

참고문헌
강원도(2018). 「강원 생태평화 생물권보전지역 지정신청서(안)」.
동아일보(1966.9.1.). 韓國非武裝地帶 國立公園案 採擇: 太平洋科學會議 動植物 등 調査키로
박은진·남미아(2013). 「민통선 이북지역의 토지피복 및 인삼 재배면적 변화 분석」. 한국생태학회지 27(4): 207-515.
박은진·남미아·전선희(2011). 「민통선지역 생태계 훼손요인 및 영향 저감방안 연구」. 경기개발연구원.
박은진·여인애(2018). 「한반도 비무장지대 일원 정책과 연구의 변화 및 시사점」. 환경정책 26(2): 19-45.
연천군(2018). 「연천 임진강 생물권보전지역 지정신청서(안)」.
이충기(2006). 「2단계 CVM 접근방법을 통한 생태관광자원의 가치평가」. 호텔경영학연구 15(3): 175-187.
전건홍·윤여창(2000a). 「비무장지대 및 인접지역의 보전가치 평가 II(서부지역 및 백령도)」. 산림임업연구원. 비무장지대 및 인접지역의 산림생태계 조사 종합보고서: 480-503.
_____(2000b). 「비무장지대 및 인접지역의 보전가치 평가 I (철원지역)」. 산림임업연구원. 비무장지대 및 인접지역의 산림생태계 조사 종합보고서: 462-479.
최성록·박은진(2010). 「DMZ 일원 주요 자원의 보전가치 추정 연구」. 강원발전연구원·경기개발연구원.
환경부(2011). 「DMZ일원 유네스코 생물권보전지역 지정신청서 작성」. 경기개발연구원·강원발전연구원.
_____(2012). 「DMZ 유네스코 생물권보전지역 관리계획 수립 연구」. 경기개발연구원·강원발전연구원.
_____(2019). 「DMZ 일원 생태계보전 종합대책 수립 연구」. 국립생태원.
환경부·국립생태원(2016). 「DMZ 일원 생물다양성 종합보고서」.
Millennium Ecosystem Assessment(2005). *Ecosystems and Human Well-being: Synthesis* (Millennium Ecosystem Assessment). Island Press, Washington DC.

제2편
변화하는 DMZ : 경기, 강원권

DMZ
평화와 가치

제4장
경기권 DMZ

경기권 DMZ

이정훈

제1절 서론

DMZ는 북한과 마주하고 있는 군사분계선의 남북방에 설정되어 있는 군사적 완충구역이다. 총 248km의 군사분계선과 남북으로 2km 넓이의 띠 모양을 이루고 있다. 경기도 DMZ는 임진강 하류인 파주시 정동리에서 시작하며, 길이는 103km로 DMZ의 41.5%를 차지한다. 경기도 DMZ의 넓이는 153㎢로 남측 DMZ 총넓이 453㎢의 33.8%를 차지한다. 강원도는 DMZ 길이 145km, 면적 300㎢로 경기도에 비해서 길고 넓다[1].

경기도와 강원도의 DMZ는 그 지정학적 역할이나 보유한 자원의 성격 등에 있어서 차이가 난다. 강원도는 백두대간과 한북 정맥이 이루는 산악지형으로 이루어져 있어 생태적 가치가 높은 반면에 대규모의 도읍이나 산업은 발전하기 어려웠다. 이에 비해 경기도는 한강과 임진강 하구를 중심으로 과거부터 번성한 마을과 포구가 많았다. 대외 개방적 구조를 가지고 있어서 외국과 교류가 활발했으며, 한반도 경영에 있어 차지하는 지정학적 의미도 컸다. 또한 분단 이전에 개성은 경기도 땅이었다는 점도 경기도 DMZ를 이해하는데 중요하다. 경기도의 한강 하구 지역이 가지고 있던 이러한 지정학적 특징과 장점은 분단에 의해서 크게 축소되어 있다. 역으로 말하면 한강하구와 경기도 DMZ 지역은 분단으로 인한 손실이 큰 만큼 분단의 극복으로 인한 이점도 많아질 것이다.

이와 같은 관점에서 경기도 DMZ의 특성은 다음 몇 가지로 정리할 수 있다.

첫 번째는 경기도를 포함한 전체의 DMZ는 보편적 가치로서 평화와 생태의 상징적 자산을 풍부하게 가지고 있다. 따라서 경기도의 DMZ가 평화와 생태의 상징으로서 갖는 이미지, 주요 자원과 특성을 살펴볼 필요가 있다.

두 번째는 앞에서 잠시 언급한 경기권 DMZ의 지정학적 중요성이다. 지정학은 지리적 위치와 주변 환경으로부터 부여되는 속성이다. 한반도의 중앙에 있는 데다 3강의 하구와 서해바다가 만나는 경기만에 연해 있어 대외 관문의 역할을 함과 동시에 지정학적 요충지로서 지리적 조건을 가지고 있다. 이러한 경기권 DMZ의 지정학적 조건을 고려하여 남북협력의 전략을 수립할 수 있다. 경기권 DMZ는

---

[1] 경기도 DMZ 홈페이지 https://dmz.gg.go.kr

3개의 강에 의존하는 생활문화와 생태환경이 뚜렷이 나타나고 있다고 할 수 있다.

셋째, DMZ와 민통선 지역은 분단 이전에는 많은 도읍과 인구가 거주하던 번성한 지역이었고, 개성은 경기도에 속해있었다. 그러나 분단과 전쟁, 휴전으로 현재 DMZ 권역에 있던 마을과 도읍은 모두 파괴되고 사라졌다. 이렇게 분단으로 묻히고 파괴된 우리의 생활문화유산을 복원하고 기억하는 것은 심리적 분단, 문화·역사적 분단을 극복할 수 있는 중요한 방법일 것이다.

이 글에서는 이 세 가지 측면에 초점을 두고 경기도 DMZ의 특성과 가치를 살펴볼 것이다.

제2절 DMZ에 대한 이미지와 인식 : 분단, 전쟁, 평화, 생태

'평화의 상징'이자 '생태의 보고'는 전쟁과 분단이라는 비극적 역사의 현장인 DMZ에 부여된 역설적 이미지이다. 경기연구원이 2019년에 내외국인 800명을 대상으로 한 DMZ의 이미지와 가치에 대한 설문조사에서 DMZ의 주요 가치는 '분단 상징(mean=75.48)'이 가장 높았으며, '생태 자원(mean=73.98)', '전쟁 상징(mean=73.23)', 평화 상징(mean=71.04) 등의 순으로 높게 나타났다. 반면 '경제 자원(mean=62.00)'은 상대적으로 낮게 나타났다. DMZ에 대한 가치 평가에서 한국 응답자들은 생태 자원의 가치를 82.36점으로 외국인에 비해 높게 평가하는 것으로 나타났다[2].

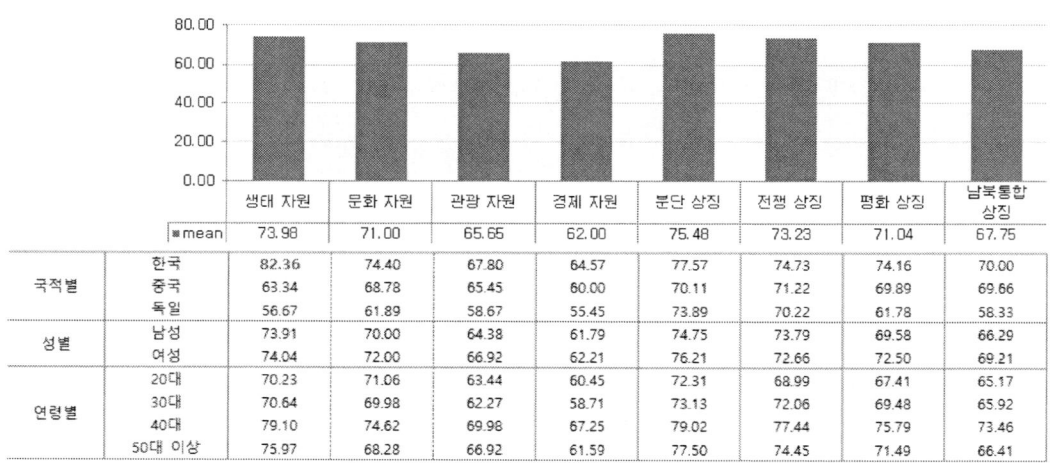

출처: 이정훈·구자룡 외, 2019.

[그림 4-1] DMZ에 대한 가치 평가 (n=800)

---

2) 이정훈·구자룡 외, 2019, 한국인과 외국인이 본 DMZ 이미지와 가치, 경기연구원.

DMZ가 평화의 상징이라는 담론은 매우 역설적이다. 위 설문조사에서 보았듯이 사람들은 DMZ를 분단과 전쟁의 상징이라고 보고 있다. 그러면서도 평화의 상징이라고 보는 견해도 그에 못지않다. '분단과 전쟁 vs. 평화'라는 서로 반대되는 개념을 동시에 가지고 있다. 모순이라고 볼 수도 있다. 이러한 모순이 왜 생겨나는지를 이해하는 것이 중요하다. 평화의 상징으로서 DMZ의 핵심 자산 중 하나는 판문점이다. 2019년 6월 30일 DMZ는 전세계 언론의 주목을 받았다.

출처: Trump Meets North Korea's Kim Jong Un And Says Nuclear Negotiations Will Resume, 90.5 WESA, 2019.06.30.

[그림 4-2] 6.30 판문점 북미정상회동에 대한 외신 보도

판문점은 정전협정을 통해 현재의 분단 상태를 결정하는 장소였다는 점에서 DMZ 철책선과 함께 분단의 상징적 장소이다. 한편 판문점에서는 이산가족의 상봉, 남북의 평화를 위한 대화, 정상회담 등을 통해 한반도와 동북아의 평화에 대한 논의가 이어져 왔다. [그림 4-2]에서 보듯이 사상 최초로 미국 대통령과 북한 지도자가 판문점에서 만난 것은 이러한 DMZ와 판문점의 가치와 존재를 잘 드러내준다. 세계인들이 이 이벤트에 주목했다.

구글트렌드에서 DMZ를 키워드로 최근 5년간 국내 빅데이터를 분석한 결과 2019년 6월 '트럼프-김정은 판문점 회담'의 언급량이 가장 높았고, 그다음이 2015년 8월의 'DMZ 목함지뢰사건'이었다. 또 '평화 콘서트', '평화의 길 개방' 등과 같은 기획 이벤트에 대한 언급량이 많았다. 이처럼 DMZ는 한반도의 분단과 사건, 평화 회담 등이 이루어지는 장소로서 역할을 하며 사람들의 이미지 속에 각인되고 있다. 경기권역 DMZ에서 판문점은 평화의 상징으로 그리고 분단 체제를 관리하는 대표적 공간이다.

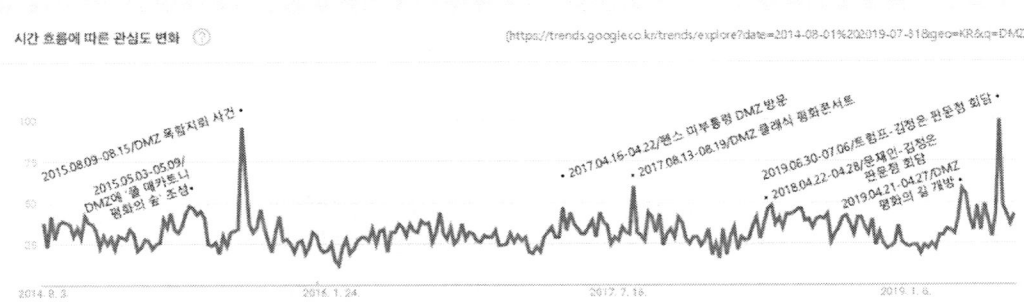

출처: 이정훈·구자룡 외, 2019.

[그림 4-3] [그림 4-2]에 대한 최근 5년간 구글 트렌드 분석(국내 기준)

 지금까지 판문점이 정전을 통한 분단체제 유지의 현장이었다면 현재는 평화체제 모색의 현장이 된 것이다. 판문점과 인근지역의 미류나무 도끼만행사건 등의 현장, 돌아오지 않는 다리 등은 한반도 분단의 역사적 현장으로서 기록될 것이다. 판문점 인근 군내면 대성동마을은 DMZ 남방한계선 내에 있고 북한의 마을과 가장 가깝다. 판문점과 대성동마을은 남북 통합과 평화의 상징적 공간으로서 자리매김하고 있다.
 대성동마을은 1953년 정전협정에 따라 비무장지대가 설치되면서, 당시 비무장지대 내에 주민들이 거주하고 있던 마을이 현재까지 이어지고 있다. 1958년 5월 4일자 동아일보 기사 "선거없는 마을 중립지대 르포"에 따르면 정전협정에서 비무장지대의 출입을 금지함에 따라 기존에 머물던 마을 사람들이 밖으로 나갈 수 없게 된 것으로 기록되어 있다. 대성동에서 800m 앞에 북한의 기정동마을이 있다. 대성동과 기정동은 남북한의 가장 가까운 마을인 셈이다. 여러 학자·전문가들은 작지만 역사가 오래된 두 마을의 통합이 남북통합의 실험장으로 여건을 갖추고 있다고 본다.

[그림 4-4] DMZ의 마을 대성동(좌)과 기정동(우) (2019. 9. 필자 촬영)[3]

이외에 경기도 DMZ는 전쟁의 스토리와 흔적들이 곳곳에 남아 있다. 연천군 접경지역의 전적지는 9개소로서, 도감포 전투지(군남면 남계리 산 36-3), 고랑포 전투지(장남면 고랑포리 205, 고랑포 나루터), 장승천 전투지(중면 마거리 567), 천덕산 전투지(신서면 마전리 산 163), 사미천 전투지(백학면 판부리 산 94), 율동 전투지 (연천읍 상리 산 213, 필리핀 참전비), 금굴산 전투지(미산면 동이리 산 69), 티본고지 전투지(신서면 덕산리 367, 열쇠전망대), 노리고지 전투지(중면 횡산리 산 108-1, 태풍전망대) 등이 있다. 또 연천군 접경지역의 근대건축물은 총2개소로서, 등록문화재 제45호인 연천역 급수탑(연천읍 차탄리 34-418) 북한군 전차 하역대와 급수탑이 남아 있는 곳, 등록문화재 제408호인 연천유엔군화장시설(미산면 동이리 610) 1951년 7월 휴전협상 이후 연천일대의 유엔군 전사자를 화장한 곳이 있다.[4]

---

[3] DMZ 내에 위치한 파주시 군내면 조산리 대성동 마을은 개성에서 남으로 약 11.5km 떨어져 있다. 대성동 마을의 400미터 앞에 보이는 마을이 북한의 기정동마을이다. 대성동마을의 태극기 탑은 99.8m이고 기정동마을의 인공기 탑은 168m이다.

[4] 조태환, 김태영, 2018, 「한국 전쟁 군사유적의 보호 및 활용에 관한 연구 - 중부접경지역(연천군, 철원군, 화천군)을 중심으로-」, 『한국농촌건축학회논문집』 20(3), 한국농촌건축학회, 48쪽, 50쪽

경기도 연천군 미산면에 있는 6·25전쟁 유적지	
지정번호	등록문화재 제408호
지정일	2008년 10월 01일
관리단체	연천군
종류/분류	전쟁유적

출처: 네이버 뉴스라이브러리(https://newslibrary.naver.com/viewer/index.nhn?articleId =1968090700329203001&editNo=2&printCount=1&publishDate=1968-09-07&officeId=00032&pageNo=3&printNo=7052&publishType=00020).

[그림 4-5] 연천 유엔군 화장장시설[5]

파주 임진각 광장 앞 망배단 뒤편에 건설된 자유의 다리는 이 다리를 통해 1953년 6·25전쟁포로 12,773명이 자유를 찾아 귀환하였기 때문에 경의선 철교 남쪽 끝에 가설한 임시 교량이다. 자유의 다리는 건축적으로 뛰어난 점은 없으나 '자유로의 귀환'이라는 상징적 의미 때문에 6·25전쟁의 대표적인 전쟁유산이라고 할 수 있다.

남방한계선 북측에는 등록문화재 제76호 파주 장단면 사무소가 있다. 1934년 지어져 6·25전쟁 때까지 장단면 사무소로 사용되었던 시멘트 블록 건물로 전쟁의 상흔과 함께 폐허가 되어 있다. 옛장단역 남쪽 약 300m 지점에 등록문화재 제79호 '경의선 죽음의 다리'가 있다. 이 다리는 국군이 중공군에게 몰살당했다고 이야기가 전해오는 곳이다. 경의선 장단역에는 등록문화재 제78호 '경의선 증기관차 화통'이 있다.

---

5) 2008년 10월 1일 등록문화재 제408호로 지정되었다. 6·25전쟁 때 서부전선 전투에서 죽은 유엔군 전사자들의 시신을 화장하던 곳으로, 1952년에 시설되었다. 북한과 인접한 경기도 연천 지역은 6·25전쟁 때 치열한 전투가 벌어진 서부전선의 격전지였다. 고지 쟁탈전이 한창 격렬했던 1952년에는 이 지역에서 많은 유엔군 희생자들이 생겨났다. 연천 미산면 동이리의 화장장은 당시의 전사자들을 위하여 마련된 것이다. 돌과 시멘트로 쌓은 10여m 높이의 굴뚝과 화장 구덩이가 덤불숲 속에 남아 있다. 휴전 직후까지도 사용된 것으로 전한다. 전쟁 당시의 화장장시설로는 유일하게 남아 있는 중요한 유적으로, 6·25전쟁사에 있어 유엔군 참전 상황의 실증적 자료이며 생생한 현장이다. 출처: [네이버 지식백과] 연천 유엔군 화장장 시설 [漣川 —軍 火葬—] (두산백과)

제3절 DMZ의 생태와 문화 자산 : 3강과 문화

경기권 DMZ의 생태 자산의 핵심은 강과 강의 주변에 형성된 습지이다[6]. 경기권 DMZ는 동쪽에 한탄강, 북쪽에 임진강 그리고 서쪽에 3강이(임진강, 한강, 예성강) 만나는 한강하구와 경기만으로 이루어져 있다. 그리고 강과 습지를 가로지르는 철책선으로 사람의 통행이 통제되면서 분단과 전쟁의 상흔 위에 생태의 낙원이 펼쳐지게 된 것이다.

임진강과 한탄강이 연천에서 합류하고, 한강과 임진강이 파주, 개성, 개풍, 김포 지역에서 합류하면서 수자원이 풍부하고 하천 주변의 경관과 생태가 수려하다는 특징을 갖는다. 강원도처럼 울창하고 깊은 산의 풍광은 아니지만 강이 흐르면서 침식을 통해 만들어내는 주상절리, 수운과 주거로 활용되는 포구와 마을이 번성하였다. 포구를 통해 외부와 원활하게 소통하였다. 이는 생태와 인간의 삶이 어우러지는 장소로서 중요한 지리적 · 역사적 의미를 지닌다.

1. 한탄강

한탄강은 북한의 강원도 평강군에서 발원하여 김화, 철원, 포천, 연천을 지나 연천군 미산면과 전곡읍의 경계에서 임진강으로 흘러든다. 화산 폭발로 형성된 추가령구조곡의 좁고 긴 골짜기를 지나며 유역에는 절벽과 협곡이 발달하여 있다. 하류인 연천 전곡은 6.25 전쟁 격전지이며 강변이 아름다워 한탄강 국민관광지가 조성되어 있다[7]. 큰 여울이라는 뜻을 가진 한탄강은 약 27만년 전 북한 강원도 평강 남서쪽의 오리산에서 11번의 화산폭발로 분출된 용암에 의해 길이 95km, 면적 641㎢의 용암 평원을 형성하고 있다.[8]

---

6) 이와 대비하여 강원권 DMZ의 생태자산의 핵심은 산악 경관이 될 것이다.
7) 두산백과,
   https://terms.naver.com/entry.nhn?docId=1161477&cid=40942&categoryId=33184
8) 향토문화전자대전
   https://terms.naver.com/entry.nhn?docId=2648700&cid=51888&categoryId=53647

출처: 두산백과(https://terms.naver.com/entry.nhn?docId=1161477&cid=40942&categoryId=33184).

[그림 4-6] DMZ를 흐르는 주요 강(左) / 한탄강(포천 아우라지 베개 용암(右)

    이러한 한탄강의 지질과 지형적 특성을 보전하고 활용하기 위해 2015년에 국가지질공원으로 지정되었다[9]. 유네스코의 정의에 따르면 지질공원은 "특별한 과학적 중요성, 희귀성 또는 아름다움을 지닌 지질 현장으로서 지질학적 중요성 뿐만아니라 생태학적, 고고학적, 역사적 가치도 함께 지니고 있는 지역으로 보전, 교육 및 관광을 통하여 지역경제발전을 도모"하기 위함이라고 명시되어 있다.

    한탄강 국가지질공원은 1,164.7㎢로 포천시 493.3㎢, 연천군 273.3㎢, 철원군 398.06㎢의 3개 시군이 포함되어 있다. 한탄강 지질공원에는 총 24개소 (포천 11개소, 연천 9개소, 철원 4개소)의 지질명소가 지정되었다. 화산폭발로 형성된 현무암절벽, 주상절리와 폭포 등 아름다운 지형과 경관을 명소로 지정하였다.

2. 임진강

    임진강은 함경남도 마식령에서 발원하여 서남쪽 방향으로 흘러 한강과 만나 황해로 흘러드는 강으로 길이는 254km에 달한다. 전체 유역 면적은 8,118㎢이며, 북한지역이 5,108㎢, 남한지역이 3,008㎢이다. 경기도 연천에서 평강, 철원 등을 흘러온 한탄강과 합류하며 연천 고랑포, 파주시를 지나 한강과 합류하여 황해로 흘러든다. 분단 이전에는 고랑포까지 배가 다녔고 소형 선박은

---

[9] http://www.hantangeopark.kr/bbs/content.php?co_id=intro_01_02

안협(安峽)[10]까지 운항할 수 있었다[11].

병풍처럼 드리워진 아름다운 임진강 주상절리 절벽은 조선시대 문인들에게 최고의 시 소재가 되기에 충분했다. 대표적인 것이 겸재 정선의 연강임술첩에 남아 있는 '우화등선', '웅연계람' 등이다. 임술년인 1742년 10월 경기도 관찰사였던 홍경보는 겸재 정선과 연천현감이자 당시 최고의 시와 문장가였던 청천 신유한을 불러 임진강 주상절리를 감상하며 뱃놀이를 하였다. 이때 겸재 정선은 그림으로 신유한은 글을 지어 풍경을 남겼다. 겸재의 두 그림은 임진강의 아름다운 기암괴석과 주상절리 절벽을 고스란히 보여주고 있다[12]. 파주 문산읍 장산리의 임진강 하류에 형성되어 있는 초평도는 하중도로 사람이 출입하지 않아 민통선 내에서도 특히 멸종위기 동물이 서식하고 있는 생태의 낙원이다.

다음은 1935년 고랑포구의 임진강 뱃놀이를 노래한 기사이다.

1930년대 임진강 풍경: 임진강 양안 경승 (동아일보 1935.04.28.)

도회의 봄 더욱이 서울의 봄은 창경원의 벚꽃을 맞기 위한 봄과 같다. …

임진강의 춘색은 바야흐로 가경에 이르러 이백여리 연한 장강의 양안에는 한편쪽이 백사가 질펀하게 계속되여 은사를 깐거같이 되엿으며 또 한편은 울창한 노송이 욱어진 사히로 척촉, 산앵이 찬란하게피여 이 푸르고 붉은 빛이 곤곤히 흐르는 거울같이 맑은 녹수에 반영되는 갖색은 일폭 명화를 연상케한다.

…

임진강의 절승은 이율곡선생의 화석정이 잇는 임진진으로 비롯하야 장단 고랑포, 적성마지에 이르는 삼십리동안이다. 양안으로 나누어 동편에 수십척씩 옹립한 석벌과 송림이 그윽하면 서편은 은사같은 백사가 질펀하게 계속되어 잇는데다가 양안에는 여조와 이조의 명유 왕공거경의 수사누대가 간간 잇어 이율곡의 화석정, 성우계의 만치정, 황방촌의 반치정, 대원군의 흥원등 옛 위인의 면영을 추모케하는 사적도 풍부한터이라.

명미수려한 강색을 찾는 탑승객은 물론 시인묵객들의 기팽이를 멈추게할 때가 더 많은 터이다. 경성과 개성의 도회인으로 어짜다 잇는 공휴는 홍진만장의 도시의 근처나 월미도 등으로만 거넬게 아니라 당일 동정할 수 있는 임진강의 풍경과 사적도 찾을만하다. 취미로 만어, 은어, 이어 등을 낙시질할 수도 잇은즉 이곳은 불원하야 경성, 개성 시민의 일일교외 산책지로 화할 것이다.

(동아일보 문산지국 홍천길, 동아일보 1935.04.28.)

자료: 네이버 뉴스라이브러리(https://newslibrary.naver.com/viewer/index.nhn?articleId=1935042800209206001&editNo=2&printCount=1&publishDate=1935-04-28&officeId=00020&pageNo=6&printNo=5173&publishType=00020).

---

10) 안협면은 강원도 철원군의 옛이름.
11) 민족문화대백과,
 https://terms.naver.com/entry.nhn?docId=537560&cid=46617&categoryId=46617
12) 경기신문, 2020. 1.15 (http://www.kgnews.co.kr)

자료: (좌) 두산백과
(https://terms.naver.com/entry.nhn?docId=1161477&cid=40942&categoryId=33184).
(우) 2019. 8. 필자 촬영.

[그림 4-7] 임진강 주상절리(左) 생태 낙원 초평도(右)

일제강점기 무렵까지 고랑포는 교통요충지였다. 육로가 발달하지 않던 시절 임진강을 건너 황해도 개성으로 가는 길목이었다. 고랑포는 숙박업이 발달했고 읍의 규모를 갖췄다. 1930년대 고랑포구는 서울과 개성을 잇는 주요한 관문이자 포구 마을로 자리 잡았다. 화신백화점 연쇄점, 교회, 병원, 우체국, 학교 등이 있었다. 현재는 흔적이 없이 강물만 유유히 흐르고 있다[13].

출처: 국민일보(http://news.kmib.co.kr/article/view.asp?arcid= 0011930019 &code=61221111&cp=nv).

[그림 4-8] 1930년대 고랑포 나루터를 배경으로, 고랑포 초교 교사와 학생

---

13) 경기도와 연천군은 고랑포의 자취를 기록하고 보존하기 위해 고랑포 역사문화관을 조성하여 공개하고 있다.

3. 한강하구와 중립수역

한강과 임진강이 합류한 이후의 지역을 조강(祖江)이라 부른다. 한강하구 중립수역은 남북간 우발적 무력충돌을 막기 위해 한강에 설정한 DMZ이다. 정전협정 후속합의서에 따르면 남북한은 한강하구 중립수역에서 쌍방 100m 이내로 진입할 수 없으며 유엔사 군정위의 허가 없이는 군용선박과 군인, 무기·탄약을 실은 민간선박과 중립국 선박 등의 출입을 모두 금지하고 있다. 또 야간에는 모든 선박이 항행과 활동을 할 수 없다. 한편 무장을 하지 않은 남·북한 민간선박의 경우는 유엔사 군정위에 등록해야 한다. 아울러 통행을 위해서는 선박의 등록증을 가지고 있도록 하고 있다.

예부터 한강하구는 수운과 무역이 활발하던 곳이다. 예성강의 벽란도는 고려시대 중국과의 무역항으로 수도 개경의 대외 창구역할을 하였다. 분단 이전에 김포 월곶면의 조강포와 강령포가 한강하구 남안의 주요 포구로 번성하였다. 조강포는 연안 유일의 취락임과 동시에 맞은편의 풍덕군(현재 개풍군)에 이르는 거리가 가장 가깝고 강에 장애요인이 적어 강을 건너기 편리했다. 배가 지나가기 위한 물때를 기다리는 장소로, 한말에는 호수 90호에 390여명이 거주하였다. 어업 종사 가구가 8호에 30여명이 있었다[14]. 조강리는 강 건너 북한측 포구를 상조강, 남한측 포구를 하조강이라 불렀다. 祖江이란 할아버지 강, 즉 강의 근원이란 뜻이다. 조강리에는 조강포, 강령포, 미근포구 등 삼국시대부터 1953년까지 번성하던 곳이었으나 전쟁 이후 소개되어 철책과 논으로 바뀌었다. 조강마을에는 치군패놀이가 전해져 내려왔다. 어업과 포구시장, 용왕제와 연관되어 있다. 보구곶리의 강령포의 경우 강폭이 넓으며, 비가 많이 와 물살이 급격해지면 나룻배로 도강하기 어려운 곳이었다.

---

14) 한국콘텐츠진흥원 문화콘텐츠닷컴.

아름다운 강이건만 지금은 자유를 앗긴 비무장지대. 조강나루는 155마일 전선 중 실지와 가장 가까운 곳이라 남과 북에 긴장이 팽팽하다. 물참(만조)에야 나루질을 하지. 요샌 그짓이 되나. '74년간을 한번도 조강에서 떠나보지 않았다는 임용식 할아버지는 탄식한다. ... 작전장교 안대위의 안내를 받아 나룻길에 나서니 조강을 눈아래 두고 외딴 고옥이 잡힌다. 그곳에서 살다가 전화(戰禍)에 쫓겨 지금은 김포군 월곶면 조강 2리에 산다는 칠순의 임노인을 만났다. ... 임노인은 상조강이 애매하게 이북땅이 되었다며 북을 향해 눈을 부릅뜬다. 6.25 전만해도 자유로이 나루를 건너 80리만 가면 개성이 아니던가.

출처: 경향신문, 1968. 9. 7.[15]

[그림 4-9] 세정따라 천리길, 조강나루– 집터 없어진 비무장지대

---

15) 자료: 네이버 뉴스라이브러리. https://newslibrary.naver.com/viewer/index.nhn?articleId=1968090700329203001&editNo=2&printCount=1&publishDate=1968-09-07&officeId=00032&pageNo=3&printNo=7052&publishType=00020

한강하구 중립수역과 연안에 선박과 사람의 통행이 제한되면서 습지 등 가치가 높은 생태자원이 잘 보전되어 있다. 한강하구의 주요 습지 생태자원은[16] 신남습지, 시암리습지 등이 있다. 한강과 임진강 주변의 습지는 철새와 고니 등 동물의 안식처가 되고 있다.

〈표 1-1〉 한강하구 주요 습지 현황 및 특징

구분	명칭	위치 및 면적	유형	토지이용	특징
임진강	성동습지	파주시 탄현면 성동리	해수·담수 습지	군사시설보호구역, 하천	-
한강	곡릉천 하구습지	파주시 교하면 승촌리	강변 습초원	군사시설보호구역, 하천	-
한강	신남습지	파주시 교하면 신남리	담수·해수습지	군사시설보호구역, 재두루미도래지, 제방, 논	멸종위기종 2급 개리 서식지
연안	시암리습지	김포시 하성면 시암리	해수·담수습지	근사시설보호구역	멸종위기 2급 큰기러기 서식지

출처: 환경부·국립환경연구원, 2005, 한강하구역생태계정밀조사, 김동성 외, 2017에서 재인용.

제4절 DMZ 삶의 흔적 복원을 통한 분단 극복

DMZ의 분단과 전쟁 이전으로 복원은 분단 인식의 극복에서 중요하다. 우리에게 DMZ가 상징하는 분단은 원래 그런 곳이 아니었다는 점을 일깨워줄 수 있기 때문이다.

김창환(2009)은 1910년대 조선총독부에서 제작한 1:50,000 지형도와 DMZ 경계를 중첩하여 DMZ 내에 위치했던 사라진 마을들의 공간적 분포를 추정하였다.[17] DMZ 내에 해당하는 가옥 수는 부속건물을 포함하여 약 4,600동(강원도 2,388동, 경기도 2,238동)으로 나타났으며, 마을의 명칭과 가옥분포도를 중첩하여 마을 구획을 설정한 결과 총 427개의 마을이 있었던 것으로 추정되었다. 이 중 경기도가 244개(57%), 강원도가 183개(43%)로 경기도 지역이 DMZ 면적에 비해 마을 수가 많았다.

---

16) 김동성 외, 2017, 한강하구 평화적 활용을 위한 경기도 주요과제 연구, 경기연구원.
17) 김창환(2009) DMZ 내 사라진 마을의 공간적 분포와 특성, 한국지리정보학회지 12(1): 96-105

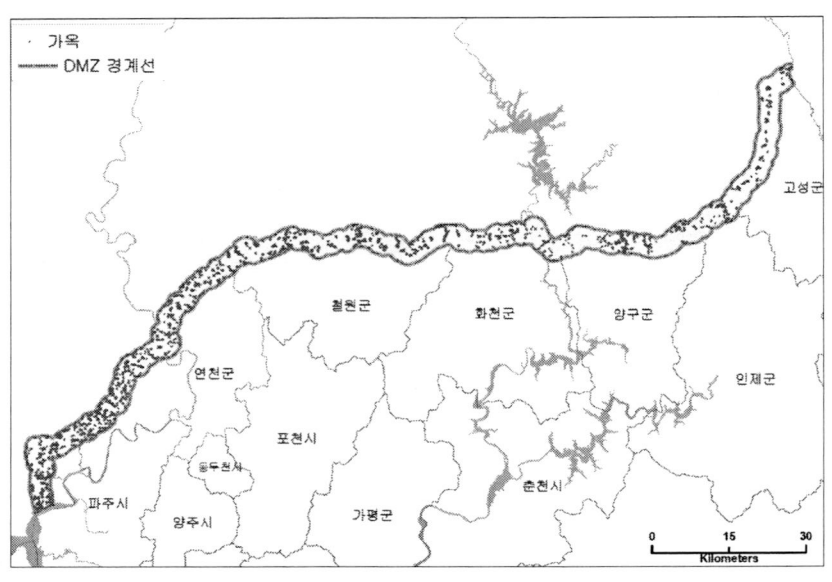

출처 : 김창환, 2019

[그림 4-10] DMZ 내부의 1910년대 가옥 분포

안창모(2019)는[18] 최근 DMZ의 사라진 마을 복원을 위해 장단면 지역을 연구하였다.

경기도 장단은 한강과 함께 한반도 내륙물류의 동맥인 임진강의 남측을 경계로 하여 선사시대부터 많은 사람들이 거주한 것으로 보인다.

경기도 장단군은 1945년 해방 당시 38도선을 경계로 장단면, 군내면, 장남면, 진동면, 진서면은 미군정의 관할로, 강상면, 대강면, 대남면, 소남면, 장도면은 소련 군정의 관할로 지정되었다가 한국전쟁 이후 진서면의 대부분이 이북지역이 되고 대강면과 장도면 일부를 수복하였다. 이후 1954년 『수복지구 임시행정조치법』에 따라 대강면과 장도면은 연천군에 편입되고 1963년 『수복지구와 동인접지구의 행정구역에 관한 임시조치법』으로 인해 군내면은 파주군 임진면으로, 장남면은 연천군 백학면으로 편입되었으며, 1972년 진동면, 장단면, 진서면이 파주군에 편입되면서 장단군은 폐지되게 되었다. 북한지역의 경우 해방 이후 38선 이북의 장단군과 개풍군을 합쳐 황해북도 장풍군을 신설하였다.

남한에 속하게 된 장단군 영역도 대부분 DMZ에 포함되어 폐허화되었다. 장단군의 중심지였던 장단역과 구장단면사무소는 군사분계선 부근에 있어서 접근이 어렵다. 1930년대 이후의 동아일보 등에서는 장단군청 신축, 장단역사 증개축 등 관련 소식을 전하고 있다.

---

18) 안창모, 2019, DMZ내 사라진 마을 복원을 위한 시론 : 장단역-장단면사무소 일원을 중심으로, DMZ 포럼 발표집. pp. 158-185.

경기도 장단군청은 종래 구식관아로 건물이 퇴폐하고 사무실이 협착함에 감하야 당국은 장단역전에 이전 신축하기로 되어 총공비 일만육천사백원을 들여 작년 10월경에 기공하야 본관 이층 백오십평 부속건물 오십여평의 모던 청사가 지난 10일 준공되엇으므로 장단군청은 지난 13일에 신청사로 이전하엿다 한다.

〈개풍, 장단 양군계 사천가교 실현 지난 29일 기공식을 거행〉
개풍군의 중면과 봉동면과 장단군 장단면의 2군 3면민이 다년간 갈망하던 양군 경계의 사천에 가교 부설문제는 전기 양군민의 열망으로 드디어 도당국에서도 이를 이해코 얼마전에 정식으로 인가되어 중면 사업으로 총공사비 일만이천사백원을 계상 마침내 잠수교를 가설케되어 지난 29일 오전십시반에 정식으로 거행하엿다한다.

출처: 동아일보, 1938. 12. 1.[19]

[그림 4-11] 하나의 지역, 왕래가 잦았던 장단, 개풍, 개성

이렇듯 경기권 DMZ의 철책선과 민통선은 전쟁과 분단의 상흔과 역설적 생태의 현장이지만 본질적으로는 분단 이전의 삶의 흔적을 간직하고 있는 곳이다. DMZ 담론에서 생태 담론과 평화 담론은 분단을 역설적으로 해석하고 지향을 잘 나타내준다면, DMZ의 사라진 마을 복원은 역사적 사실에 근거한 분단 인식을 극복 메시지를 발신한다는 점에서 매우 중요하다.

특히 경기권의 한강·임진강 하구 DMZ 마을은 매우 개방적이고 번성하던 곳이어서 풍성한 역사적 이야기들을 가지고 있다는 점에서 역사적 가치가 높다. DMZ의 사라진 마을의 이야기를 복원하고 고향을 잃어버린 사람들이 다시 고향을 찾을 수 있도록 하는 것은 분단의 아픔과 상처 극복을 위해 중요하다. DMZ의 생태, 평화 담론에 더하여 역사 담론, 더 구체적으로는 삶의 담론의 복원이 중요한 이유가 여기에 있다.

제5절 경기권 DMZ의 미래 : 남북 통합의 실험장

경기권 DMZ의 특징과 가치는 이 지역의 지정학적 특성과 자원을 바탕으로 남북 통합의 실험장으로서 최적의 지역이라는 점이다. 남과 북이 각자의 체제를 유지하면서 DMZ와 인근의 접경지역에서

---

19) 자료 : 네이버 뉴스라이브러리. https://newslibrary.naver.com/viewer/index.nhn?articleId=1968090700329203001&editNo=2&printCount=1&publishDate=1968-09-07&officeId=00032&pageNo=3&printNo=7052&publishType=00020

거래하고 소통하는 지대이다. 경기권 DMZ는 한반도를 남북으로 연결하는 철도·도로망이 관통하는 관문으로서 위치에 있다. 경의선은 고양-파주(문산)를 넘어 북한의 개성-평양-신의주로 연결되며, 경원선은 의정부-동두천-연천-철원을 넘어 북한의 평강-원산으로 이어진다. 파주와 개성을 연결하는 경의축 접경지역에 개성공단 실험이 이루어진 바 있다. 향후 남북관계가 진전되면 개성공단 모델을 넘는 다양한 실험이 경기권 DMZ에서 이루어질 것으로 예상된다.

9.19 평양선언에서 합의사항으로 발표된 서해경제공동특구가 어떠한 모습으로 발전할지 아직 남북한 정부 차원의 구체적 예시는 없지만, 남북 정상간 합의사항이라는 점에서 향후 중요한 협력 아젠더인 것은 틀림없다.

경기권 DMZ의 배후지인 한국의 수도권과 북한의 해주, 평양, 남포 등은 주요 산업이 집적된 곳이다. 북한은 군사적 이유로 한국과 접경지역에 산업과 도시를 발달시키지 않았다. 경기권 DMZ에서 인접한 북한의 도시는 개성, 해주 정도이다. 그러나 남북협력시대가 열리게 되면 이야기는 전혀 달라진다. 현재 북한의 가장 중요한 경제협력 파트너는 중국이지만, 남북평화시대가 열리면 남북간 협력이 북중간 협력 못지않게 중요해질 수 있다. 특히 한국이 중국에 비해 비교우위에 있는 소비재산업, 첨단산업, 문화산업 등에서의 협력은 더욱 그렇다.

또한 경기권 DMZ는 인천공항, 서울 등 외국인 관광객이 방문하기 가까운 위치에 있어 세계적 관광지로서 성장할 잠재력이 높다. 임진각, 오두산 전망대, 도라전망대 등이 주요 관광지이다. 판문점은 많은 이들이 가고 싶어하는 곳이지만 출입 제한으로 쉽게 갈 수 없다. DMZ 관광의 포인트는 분단의 현실과 긴장을 피부로 느낄 수 있는 곳이라는 점이다. 민통선입구를 지키는 군인들에서 시작해서 땅굴, 철책선, 지뢰 지대 표시, 군부대 등의 경관은 세계 어느 곳에서도 느끼지 못하는 긴장감을 유발한다. 그 속에서 볼 수 있는 철새 도래지와 고라니, 수풀 등은 전쟁과 분단의 장소가 생태의 보고로 보존된 역설적 현실을 말해준다.

경기권 DMZ는 경기만 연안의 자원을 활용하여 수상교통 및 연안지역의 산업 육성에 있어서도 중요한 지역이다. 글로벌 수준의 항만·물류 인프라 및 시스템 건설, 신재생에너지, 해양바이오산업 육성을 예로 들 수 있다[20]. 또 북에서 발원하는 임진강, 한탄강을 매개로 수자원 공동관리을 위한 협력과 지질생태자원에 대한 보호 및 관광자산 활용 사업을 추진할 수 있다. 예를 들어 북한이 임진강, 한탄강의 수질과 수량을 위해 노력하는 댓가로 한국이 그 혜택만큼 북에 보상하는 방식이다. 수자원의 공동관리 및 공동활용은 국경을 마주하고 있는 두 나라간 협력의 출발이다.

이처럼 경기권 DMZ는 산업·, 교통, 관광, 생태자원 등 다양한 분야에서의 남북간 협력이 활발하게 진행되는 남북통합의 실험장으로 소임을 다 하고 있다.

---

20) 이정훈 외, 2019, 한반도 경제권의 중핵 서해경제공동특구, 경기연구원.

참고문헌

김동성 외(2017). 「한강하구 평화적 활용을 위한 경기도 주요과제 연구」. 경기연구원.
김창환(2009). 「DMZ 내 사라진 마을의 공간적 분포와 특성, 한국지리정보학회지」. 12(1): 96-105.
안창모(2019). 「DMZ내 사라진 마을 복원을 위한 시론 : 장단역-장단면사무소 일원을 중심으로」. DMZ 포럼 발표집. pp. 158-185.
이정훈 외(2019a). 「한반도 경제권의 중핵 서해경제 공동특구」. 경기연구원.
_____(2019b). 「DMZ의 재탄생 : 분단을 넘어 평화와 통합의 상징으로」. 경기도·경기연구원.
이정훈·구자룡 외(2019). 「한국인과 외국인이 본 DMZ 이미지와 가치」 경기연구원.
조태환, 김태영(2018). 「한국 전쟁 군사유적의 보호 및 활용에 관한 연구 – 중부접경지역(연천군, 철원군, 화천군)을 중심으로-」. 한국농촌건축학회논문집 20(3), 한국농촌건축학회, P48, P50.
환경부·국립환경연구원(2005). 한강하구역생태계정밀조사.

경기도 DMZ 홈페이지 https://dmz.gg.go.kr
네이버 뉴스라이브러리. https://newslibrary.naver.com/
두산백과, https://terms.naver.com/entry.nhn?docId=1161477&cid=40942&categoryId=33184
향토문화전자대전, https://terms.naver.com/entry.nhn?docId=2648700&cid=51888&categoryId=53647
한탄강지질센터, http://www.hantangeopark.kr/bbs/content.php?co_id=intro_01_02
경기신문, 2020. 1.15 (http://www.kgnews.co.kr)

제5장

강원권 DMZ:
평화학적 의미와 가치

강원권 DMZ: 평화학적 의미와 가치*

황수환

제1절 들어가며

DMZ(Demilitarized zone, 비무장지대)는 한국전쟁의 휴전협정 제1조 '군사분계선과 비무장지대'의 1항에 의해 군사분계선으로부터 남북이 각각 2km씩 상호 일정한 간격을 두어 군사적으로 비무장지대를 설정한 일종의 완충지대이다. DMZ의 길이는 서해안 임진강 하구에서 강원도 고성에 이르는 총 248km로 강원도는 145km, 경기도는 103km이다. DMZ의 면적은 총 907㎢로 한반도 전체면적의 약 1/250에 달하며, 강원도는 300㎢, 경기도는 153㎢를 차지하고 있다. 그리고 DMZ 주변지역에서 군사적 충돌 위험이 크다는 점을 고려하여 1954년 미8군 사령관에 의해 군사분계선의 남쪽으로 5-20km에 이르는 구간을 민간인통제선(민통선)으로 설정했다. 민통선의 면적은 1,369㎢에 이른다. 민통선 내의 마을은 연천 횡산리, 해마루촌, 대성동, 통일촌 등 강원도와 경기도에서 각각 4개의 마을이 있다.

본 글에서는 군사적 목적에 의해 민간의 출입과 개발이 제한된 민통선을 포함하여 넓은 범위에서 DMZ로 이해하고자 한다. 특히 철원군, 화천군, 양구군, 인제군, 고성군 등 강원권 지역을 중심으로 DMZ와 민통선을 포함하는 'DMZ 평화의 길' 조성사업에 대해 평화학적으로 어떠한 의미와 가치가 있는지를 중점적으로 살펴보고자 한다.

대한민국 정부는 2019년 2월 8일, 지난 2011년에 발표한 '접경지역 발전종합계획'을 변경하여 중첩된 규제로 지역개발이 정체된 접경지역의 발전과 한반도의 생태·평화벨트 중심지로 육성을 위해 13조 2천억 원을 투자한다고 발표했다.[1] 변경된 '접경지역 발전종합계획'은 생태·평화 관광 활성화, 생활 SOC 확충 등 정주여건 개선, 균형발전 기반구축, 남북 교류협력 기반조성 등 4대 전략, 10대

---

* 본 장은 황수환, 2019, "강원지역'DMZ 평화의 길'에 대한 평화학적 의미,"「접경지역통일연구」제3권 1호의 내용을 수정·보완했음을 밝힙니다.

1) 행정안전부 보도자료. 2019.2.8. "접경지역에 13조원 투자해 성장동력 마련:「접경지역 발전종합계획」변경해 2030년까지 225개 사업 추진."

과제에 따라 추진하기로 했다. 이 중 DMZ 및 접경지역의 평화둘레길 조성은 '통일을 여는 길' 사업으로 생태·평화 관광 활성화 부분에서는 108개 사업에서 3조 원의 예산이 투자된다. 특히 2019년부터 2022년까지 분단·평화의 상징이자 생태계의 보고인 DMZ 인근을 중심으로 경기도 강화에서 강원도 고성까지 도보여행길 456km, 거점센터 10개소를 조성하여 세계적인 관광코스로 개발하는데 예산 286억 원을 투자하기로 했다. 그 밖에 자연·생태가 잘 보존된 한탄강 주변 주상절리 협곡을 감상할 수 있는 접경지역 대표 생태체험공간이 조성에 611억 원, 지형·지질학적으로 가치가 높은 양구 펀치볼 지역을 감상할 수 있는 하늘길(곤돌라)과 전망대가 조성에 290억 원을 투자하기로 했다.

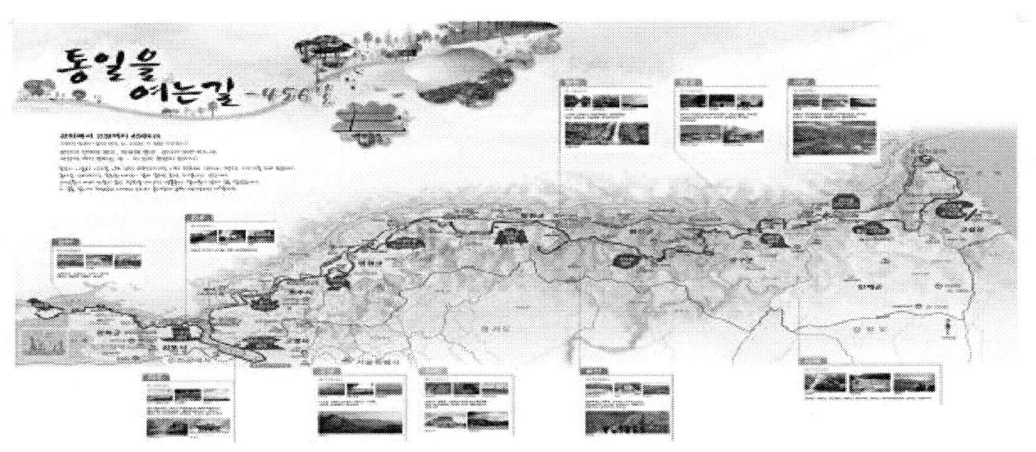

출처: 행정안전부 보도자료. 2019.2.8. "접경지역에 13조원 투자해 성장동력 마련: 「접경지역 발전종합계획」변경해 2030년까지 225개 사업 추진".

[그림 5-1] '통일을 여는 길' 사업 조성도

문재인 대통령은 2019년 3.1절 100주년 기념사에서 "이제 곧 비무장지대(DMZ)는 국민의 것이 될 것"이라고 언급했다. 이에 정부는 DMZ와 연결된 고성, 철원, 파주 3개 지역을 평화안보 체험길로 4월 말부터 단계적으로 국민들에게 개방하기로 했다. 이들 3개 지역은 2018년 '9.19 남북군사합의'에 따라 GP 철거, 유해발굴 등 긴장완화 노력이 이루어지고 있는 지역이다.

우선 2019년 4월 27일 판문점 선언 1주년을 맞아 강원도 고성지역 'DMZ 평화의 길'을 개방했다. 고성지역은 통일전망대에서 시작해 해안 철책을 따라 금강산전망대까지 방문하는 구간이다. 1982년 신축된 금강산전망대는 한때 일반인 출입이 허용되기도 했으나 1994년 이후 군사시설로만 운영되고 있던 곳을 개방했다. 고성지역 통일전망대에서는 금강산의 비로봉과 일출봉, 채화봉, 옥녀봉, 신선대, 구선봉, 해금강, 감호 등을 감상할 수 있다. 또한 금강산전망대에서는 금강산 끝자락인 구선봉을 비롯해 감호, 해금강 등 북한지역을 관망할 수 있다. 고성지역 코스는 실제 DMZ 안으로 들어가지 않고 DMZ 철책선을 따라서 도보와 차량으로 이동하는 A코스와 차량으로만 이동하는 B코스로 구분하여 탐방하게 된다.[2] 첫 개방한 2019년 4월 27일부터 아프리카돼지열병(ASF) 발생으로 중단된 2019년 9월 29일까지 111일을 운영하여 총 11,969명 방문했으며, 하루 평균 107.8명이 방문했다.[3]

출처: DMZ 평화의길 홈페이지
(https://www.durunubi.kr/dmz-travel-view.do?crsIdx=IDX00000000000000007)
(검색일: 2020.2.10.)

[그림 5-2] 고성지역 'DMZ 평화의 길' 코스(A코스)

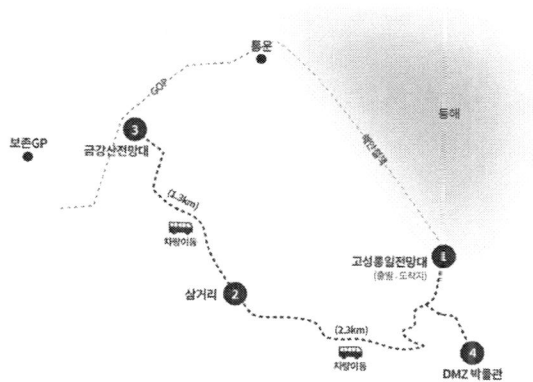

출처: DMZ 평화의길 홈페이지
(https://www.durunubi.kr/dmz-travel-view.do?crsIcx=IDX00000000000000005)
(검색일: 2020.2.10.)

[그림 5-3] 고성지역 'DMZ 평화의 길' 코스(B코스)

---

2) DMZ 평화의길.
(https://www.durunubi.kr/dmz-travel-view.do?crsIdx=IDX00000000000000007)
(검색일: 2019.5.7.)

3) 한국관광공사, 2019.12.05. "2019년 고성, 철원 DMZ 평화둘레길 사업 운영 개요"(국회의원 윤후덕 의원실 요구자료).

2019년 6월 1일부터 개방한 강원도 철원 'DMZ 평화의 길'은 백마고지 전적비에서 시작해 DMZ 남측 철책길을 따라 공동유해발굴현장과 인접한 화살머리고지 비상주 GP까지 방문하는 구간이다.[4] 총 15km의 철원코스는 도보와 차량을 통해 이동하게 된다. 첫 개방한 2019년 6월 1일부터 아프리카돼지열병(ASF) 발생으로 중단된 2019년 9월 18일까지 75일을 운영하여 총 2,387명 방문했으며, 하루 평균 31.8명이 방문했다.[5]

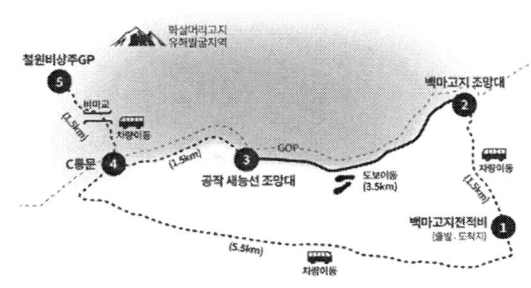

출처: DMZ 평화의 길 홈페이지
 (https://www.durunubi.kr/dmz-travel-view.do?crsIdx=IDX00000000000000010)
 (검색일: 2020.2.10.)

[그림 5-4] 철원지역 'DMZ 평화의 길' 코스

그리고 2019년 8월 10일부터 개방한 경기도 파주 지역은 임진각에서 시작해 도라산 전망대를 경유하여 철거 GP까지 방문하는 구간이다. 고성지역과 달리 철원과 파주 지역의 'DMZ 평화의 길'은 DMZ 안으로 탐방하게 되는 특징이 있다.

본 글에서는 강원권 'DMZ 평화의 길' 조성사업이 평화학적 관점으로 어떠한 의미가 있는지 살펴본다. 정치, 군사, 경제적 측면과 더불어 역사·문화, 생태·환경 등 각 분야별로 평화학적 관점에서 'DMZ 평화의 길' 조성사업을 통해 적극적 평화를 구현하는 방안과 기대효과는 무엇인지 살펴보도록 하겠다. 즉 강원지역을 중심으로 DMZ 및 접경지역의 'DMZ 평화의 길' 조성사업이 한반도 평화구축을 위한 어떠한 상징적 역할을 담당할 수 있는지 살펴보고 발전방안에 대해 고민해 보겠다는 것이다.

---

4) 한겨레신문, 2019.5.20. "6월 1일부터 비무장지대 평화의 길 '철원' 구간도 열린다"
5) 한국관광공사, 2019.12.05. "2019년 고성, 철원 DMZ 평화둘레길 사업 운영 개요"(국회의원 윤후덕 의원실 요구자료).

제2절 평화의 의미와 영역

1. 평화의 의미

평화를 어떻게 정의하고 인식하느냐에 따라 이를 실천하는 방법과 수단에서 차이를 보이기에 개념적 범위는 매우 넓다. 고전적 의미에서 평화는 전쟁의 대비되는 개념으로 사용되어 전쟁이 발생하지 않으면 평화가 달성되었다고 인식하였는데 이는 마치 질병에 걸리지 않은 상태를 건강하다고 정의하는 것과 비슷하다. 단순히 전쟁에 대비되는 개념으로 평화를 정의 내린다면 상당히 협소한 의미만 지니게 된다. 현대사회에서는 전쟁의 부재뿐만 아니라 인간사회를 위협하는 다양한 모든 폭력을 극복하는 방안으로 광범위하게 평화의 개념이 확장되고 있다. 1978년 33차 유엔총회에서는 평화의 개념에 대해 단순히 전쟁이나 물리적 폭력이 없는 상태가 아니라 정의(justice)가 존재하는 상태로 정의하기도 했다.

중요한 것은 평화가 목표인지 아니면 국가의 이익을 위한 수단인지를 분명하게 구분하기는 어려우며 어떠한 상태가 평화인지, 평화는 어떻게 달성될 수 있는지에 대해 일반적으로 설명하기는 어렵다. 평화의 개념과 상태를 어떻게 규정하느냐에 따라 각기 다른 입장을 취할 수 있기 때문이다. 일반적으로 평화의 개념은 전쟁의 반대 개념으로 인식할 수 있으나 정의, 행복, 자유 등 인간의 가치와 이상을 표현하는 개념들과 같이 평화를 어떻게 인식하고, 어떻게 구현하느냐에 따라 다양하게 정의할 수 있다. 평화를 달성하기 위해 무엇이 필요한지를 이성적으로는 이해할 수 있지만 진정한 평화는 존재하고 있지 않기에 현실적으로는 명확하게 평화를 개념화하기가 어렵다.[6]

요한 갈퉁(Johan Galtung)은 평화에 대해 적극적 평화(positive peace)와 소극적 평화(negative peace)로 구분하면서 그 개념이 더 명확해졌다.[7] 개인적 차원에서 물리적 폭력이 없는 상태 즉 전쟁의 부재를 의미하는 소극적 평화와 사회경제적 차원에서 빈곤, 무질서, 차별 등 구조적 폭력이 부재한 상태를 말하는 적극적 평화 등 두 가지 차원으로 평화를 구분했다. 갈퉁은 평화를 전쟁이나 물리적 분쟁의 부재라는 소극적 차원에 머무는 한 진정한 평화를 달성하기 어렵다고 주장한다. 적극적 평화만이 폭력에 대한 최선의 방어이며, 적극적 평화를 목표로 두고 지향하지 않는 한 소극적 평화도 달성되지 않거나 흔들리게 된다는 입장이다.[8] 한반도의 입장에서 보면 남북한이 여전히 군사적 대치상태에 놓여있어 주민의 일상생활에서 전쟁의 위협이 상존하고 있다는 현실을 비춰볼 때 질병, 빈곤, 억압 등 적극적이고 구조적인 폭력을 해결하는 것이 얼마나 어려운 것인지 알 수 있다.

---

6) 황수환, "평화학적 관점에서 본 한반도 평화의 방향," 『평화학연구』 제20권 1호, (2019) pp. 59-60.
7) Galtung, Johan, 『Violence, Peace, and Peace Research』 Journal of Peace Research. 6:3 (1969), pp. 167-191.
8) 정주진, 『평화를 보는 눈』(서울: 개마고원, 2015), p. 26.

2. 평화의 영역

20세기의 평화학은 주로 국가 간 분쟁해결, 국제관계와 국제질서의 관리 및 유지라는 측면에서 다뤄졌다. 아롱(Raymond Aron)은 국제관계학을 '평화의 학문이자 전쟁의 학문'으로 규정했는데[9] 이는 평화학이 전쟁연구와 밀접하게 연관되어 있거나 혹은 거의 같은 의미로 사용됨을 의미한다. 당시 국가 간의 무력충돌이 평화의 가장 큰 위협요소라 인식했기 때문이다. 20세기의 평화학은 개별국가의 주권보호, 영토보전을 중심으로 하는 안보학과 밀접하게 상호작용하면서 발전했다.[10] 침략을 억지하는 문제는 곧 안보를 지키는 문제와 같으므로 평화학의 핵심은 안보로 간주되는 경향이 당연하게 받아들여진 것이다. 20세기 냉전체제의 이데올로기적 체제대립이 전 세계적으로 영향을 미쳤기에 개별적 국가안보가 체제안보 혹은 진영안보의 문제와 연관되어 있으면서 '평화학과 안보학의 쌍생아적 발전'으로 설명하기도 한다.[11]

1960년대 후반 베트남 전쟁에 따른 전 세계의 반전운동 확산으로 북유럽을 중심으로 소위 '비판적 평화학'이 등장했고, 제3세계 문제가 대두되면서 개발, 빈곤, 불평등의 문제 등 다양한 분야가 평화학의 관점에서 논의되었고, 이후 식량, 해양, 환경, 인권 등의 주제가 평화학에서 다뤄지게 되었다. 또한 핵무기, 핵전쟁을 반대하면서 평화학에서는 비폭력적 개입과 제재, 비공격적 방어와 같은 다양한 갈등해소 방안들에 관심을 두면서 반핵운동과도 연관을 두게 된다. 20세기의 평화학을 "전쟁과 폭력의 원인 및 평화의 조건에 대해 체계적으로 연구하고 가르치는 다학제적 영역"[12]으로 정의할 수 있다.

탈냉전의 도래와 함께 세계적 차원의 전쟁위험 감소로 인해 평화학이 쇠퇴할 것이라는 평가가 존재했지만, 종족 및 종교 분쟁, 정체성 갈등, 문화적 억압 등 다양한 형태의 분쟁과 갈등이 나타나면서 이를 해결하기 위한 평화학적 관점이 주목을 받게 된다. 1992년 UN에서 '평화를 위한 의제'를 발표하면서 예방, 평화형성, 평화유지, 평화수립을 중요한 과제로 제시했다. 또한 1998년 유엔은 교육을 평화문화, 지속가능한 경제발전, 모든 인권의 존중, 양성평등, 민주적 참여, 관용과 연대, 참여적 대화와 지식의 자유로운 소통, 국제평화와 안전 등 8개의 항목을 실천하기로 결의안을 채택하면서 이들이 평화학의 주요의제로 등장하게 된다.[13]

21세기의 평화학은 1998년 코소보 사태, 2001년 9.11테러, 2011년 후쿠시마 원전사고 등 과거와는 다른 형태의 분쟁과 전쟁이 발생하면서 질적으로 새로운 문제의 영역에서 평화학이 다뤄지게 된다. 종족분쟁, 난민, 테러, 환경, 기상이변과 재해 등 초국적인 문제에 대해 다양한 주체들의 상호작용방식을 통한 융합적이고 복합적인 평화학에 대해 주목하기 시작한다. 사회과학과

---

9) 정인흥 외, 『정치학 대사전』(서울: 박영사, 1983), p. 1642.
10) 서울대학교 평화인문학연구단 편, 『평화인문학이란 무엇인가』(서울: 아카넷, 2013), p. 18.
11) 김명섭, 「평화학의 현황과 전망」 하영선 외, 『21세기 평화학』(서울: 풀빛, 2002).
12) C.M. Stephenson, 「Peace studies, overview」, L. R. Kurtz ed. Encyclopedia of Violence, Peace, & Conflict(2ed.)(Amsterdam: London: Elsevier, 2008).
13) 황수환, 2019, pp. 61-62.

자연과학, 사회과학과 인문학 등의 융합적 시각에 따라 평화연구를 진행하는 경향이 나타났다.[14] 21세기 평화학에서는 국가안보의 개념에 대한 변화를 요구한다. 즉 국가안보의 궁극적 목적에 대한 인식부터 수단에 대한 논의까지 광범위한 변화를 요구하며, 그 중심에는 인간다운 삶을 영위하기 위한 기반으로서 평화에 대한 소망을 요구한다.[15] 따라서 평화학적 관점에서 한반도 평화체제란 과거 대결과 갈등의 시기에서 벗어나 안전하게 인간다운 일상적인 삶이 보장되는 상황이라 할 수 있다. 국가안보는 국민의 생명보전의 측면만을 강조할 뿐 실질적인 인간의 삶의 모습이나 행동에는 덜 관심을 가지기 때문이다. 한반도의 평화는 단순히 국가안보를 해결하는 군사적 긴장해소의 차원이 아니라 인간다운 삶을 영위하는 것이 필요하다는 것이다.

요한 갈퉁은 「평화학적 수단에 의한 평화」에서 인간사회의 폭력과 평화에 대해 직접적, 구조적, 문화적 차원으로 설정한 뒤 자연(nature), 사람(people), 사회(society), 세계(world), 문화(culture), 시간(time) 등 6개의 영역으로 구분하여 분석했다.[16] 구조적 평화를 실현하기 위한 6개의 영역은 생태평화, 국내외 구성원 간 평화, 사회적 불평등 해소, 평화지역, 문화적 공존, 이상 영역들의 지속적 유지로 구분했다. 인간다운 평화적인 삶이란 구조적 평화의 6개 영역이 모두 실현되는 사회에서 실현될 수 있다.

제3절에서는 요한 갈퉁이 구조적 평화로 구분한 6개의 영역에 대해 강원권 DMZ 평화의 길 조성과 관련하여 국내외 구성원 간 평화를 정치적 의미로, 평화지역을 군사적 의미로, 생태평화를 생태·환경적 의미로, 사회적 불평등 해소를 지역경제적 의미로 문화적 공존을 문화유산적 의미로 구분하여 분석하도록 하겠다. 결론에서는 이들 요소들이 어우러져 지속가능한 평화를 실현하기 위한 방안을 제시하도록 하겠다.

제3절 'DMZ 평화의 길'에 대한 평화적 의미의 적용

1. 정치적 경계허물기

DMZ는 한반도의 중앙을 가로질러 남과 북의 실질적 경계선 역할을 하고 있다. 하지만 2018년 4.27 판문점 선언에서 "비무장지대를 실질적 평화지대로 만들기로 하였다"고 합의하면서 DMZ가 경계선이 아닌 평화지대[17]로 전환하는 계기를 마련했다. 즉 남북정상 간 합의사항에 대해 실제로 이행하는 측면이 있다고 볼 수 있다.

DMZ 및 접경지역에 조성되는 'DMZ 평화의 길'은 분단체제를 극복하고 평화체제를 실현하기

---

14) 서울대학교 평화인문학연구단 편, 2013, p. 31.
15) 박의경, 「지속가능한 평화를 위한 제언」 「국제정치논총」 제54집 4호 (2014) pp. 348-360.
16) 요한 갈퉁, 강종일 외(역), 「평화적 수단에 의한 평화」 (서울: 들녘, 2000). p. 97.
17) 평화지대에 대해 적극적 평화를 실현하기 위해 설정한 어느 특정지대로 개념정의한다. 즉 적극적 평화를 실현하고 구축하기 위한 기본적 거점공간의 의미로 사용한다.

위한 정치·사회적 경제와 영토적 경계선을 허무는 시작점의 역할로 의미 부여할 수 있다. DMZ, 민통선, 접경지역 등 국가가 독점하던 공간과 남과 북으로 나누는 정치적 구분선을 허물고, 분단체제를 극복하기 위한 시작점일 수 있다.

정치적으로 평화를 구축하는 것은 결과가 아니라 과정에서 시작된다. 분단으로 발생한 다양한 갈등을 평화적 방식으로 끊임없이 관리, 해결하고 전환시키는 지속적인 과정으로서의 평화인 것이다. 분단체제로 인한 갈등이 단순히 남과 북이라는 체제로 양분된 것뿐만 아니라 인간의 삶과 행동양식, 가치, 문화 등과 함께 나타난다고 할 때, 정치적으로 평화체제를 구축하는 과정 역시 체제, 제도적 해결뿐만 아니라 가치, 양식, 문화, 심리적 요소의 해결이 요구될 수 있다. 이러한 관점에서 DMZ 및 접경지역에 조성되는 'DMZ 평화의 길'은 분단으로 발생된 체제의 모순을 해결하고 정치사회적 경계선을 허무는 시작점의 역할이 가능하다.

현재 유럽연합 국가들 사이에는 국경의 의미가 사라지고 마치 이웃 동네를 다녀오듯 제약이 없는 상태이다. 'DMZ 평화의 길'은 유럽연합처럼 국가 간 영토의 경계선을 허물고 남과 북의 정치적 통합으로 가기 위한 출발점의 의미를 지니고 있다고 볼 수 있다.

2. 군사적 긴장해소

DMZ는 군사분계선(MDL) 이남 지역에 남과 북 각 2km 이내 지역으로 907㎢의 면적을 차지하고 있다. 민간인 통제보호구역인 민통선 지역은 1,369.6㎢의 면적으로 휴전선 이남의 5~20km 내외 지역이다. 민통선 지역은 「군사기지 및 군사시설보호법」에 따라 휴전선 이남 지역으로 민간인 출입, 건축물 건축 제한이 되고 있다. 접경지역은 정전협정에 따라 설치된 DMZ 또는 해상의 북방한계선과 잇닿아 있는 시·군과 「군사기지 및 군사시설 보호법」에 따른 민간인통제선 이남 지역 중 민간인통제선과의 거리 및 지리적 여건 등을 기준으로 하여 대통령령으로 정하는 시·군으로 규정하고 있다. 접경지역은 민통선 이남 25km 이내의 지역으로 강원도, 경기도, 인천의 15개 시, 군 지역[18] 8,097㎢의 면적을 차지하고 있다.

---

18) 강원도(6개): 춘천시, 철원군, 화천군, 양구군, 인제군, 고성군,
　　경기도(7개): 동두천시, 고양시, 파주시, 김포시, 양주시, 연천군, 포천군
　　인천광역시(2개) : 강화군, 옹진군

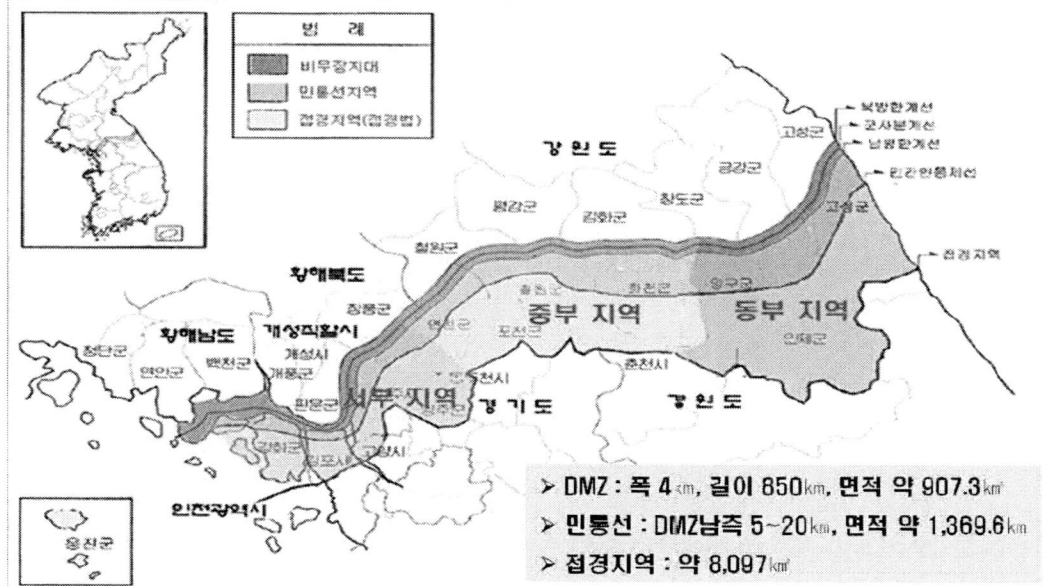

출처: 행정안전부. "접경지역 관련 각종 통계"(등록일: 2013.12.18.)
https://www.mois.go.kr/frt/bbs/type001/commonSelectBoardArticle.do;jsessionid
=qc8gOihsJEZ8r8bg1tIft6JT.node20?bbsId=BBSMSTR_000000000054&nttId=19798
(검색일: 2019.5.7.)

[그림 5-5] DMZ, 민통선지역, 접경지역 구분

　DMZ 및 접경지역에 조성되는 둘레길이라는 정치적으로 평화구축이라는 상징적 의미를 넘어 남북간 군사적 긴장과 무력충돌의 가능성을 낮추는 실질적 효과가 있다. DMZ는 그동안 한반도에서 가장 첨예한 대결지대이자 중무장한 지역으로 군사적 충돌 위험이 상존했던 곳이다. DMZ뿐만 아니라 민통선지역과 접경지역 역시 남북군사적 긴장상황에 따라 민감하게 영향을 받는 지역이다. 이들 지역에 대한 군사적 긴장완화와 효과가 나타날 수 있는 것이다.
　예를 들면 강원도 동해안 접경지역 해안초소를 중심으로 민간인을 통제했던 곳에 둘레길이 조성되어 있다. 대표적으로 강릉시의 '정동-심곡 바다부채길'이다. 1950년 6월 25일 새벽 북한군이 심곡마을 근거 정동진 해안가를 통해 공격하기도 했다. 또한 이 지역 근처 강릉시 강동면 안인진리에서 1996년 9월 북한 잠수함이 발견되어 교전이 발생하여 수십 명의 사상자가 발생한 소위 '강릉 잠수함 침투사건'이 벌어지기도 했다. DMZ 및 접경지역의 'DMZ 평화의 길'로 인해 한반도에서 가장 긴장이 높았던 지역에서, 이제는 더 이상의 군사적 긴장을 느끼지 않을 정도로 평화를 직접 몸소 체험하는 공간이 될 것이다.

　향후 평화를 직접 몸소 체험하고 군사적 긴장해소를 경험하는 상징적 의미로 DMZ 내의 GP(Guard Post)와 GOP(General Out Post)의 경계초소와 막사들을 DMZ 및 접경지역에 조성되는 둘레길의 방문자를 위한 게스트하우스나 휴식공간으로 사용하는 방안이 있다. 군사적 긴장과 갈등의 상징에서 평화적 이용공간으로 전환되는 과정에 대한 의미를 찾을 수 있겠다.

3. 생태·환경적 차원

　DMZ는 남북 사이에서 전쟁을 막는 완충지대의 역할을 한 것과 동시에 반세기 이상 인위적 개발이 불가능하여 온전한 자연생태계가 복원돼 유지된 특별한 곳이다. DMZ는 세계에서 유일한 분단의 현장이자 자연 생태계의 보고(寶庫)라고 할 수 있다. DMZ뿐만 아니라 민통선 지역은 인간활동과 개발이 극도로 통제되면서 역설적으로 생태환경과 자연경관이 잘 보존된 지역인 것이다.
　이러한 DMZ 및 접경지역의 생태·환경적 조건으로 이 지역은 철새도래지로서 생태관광의 거점이 되는 기반이 될 수 있다. 특히 강원도 철원지역은 철새들이 서식하기에 유리한 조건을 갖추고 있어 철새도래지로 유명하며 철새를 생태관광의 주요한 자원으로 활용하는 마을이 존재한다. 대표적으로 강원도 철원군 동송읍의 '양지리 철새마을'은 철새 탐조를 위해 마을을 찾는 방문객들을 위해 주민들이 자발적으로 기반시설과 프로그램을 운영하고 있다.
　하지만 환경운동연합 등 시민단체를 중심으로 'DMZ 평화의 길' 개방 계획이 DMZ 일대의 생태계를 훼손할 수 있다며 반발하고 있다.[19] 이들은 "DMZ, 민통선, 접경지역은 오랫동안 사람의 접근이 제한돼 생태적 건강성이 높은 지역"이라며, "군사분계선 남방 15㎞ 이내의 민북지역은 전체면적의 77% 이상이 보전대상인 1·2등급지로 지정될 만큼 생태적 가치가 매우 높다."는 점을 들어 반발하고 있다. 성급한 둘레길 개방보다는 DMZ, 민통선, 접경지역의 생태학적 조사를 진행하여 다양한 생물 종들이 둘레길 개방 등 개발로 인해 미칠 영향을 분석한 뒤 이를 보존할 수 있는 지역에 대한 로드맵을 수립하기를 요구하고 있다.

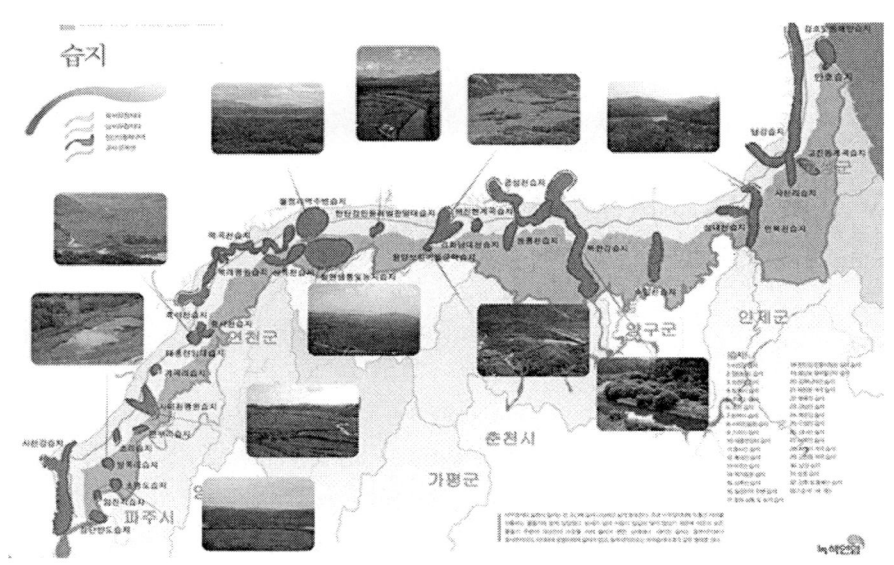

출처: 녹색연합, 「DMZ 155마일을 걷다: 2008 비무장지대 일원 환경실태보고서」(2008), pp. 41-42.

[그림 5-6] DMZ, 민통선, 접경지역 습지분포 현황

---

19) 환경운동연합 보도자료, "비무장지대 'DMZ 평화의 길' 개방 계획 즉각 폐기하라!"(등록일: 2019.4.4.), http://kfem.or.kr/?p=198314(검색일: 2019.5.10.).

강원지역 'DMZ 평화의 길'이 진정한 평화라는 가치를 담기 위해서는 생태계를 파괴하는 가장 큰 교란 요인으로 꼽히는 차량과 사람이 지나면서도 자연과 인간이 함께 공존하는 방안을 마련해야 한다. 정부는 생태·환경 측면에서는 기존에 사용 중인 도로, 철책길 등이 있는 그대로 활용하면서 인위적 개발은 최소화하여 자연 그대로의 모습을 최대한 유지하고, 환경적 영향과 생태계 훼손 여부 등을 주기적으로 모니터링을 할 계획이라고 밝혔다. 또한 'DMZ 평화의 길'의 경우 운영 횟수와 참여인원은 군사작전 여건 보장과 자연환경과 생태보존에 영향을 미치지 않는 범위 내에서 결정하기로 했다. 정부의 방침과 같이 생태·환경적 가치를 존중하는 방향으로 DMZ 및 접경지역의 'DMZ 평화의 길' 사업이 진행될 때 적극적 평화의 의미가 실현될 수 있겠다.

4. 지역경제 활성화

문재인 대통령은 2019년 4월 26일 강원도 고성군 DMZ 박물관에서 열린 '평화경제 강원 비전 전략보고회'에 "평화가 경제라는 말을 강원도만큼 실감하는 곳이 없을 것"이라며 "이미 강원도는 금강산관광으로 평화가 경제임을 체험했다."고 발언했다.[20] 이는 금강산관광이 중단된 지 10여 년이 지난 상황에서 강원도에서 평화경제를 실현하는 방안으로 DMZ 및 접경지역에 조성되는 'DMZ 평화의 길'이 대표적인 방안이 될 수 있다는 의미이다. 2019년 4월 27일에 시작된 강원도 고성 'DMZ 평화의 길' 개방 지역은 금강산 육로관광을 진행한 길과 같은 노선을 유지하기 때문에 금강산 육로관광이 중단됨으로써 생겨났던 경제적 손실을 회복할 수 있는 기회가 될 수 있다. 즉 'DMZ 평화의 길' 개방을 통해 금강산 육로관광 중단 이후 경제적으로 낙후되고 소외된 강원지역 동북부 지역에서 경제적 불평등 문제가 조금이나마 해소될 수 있는 기회가 제공된 것으로 의미를 줄 수 있는 것이다.

앞서 언급한 '정동-심곡 바다부채길'을 예를 들면 개장한 지 2년이 지난 지금 이 길은 군사적 긴장해소의 의미와 더불어 지역경제활성화 차원에서도 크게 기여하고 있다. '정동-심곡 바다부채길'은 2.86km의 해안절벽길로 2017년 6월 유로로 정식 개장한 뒤 방문객이 2019년 3월 기준으로 100만 명이 넘었다.[21] '정동-심곡 바다부채길' 주변에는 예술정원 하슬라아트월드, 정동진 썬크루즈호텔, 금진온천 등의 주변 관광지와 더불어 정동진과 심곡, 옥계를 잇는 강릉의 새로운 관광루트가 만들어져 지역경제에 큰 도움이 되고 있는 사례를 참조할 필요가 있다.

5. 역사·문화유산 보존과 활용

강원지역 'DMZ 평화의 길'은 국경이 지닌 상징적 의미와 매력적인 관광자원으로 발전가능성이 있다. DMZ 일대에는 선사유적, 천연보호구역, 왕릉, 석탑 등 다양한 국가 및 도 지정 문화관광 자원들이 존재한다. 앞서 언급한 '정동-심곡 바다부채길'에는 천연기념물 437호인 정동진 해안단구지대가 있다.[22] 바다부채길을 걸으면서 우리나라에서 가장 긴 정동진 해안단구를 직접 경험할 수 있다.

---

20) 연합뉴스, 2019.4.26. "文대통령 "평화경제시대 준비…금강산관광 조속 재개 노력""
21) 강원일보, 2019.3.16. "[신팔도유람]2,300만년 바다가 깎고 세월이 빚은 힐링로드"
22) 정동진 해안단구지대는 바 2,300만년 전 지구의 용트림으로 동해안이 솟구치고 해수면이 80m 정도 물러나

〈표 5-1〉 강원도 지역 DMZ 일대 국가 및 도 지정 문화재 현황

구분	국가 지정 문화재	도 지정 문화재
철원군	도피안사 철조비로자나불좌상, 도피안사 삼층석탑, 한탄강 대교천 현무암 협곡, 철원 천통리 철새도래지	요동백김응하장군 묘비, 고석정 및 순담, 철원지석묘군, 충렬사지 철원토성, 철원선상성
화천군	화천 계성리 석등	-
양구군	산양, 대암산·대우산 천연보호구역, 양구 개느삼 자생지	해안면 선사유적지
인제군	백담사 목조 아미타불좌상부복장 유물, 한계사지 삼층석탑, 한계사지복 삼층석탑, 향로봉·건봉산 천연보호구역	-
고성군	건봉사, 고성 육송정 향교, 고성 문암리 선사유적, 고성 어명기 가옥, 고성 왕곡마을	-

출처: 환경부, 「DMZ 생태·평화공원 조성을 위한 기본계획 수립 연구」(2009.12), p. 50을 수정 보완.

향후 강원권 DMZ 145km 구간뿐만 아니라 DMZ 248km 전체 구간을 'DMZ 평화의 길'로 구성할 때 DMZ가 지니는 역사적 의미를 살리고 문화유산들을 잘 유지하고 관리한다면 그 가치와 의미를 상당할 것으로 사료된다.

한국전쟁과 분단상황으로 만들어진 민북마을[23]은 DMZ 및 접경지역에 생긴 독특한 역사문화적 공간이다. 민북마을은 형성 초기에 전국 각지에서 모인 사람들이 개척영농이라는 특정 목적을 지니고 인위적 공동체사회를 구성하면서 갈등이 존재했지만, 현재는 반세기 이상 지나면서 민북마을 만의 독특한 문화를 형성하고 있다. 특히 강원도 민북마을의 경우 모두 전쟁 전의 수복지역으로 자립안정촌이나 재건촌, 통일촌 개발을 통해 외지에서 유입된 인구가 많아 원주민 비율이 30%에 불과했다. 강원도 철원군의 경우 원주민의 구성비율이 45.5%로 비교적 높지만, 양구와 고성지역은 각각 9.8%, 19.9%에 불과하다.[24] 민북마을은 원주민 비율이 상대적으로 낮은 동시에 일반주민과 군인들이 공존하는 독특한 특징과 문화를 지니고 있다. DMZ 및 접경지역 'DMZ 평화의 길'이 민북마을을 거쳐 지나간다면, 반세기 이상 지속된 민북마을 공동체를 직접 경험하면서 한국전쟁과 분단이라는 역사적 사건을 좀 더 깊게 이해하고 평화구축의 필요성을 깨닫는 데 도움이 될 수 있을 것으로 판단된다.

면서 만들어진 특이한 지형이다. 바다 밑에서 볼 수 없었던 땅이 육지로 올라오면서 세월이 흘러 깎이고 파여 기암절벽을 이루고 있다.
[23] 민북마을은 설립 유형에 따라 자립안정촌, 재건촌, 통일촌, 비무장지대촌, 실향민촌으로 구분된다.
[24] DMZ 평화와 생평의 땅(디엠지기). "Ⅱ. 접경지역과 민북마을의 이해"
https://www.dmz.go.kr/korean/doshare/freetalk/down/430(검색일: 2019.5.10.).

제4절 나오며

'DMZ 평화의 길'은 2019년 4월 27일 고성, 2019년 6월 1일 철원 등 강원지역에서 민간에게 개방되어 운영했으나, 2019년 9월 이후 아프리카돼지열병(ASF) 발생으로 2020년 2월 현재 운영이 잠정 중단된 상황이다. 경기도 파주의 'DMZ 평화의 길'이 역시 2019년 8월 10일부터 개방했으나 9월 19일까지 약 한달 간 운영된 뒤 아프리카돼지열병(ASF) 발생으로 잠정 중단된 상태이다.

향후 아프리카돼지열병(ASF)으로 인한 상황이 진전된다면 조만간 다시 'DMZ 평화의 길'이 운영될 것으로 보인다. 고성, 철원 등 강원지역에서 시작된 'DMZ 평화의 길'이 향후 DMZ 전체를 잇는 출발선의 역할을 담당할 것이다. 길(road)이라는 원래 기능이 장소와 장소를 연결해주는 선(line)의 역할을 한다. 'DMZ 평화의 길'을 통해 점과 점을 연결하는 평화의 선이 형성되고, 선과 선이 하나의 공간적 면을 창출하는 한반도 평화지대가 형성될 수 있다. 이러한 점을 형성하는 시작이 바로 2019년 4월 27일부터 개방된 강원도 고성지역 'DMZ 평화의 길'인 것이다. 'DMZ 평화의 길'의 역사적 시작은 점차 남과 북 모두를 아우르는 한반도 전체의 평화지대로 확대하는 출발점이라는 의미를 지닐 것이다. 기존 접경지역의 둘레길과도 연결하는 진정한 'DMZ 평화의 길'이 시작된 것이다. 강원도 고성지역에서 시작된 'DMZ 평화의 길'은 정치, 군사, 경제, 생태·환경, 역사·문화유산적으로 강원도 지역뿐만 아니라 한반도에서 적극적 평화의 가치가 실현되는 방향으로 구현되어야 할 것이다. 각각의 의미들이 서로 연결되어 적극적 평화의 가치를 구현하는 방향으로 진행되어야 할 것이다.

강원지역 'DMZ 평화의 길'은 동서의 연결뿐만 아니라 남과 북을 연결하는 'DMZ 평화의 길'의 시작일 수도 있다. 강원지역 'DMZ 평화의 길'은 현재 한반도 중부 지역 횡단의 성격을 지니고 있다. 하지만 한반도 평화와 통일을 위해서는 북측 지역과의 종단 둘레길이 형성되어야 한다. DMZ 및 접경지역의 횡단길과 종단길에서 무수한 만남과 교차가 거듭하는 과정을 통해 전쟁의 아픔을 극복하고 평화를 창출하는 공간으로 변화하게 된다. 'DMZ 평화의 길'은 남과 북을 이어주고 한반도에서 적극적 평화를 구현하고 평화의 가치를 실현하는 시작점이 될 것으로 보인다.

특히 남북관계의 진전에 따라 북측의 DMZ지역과 연계한 'DMZ 평화의 길' 조성도 추진할 수 있겠다. 그리고 철원을 시작으로 북측지역으로 평강군, 세포군. 고산군, 원산시로 이어지는 도보길로 공간확산이 이뤄질 수도 있다. 강원도 고성과 철원지역의 'DMZ 평화의 길'은 이러한 공간확산의 시작점으로 의미가 있다고 하겠다.

2018년부터 조성된 한반도 평화의 분위기로 인해 한반도에서 전쟁위험이 줄어든 것이 사실이지만, 평화학적 관점에서는 더 근본적으로 평화의 조건을 전쟁의 부재에서 찾기보다는 일상적 삶에서 찾고자 한다는 점을 인식해야 할 필요가 있다. 인류역사에서 지금까지의 평화의 개념은 적극적 의미에서의 평화가 아니라 전쟁이 멈춘 상태를 의미하는 소극적 평화를 의미했다. 중요한 점은 인류역사상 전쟁의 부재상태가 존재한 적이 없었다는 점을 고려한다면 전쟁의 부자가 평화를 의미하는 것이 아니라 일상의 일상화라는 적극적인 형태의 평화가 필요하다.[25] 이름과 달리 DMZ는 반세기 이상 한반도에서 가장 첨예한 군사적 대결의 현장이자 중무장한 무기들이 집중된 지역이라는 점에서 DMZ 주변을 자유롭게 걸어다닐 수 있는 것이 일상적 평화를 실현하는 첫걸음이라 할 수 있다. 한반도에서 더 이상의 전쟁과 갈등이 발생하지 않을 것이라는 생각과 전쟁에 대한 평화적 해결방안을 모색하는 전향적 사고의 전환이 'DMZ 평화의 길' 사업에서 시작할 수 있다고 본다. 즉 한반도의 평화는 기존체제의 현상유지와 동일시하는 것이 아니라, 분쟁과 갈등의 근원이 되거나 위협하는 구조적 요소를 없애고 해결할 때 가능해진다고 할 때 'DMZ 평화의 길' 사업은 그 시작점의 역할 담당할 수 있겠다.

강원권 'DMZ 평화의 길'을 중심으로 한국전쟁 이후 항상 군사적 긴장상황을 유지했던 DMZ가 진정한 비무장 '평화'지대로 재탄생하게 될 것으로 기대한다. 'DMZ 평화의 길'은 인간과 자연이 공존하는 진정한 평화를 구축하는 공간이 될 것으로 기대한다. 감시초소가 철수된 DMZ는 안보와 평화를 체험하는 평화의 길을 시작으로 DMZ에서 DMZ 국제평화음악제와 다큐영화제 등 각종 문화행사를 개최하고 역사·생태·문화가 함께하는 평화관광의 중심지로 이어질 것으로 기대한다. 한반도에서 소극적 평화를 넘어 적극적 평화의 시작이 'DMZ 평화의 길' 조성사업에서부터 진행되기를 기대한다.

---

25) 박의경, "지속가능한 평화를 위한 제언"「국제정치논총」제54집 4호 (2014), p. 350.

참고문헌

DMZ 평화와 생명의 땅(디엠지기). "Ⅱ. 접경지역과 민북마을의 이해".
김명섭(2002). 「평화학의 현황과 전망」. 하영선 외. 『21세기 평화학』. 서울: 풀빛.
녹색연합(2008). 「DMZ 155마일을 걷다: 2008 비무장지대 일원 환경실태보고서」.
박민철(2017). 「분단체제의 공간성: DMZ와 접경지역의 로컬리티를 중심으로」. 시대와 철학, 제28권 3호(통권 80호).
박의경(2014). 「지속가능한 평화를 위한 제언」. 국제정치논총, 제54집 4호.
서울대학교 평화인문학연구단 편(2013). 『평화인문학이란 무엇인가』. 서울: 아카넷.
신정현(1989). 「구조폭력과 평화연구: 요한 갈퉁의 개념화를 중심으로」. 이호재 편. 『한반도 평화론』. 서울: 법문사.
요한 갈퉁(저), 강종일 외(역)(2000). 『평화적 수단에 의한 평화』. 서울: 들녘.
전명숙(2019). 「DMZ 접경지역 도보관광 개발 방안 연구」. 한국외식산업학회지, 제15권 1호.
정인흥 외(1983). 『정치학 대사전』. 서울: 박영사.
정주진(2015). 『평화를 보는 눈』. 서울: 개마고원.
행정안전부 보도자료(2019). "접경지역에 13조원 투자해 성장동력 마련: 「접경지역 발전종합계획」변경해 2030년까지 225개 사업 추진"(2019.2.8.).
환경부(2009). 「DMZ 생태·평화공원 조성을 위한 기본계획 수립 연구」.
황수환(2019). 「평화학적 관점에서 본 한반도 평화의 방향」. 평화학연구, 제20권 1호.

https://www.dmz.go.kr/korean/doshare/freetalk/dcwn/430(검색일: 2019.5.10.)
DMZ 평화의 길 홈페이지. https://www.durunubi.kr(검색일: 2020.2.10.)
행정안전부. "접경지역 관련 각종 통계"(등록일: 2013.12.18.).
https://www.mois.go.kr/frt/bbs/type001/commonSelectBoardArticle.do;jsessionid=qc8gOihsJEZ8r8bg1tIft6JT.node20?bbsId=BBSMSTR_000000000054&nttId=19798(검색일: 2019.5.7.)
환경운동연합 보도자료, "비무장지대 'DMZ 평화의 길' 개방 계획 즉각 폐기하라!"(등록일: 2019.4.4.), http://kfem.or.kr/?p=198314(검색일: 2019.5.10.).
강원일보. 2019.3.16.
연합뉴스. 2019.4.26.
한겨레신문. 2019.5.20.

Galtung, Johan(1969). 『Violence, Peace, and Peace Research』 Journal of Peace Research. Vol. 6 No. 3.
Stephenson, C.M(2008). 『Peace studies, overview』 L. R. Kurtz ed. Encyclopedia of Violence, Peace, & Conflict(2ed.) Amsterdam, London: Elsevier.

제3편
DMZ의 미래상

DMZ
평화와 가치

제6장
DMZ의 평화적 이용을 위한 남북협력 방안

DMZ의 평화적 이용을 위한 남북협력 방안*

나용우

제1절 서론: 국가 발전전략에서 DMZ의 위상

하노이 제2차 북미정상회담을 이틀 앞둔 2019년 2월 25일 문재인 대통령은 '신한반도체제' 구상을 선언하였다. 당시 신한반도체제 구상은 북미정상회담의 성공을 전제하고 북미관계와 남북관계의 선순환을 본격화하려는 의도로 구상된 것으로, '한반도 문제의 주인으로서 남북관계와 북미관계가 선순환하고 비핵화와 항구적 평화, 공동번영의 길로 나아가는 과정에서 주도권을 갖는 것'을 그 핵심으로 하였다. 그러나 우리의 바람과 달리 북미정상회담은 만족스러운 성과를 내지 못했다. 그럼에도 문 대통령은 제100주년 3.1절 기념사를 통해 '신한반도체제' 구상을 보다 구체화했다. 정치적으로는 긴밀한 한미공조, 북미대화의 타결과 국제사회의 지지를 바탕으로 한 항구적인 평화체제이자, 경제적으로는 '평화경제'에 기반한 경제협력공동체의 구축을 그 목표로 제시했다.[1] '신한반도체제'의 실현에서 비무장지대(DMZ)의 평화적 이용은 중요한 핵심적 위상을 갖는다.[2]

문재인 정부 초기의 '한반도 신경제'에서 '신한반도체제' 구상으로의 변화에도 불구하고, 이러한 청사진들의 핵심에는 남북교류협력을 통한 지속가능한 남북관계 제도화에 있다. 실제 4.27 판문점 선언 제1조[3]에서, 그리고 9.19 평양공동선언 제2조, 제4조에서 남북교류협력을 언급함으로써,[4]

※ 본 글은 2019 북한연구학회 춘계학술회의("한반도 평화체제: 제도, 담론, 실천전략" 2019년 3월 29일)에서 발표한 내용을 수정·보완한 것임을 밝힙니다.

1) "[전문] 문 대통령, 제100주년 3.1절 기념식 기념사,"『시사매거진』2019년 3월 1일 (검색일: 2020년 2월 17일).
2) 문 대통령은 "이제 곧 비무장지대는 국민의 것이 될 것입니다.... (중략)... 그곳에서 평화공원을 만들든, 국제평화기구를 유치하든, 생태평화 관광을 하든, 순례길을 걷든, 자연을 보존하면서도 남북한 국민의 행복을 위해 공동 사용할 수 있을 것입니다."라고 언급하였다. "[전문] 문 대통령, 제100주년 3.1절 기념식 기념사,"『시사매거진』2019년 3월 1일 (검색일: 2020년 2월 17일).
3) 판문점 선언 제1조 4항에서 "각계각층의 다방면적인 협력과 교류 왕래와 접촉 활성화"를, 6항에서는 "동해선·경의선 철도와 도로 연결 및 현대화" 등 교류협력 관련 의제에 합의
4) 평양공동선언 제2조 "남과 북은 상호호혜와 공리공영의 바탕 위에서 교류와 협력을 더욱 증대시키고, 민족경제를 균형적으로 발전시키기 위한 실질적 대책을 강구", 제4조 "남과 북은 화해와 단합의 분위기를 고조시키고 우리 민족의 기개를 내외에 과시하기 위해 다양한 분야의 협력과 교류를 적극 추진하기로 하였다."

남북 양 정상이 함께 이를 인식하고 있음을 보여주었다. 여기서 무엇보다 주목해야 할 것은 9.19 평양공동선언과 함께 "군사분야 합의서"가 체결되었다는 것이다. 특히 동 합의서 제4조 1항에서 '쌍방은 남북관리구역에서의 통행·통신·통관(3통)을 군사적으로 보장하기 위한 대책을 마련하기로 하였다.' 그리고 2항에서는 '쌍방은 동·서해선 철도·도로 연결과 현대화를 위한 군사적 보장대책을 강구하기로 하였다.'로 규정함으로써 남북교류협력을 추진함에 있어서 반드시 요구되는 실질적 군사적 보장조치에 합의했다.[5]

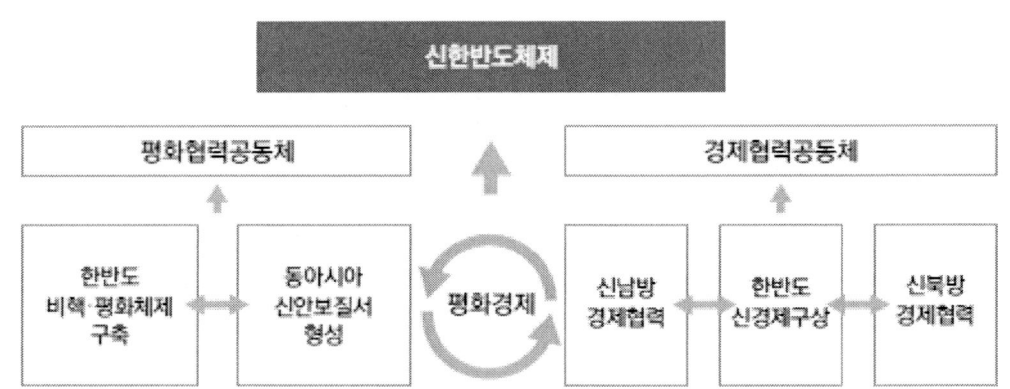

출처: 조한범, "신한반도체제 구상의 이해," 『KINU Insight』 No.7 (서울: 통일연구원, 2019), p.15.

[그림 6-1] 신한반도체제의 개념

'한반도 신경제구상'은 3대 벨트와 하나의 시장으로 집약되는데, 이중 접경지역 평화벨트는 DMZ 및 접경지역의 평화적 이용을 통해 실현가능하다. (한반도 신경제구상이든) 신한반도체제 구상은 궁극적으로 한반도의 평화체제를 구축하는 것을 목표로 하고 있으며, 이 과정에서 DMZ 및 접경지역의 평화적 이용은 이를 위한 실천적 전제조건이다. 왜냐하면, 남북한이 화해협력하면서 공존·공영하겠다는 적극적 의지는 무엇보다 한반도의 중심에 위치한 DMZ에서 남북이 평화적으로 협력하는데 서로가 합의할 수 있느냐의 여부에서 확인될 수 있기 때문이다.

이렇듯 한반도의 평화번영에 있어 DMZ가 갖는 중요성으로 인해 문재인 대통령은 지난해 6월 오슬로포럼 연설에서 '접경위원회' 제안을 시작으로 9월 유엔 총회연설에서 'DMZ 국제평화지대화'를 북한과 국제사회에 제안하였다. 지난해 비핵평화 프로세스의 교착으로 남북관계가 사실상 중단되면서, 문재인 대통령은 금년 신년사를 통해 'DMZ 국제평화지대화' 및 접경지역 협력을 북한에 다시금 제안하면서 남북관계의 개선을 모색하고 있다.[6]

---

[5] 국방부 대북정책관실, 『판문점선언 이행을 위한 군사분야 합의서』 해설자료," (2018), p.19; 이우태·나용우, "남북 접경지역 협력: 육상 협력," 현승수 외, 『한반도 평화·번영 실현을 위한 국경 협력』(서울: 통일연구원, 2019), pp.68-69.

[6] "文대통령 "삶이 나아지는 평화…접경지역 피해부터 해결돼야"(속보)" 『new1뉴스』 2019년 6월 12일.

이에 본 연구에서는 그동안 대결과 단절의 상징이었던 DMZ가 한반도 평화시대를 정착하기 위한 연결과 공존의 공간으로 재구성될 수 있는지를 남북교류협력의 측면에서 살펴보도록 한다. 실제 접경지역간 협력의 사례들을 통해 남북 접경지역의 협력을 위한 시사점을 도출하고, DMZ의 평화적 이용을 위한 추진과제를 제시하도록 한다.

제2절 접경지역(borderlands)의 유형과 남북 DMZ 접경지역

일반적으로 접경지역은 국가간 영토적 경계가 되는 경계선을 맞대고 있는 지역을 지칭하는 것으로 주권국가의 공간적 관할권이 배타적으로 미치는 범위로 국가간 영토나 공해를 가르는 경계선에 접한 지역을 의미한다.[7]

국가 간의 경계를 구분하는 접경 혹은 국경지역은 중심과의 격차가 크고 개발의 필요성이 크지 않은 미개발지역으로 간주되는 경우가 많다.[8] 이는 국경지역이 정치·경제·사회·문화 등에서 상이한 외부와 접하고 있어, 외부로부터 위험이 지속되고 있기 때문에 국가의 정치경제적 통합과정에서 주변부가 될 가능성이 크다. 그에 따라 접경 혹은 국경지역 거주자들은 중앙정부와는 다른 자신들의 이익을 달성하기 위해 국경도시(지역)간 협력을 추진하기도 하였다. 역사적으로 보더라도 실제 접경(국경)지역들은 반드시 긴장과 갈등이 존재하지는 않는다.[9] 접경지역에서 얼마나 활발한 상호작용이 이뤄지는가에 따라 접경의 종류를 4가지로 분류할 수 있다.[10]

---

http://news1.kr/articles/?3643901 (검색일: 2020년 2월 20일); "문재인 대통령 유엔 총회 기조연설 [전문]," 『뉴스타운』 2019년 9월 25일. http://www.newstown.co.kr/news/articleView.html?idxno=427486 (검색일: 2020년 2월 20일); "[전문] 문재인 대통령 2020 신년사," 『한국일보』 2020년 1월 7일. https://www.hankookilbo.com/News/Read/202001070968360390?did=DA&dtype=&dtypecode=&prnewsid= (검색일: 2020년 2월 20일).

7) 박은주, 「한반도 신경제구상 및 접경지역 발전을 위한 제언」, 한국동북아논총, 23집 4호 (2018), p.51.
8) 원동욱, 「변경의 정치경제학: 중국 동북지역 개발과 환동해권 국제협력 구상」, 아태연구, 제22권 2호 (2015), p.32.
9) 나용우, "정치경제적 차원의 국경 협력의 실제와 동북아 국경 협력의 가능성," 이기태 외, 『국경 협력의 가능성과 미래』(서울: 통일연구원, 2018), p.93.
10) 마르티네스는 국경분석에 새로운 접근법으로 접경지역 상호작용에 주목해 4가지 모델을 제시하였다. Oscar J. Martinez, "The Dynamics of Border Interaction: New Approaches to Border Analysis," Clive H. Schofield, *Global Boundaries: World Boundaries* (N.Y.: Routledge, 1994), pp.1-14.

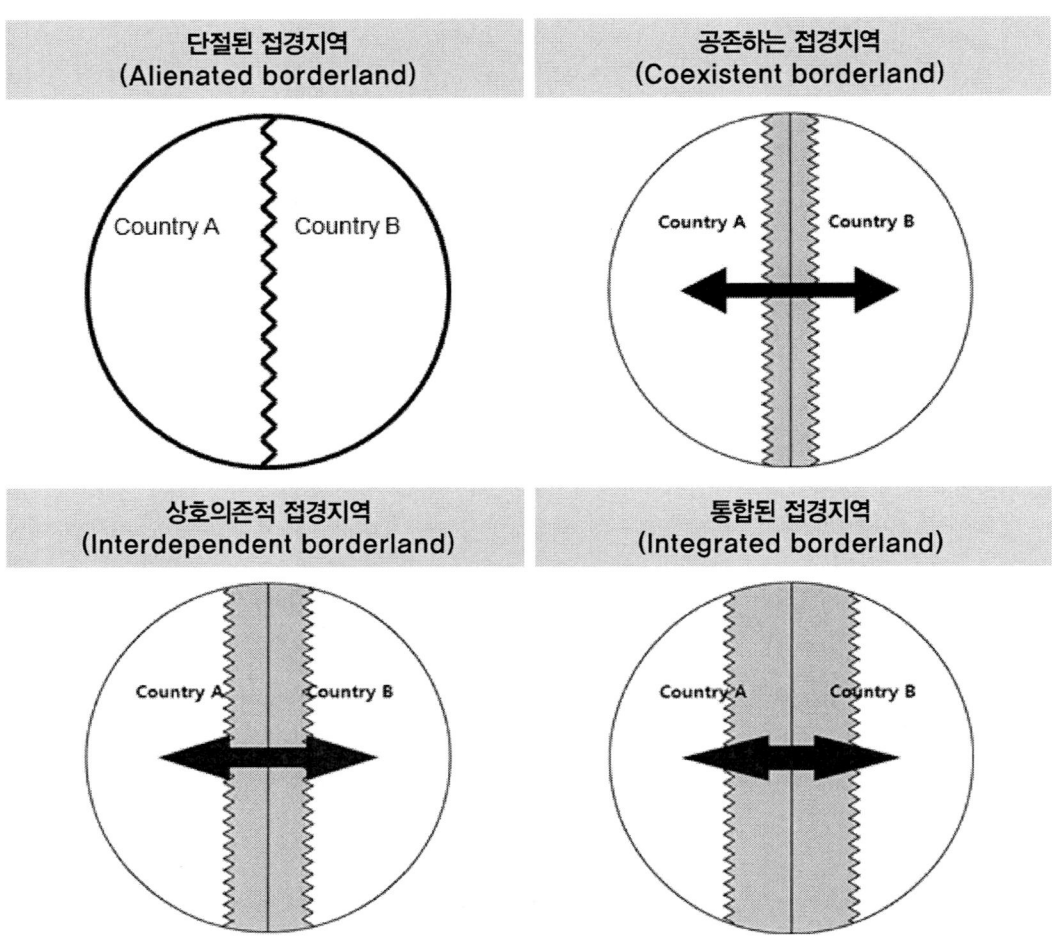

출처: Martinez, 위의 글, p.3; 김형수·이필구, "마르티네스의 상호작용 모델을 활용한 남북접경지역의 평화적 활용 방안," 『평화학연구』 제18권 3호 (2017), p.225; 나용우, 위의 글, p.94.

[그림 6-2] 상호작용에 따른 접경지역 유형

첫째, 단절된 접경(Alienated borderlands)[11]으로 일상적인 국경 간의 교류가 실질적으로 존재하지 않는 지역이다. 경계는 폐쇄적 기능을 담당하고 있어 국경을 넘나드는 상호작용은 전혀 일어나지 않는다. 이러한 접경지역은 전통적인 국경과 유사하다. 두 번째는 공존하는 접경(Coexistent borderlands)으로 각국이 현존하는 국제적인 국경갈등을 다루기 쉬운 수준으로 줄이거나, 한 국가 또는 양국의 불리한 내부조건으로 인해 양국의 협력이 배제된 경우 인접한 국경지역에서 공존이

---

11) 기존 국내 연구들에서는 주로 'Alienated borderlands'를 소외된 접경지역으로 번역하지만, 접경지역간 상호작용의 측면에 주목한다면 중앙으로부터 소외되었다기보다 접경지역간 분리를 의미하기에 단절된 접경지역으로 해석하도록 한다.

가능하다. 세 번째는 상호의존적 접경(Interdependent borderlands)으로 이 지역 주민들은 서로에 대해 친숙하고 협력적인 관계를 형성한다. 마지막으로 통합된 접경(Integrated borderlands)으로 안정적이고 영구적이며 양 지역간 경제는 기능적으로 통합되어 국경을 통과하는 인적·물적 교류가 활발하게 이루어진다.[12] 자본, 생산품 및 노동은 중대한 제약 없이 한 지역에서 다른 지역으로 자유롭게 이동한다. 이 단계에서 인접국가들은 상호 국경을 넘어 사람과 상품의 이동에 대한 기존의 장벽과 모든 정치적 차이를 제거한다.[13]

마르티네스의 4가지 유형 중 남북 접경지역은 DMZ로 상징화되는 단절된 접경이었다. 일반적으로 접경지역은 대체로 중심으로부터 멀리 떨어진 변경에 있지만, 지리적으로 남북 접경지역은 한반도의 중심에 있다.

한국전쟁이 정전협정 체결로 정지됨에 따라 당시 남북간 군사적 대치선을 기준으로 경계선이 설정되었으며, 남북간 군사적 충돌을 방지하기 위한 목적으로 군사분계선(MDL: Military Demarcation Line) 기준 남북으로 각각 2km, 총 4km의 폭을 가진 비무장지대(DMZ)가 설치되었다. 이후 남북간 군사적 대치가 지속되면서 DMZ와 접경지역은 민간인의 접근이 극도로 제한된 지역이 되었다.

출처: 김형수 외, 「남북접경지역 개발협력사업 모델 구축 방안 연구」, 경기도의회 정책연구용역 보고서 (수원: 경기도의회, 2019), p.23에서 인용

[그림 6-3] 남북 접경의 3가지 경계선: 비무장지대, 한강하구 중립수역, 북방한계

---

12) Martinez, 위의 글, pp.3-5.
13) 김형수·이필구, "마르티네스의 상호작용 모델을 활용한 남북접경지역의 평화적 활용 방안," 『평화학연구』 제18권 3호 (2017), pp.223-225.

남북 접경은 법적 위상이 상이한 DMZ, NLL,[14] 한강하구 중립수역[15]이라는 3가지 유형의 경계가 존재하고 있지만, 기본적으로 이들 경계는 사람과 물자의 이동을 철저하게 통제하는 단절의 경계선이다. 남북 간 정치·군사적 긴장이 지속하면서 남북 접경은 세계 최고 수준의 군사력이 밀집되었으며, 이 상태는 지난 70여 년 동안 유지되고 있다. 접경지역에 광범위하게 설정된 군사시설 보호구역은 일상생활의 불편은 물론이고, 재산권 등 기본권의 제한과 지역발전의 장애로 작용하여 경제적으로 낙후한 지역으로 존재하고 있다.[16]

그러나 최근 남북관계가 신속하게 개선되면서 남북간 첨예한 갈등과 대립의 선으로 분할하던 DMZ에서 남북간 상호협력이 유례없이 빠른 속도로 이루어졌다. 9.19 군사분야 합의서 서명 이후 지금까지 육·해·공 적대행위 금지를 시작으로 판문점 공동경비구역(JSA) 비무장화, DMZ 감시초소(GP) 각각 11개 시범철수, 한강하구 공동수로조사 등을 이행했다. 6.25전쟁 전사자 공동유해발굴을 위한 사전 작업으로 화살머리고지 일대 군사분계선(MDL)을 관통하는 비포장전술도로를 연결하기도 했다. 이처럼 남북을 동서로 가로질렀던 대립과 갈등의 경계선은 양측이 상호협력하는 연계와 공존의 공간으로 변화하고 있다.

이처럼 DMZ 및 접경지역은 한국, 나아가 동북아라는 충분한 배후시장을 갖는 등 발전 잠재력이 높으며, 주요 교통망의 통과지역으로 남북간 연결이 용이할 뿐 아니라 생태환경의 특수지역으로 보전가치가 높은 지역이다. 남북 교류협력의 측면에서 이 지역은 남북경협의 활성화 및 국토의 효율적 이용, 재해의 공동대처, 역사유적지 공동발굴 및 보전, 자연환경 보전 및 관리 협력이 가능한 지역이다. DMZ 및 접경지역이 갖는 특성을 강점, 약점, 기회요인과 위협요인 등을 다음 [그림 6-4]와 같이 정리할 수 있다.

DMZ 접경지역의 강점은 한반도의 중앙지대에 있어 남북의 주요 교통망이 이곳을 통과하기 때문에 남북 물론 대륙까지의 연결 통로가 됨으로써 인적·물적 교류의 중핵지대라는 것이다. 또한 분단과 군사적 대치로 이 지역에 대한 출입 통제에 의해 자연환경이 보전됨에 따라 우수한 자연생태계가 조성되어 있다. 특히 사라져 가는 희귀생태자원이 발견되고 있어 보전의 가치가 높고 나아가 관광자원으로 활용할 수 있는 귀중한 자원을 보유하고 있다. 군사시설보호구역으로 지정됨에 따라 국토의 중앙지대에 넓은 미개발토지자원을 비축하게 해 향후 이용가능한 자산이 되고 있다. 거대시장인 수도권과 인접해 있을 뿐 아니라 동북아경제권 배후시장과 지리적으로 인접해 있어 미래 경제발전 잠재력이 높다.[17]

---

14) 서해 NLL은 영해 기준인 3해리를 고려하고, 서해 5도와 북한 지역과의 개략적 중간선을 기준으로 설정되었다. 동해는 군사분계선의 연장선을 기준으로 북방경계선(NBL: Northern Boundary Line)을 설정하였다. 그러다 NBL은 1996년 7월 이후 북방한계선(NLL)으로 그 명칭이 통일되었다. 최용환, 「한강하구 모래 준설을 위한 한강하구 중립지역 관할권 검토」, Policy Brief, 2008-5 (수원: 경기연구원, 2008) 참조.

15) 정전협정에 따르면, DMZ에서 인적, 물적 이동이 철저하게 제한되는 반면 한강하구 중립수역은 민간 선박의 무해통항을 허용하도록 하고 있다. 김형수 외, 「남북접경지역 개발협력사업 모델 구축 방안 연구」, 경기도의회 정책연구용역 보고서, (수원: 경기도의회, 2019), p.24.

16) 같은 글, p.24.

17) 김영봉, 「한국접경지역의 공간적 특성과 남북한 평화적 이용방안」, 접경지역통일연구, 제1권 1호 (2017), p.51

강점(Strength)	약점(Weakness)
남북 연결 교통망 통과지역 역사 및 생태관광 자원, 미개발 토지자원 한반도 중심에 위치, 배후시장의 영향권 국제적인 환경보존지역	인프라 부족으로 산업입지 취약 군사보호구역 등 과도한 규제 및 정주환경 취약 군사시설 집중 배치 개발에 따른 환경 훼손
기회(Opportunity)	위협(Threats)
남북교류협력 증대 및 교통망 연결 접경지역지원특별법 개정 및 종합계획 수립 환황해 및 환동해 교류협력 관계 진전 개성공단/금강산관광 재개	북 핵협상의 지연 북한의 접경에 대한 인식 지자체들간의 과도한 경쟁 경제논리 중심의 대북투자

출처: 김영봉, 「한국접경지역의 공간적 특성과 남북한 평화적 이용방안」, 접경지역통일연구, 제1권 1호(2017), p.53을 참조해 저자가 수정

[그림 6-4] DMZ 접경지역의 환경

접경지역의 약점으로는 이 지역이 군사작전지역으로 철저한 통제와 규제로 인해 사회간접자본이 열악하고, 교통망의 정비 및 기반 인프라가 제대로 구축되지 않아 지역이 매우 낙후되어 있다. 군사보호시설로 지정되어 있어 출입 및 경제활동이 용이하지 않아 주민들의 정주환경이 매우 취약하다. 산업입지에 대한 규제는 지역산업의 발전을 위축시켜 지역의 산업기반이 형성될 수 없었고, 지역 내 군부대에 제공하는 서비스산업에만 의존하는 한계를 보이고 있다. 이 지역에 집중배치된 군사시설은 지역의 정상적 경제발전에 가장 큰 장애이다.[18]

기회요인도 존재하는데, 대북제재 등으로 인해 여전히 어려운 대내외적 여건이지만 접경지역을 중심으로 남북교류협력을 재개하려는 노력이 진행되고 있다는 것이다. 남북관계 개선이 이루어질 경우, 이 지역은 교류협력의 전진기지로서 역할할 수 있다.[19] 2011년 접경지역지원특별법 개정 이후 종합개발계획 수립 필요성에 대한 공감대 확산은 접경지역이 교류협력의 핵심지대로 기능할 수 있는 긍정적 환경을 조성하고 있다.

위협요인으로는 아직도 해결되지 않고 있는 북핵문제가 남북관계에 있어 핵심적인 장애이다. 또한 이 지역이 갖는 또 다른 어려운 문제는 보전과 활용보다 획일적 환경규제에 따른 교류협력사업 추진과의 마찰이다. 북한 지도부의 접경지역에서의 교류협력 활성화에 대한 우려 역시 중요한 위협요인이 되고 있다.[20]

---

18) 김영봉, 위의 글, pp.51-52.
19) 김영봉, 위의 글, pp.51-52.
20) 김영봉, 위의 글, p.52.

제3절 접경지역간 국제협력의 사례

접경지역에서의 국제적 협력 사례는 DMZ의 개발을 위한 선행사례로서 많은 시사점을 줄 수 있다. 먼저 동서독에서의 접경지역 협력 사례이다.[21] 동·서독과 남북한은 분단국이라는 공통점에도 불구하고, 전쟁의 경험, 대립의 수준에서 큰 차이를 보이기 때문에 독일의 경험이 한반도에 직접적인 적용사례가 되기는 어렵다. 그럼에도 동·서독간 접경협력은 남북 접경지역 협력의 방향 설정에 도움이 된다. 동서독 접경협력은 국내정치적 변화와 무관하게 지속되었다. 그러나 우리는 정부가 교체되는 경우 이전 정부의 남북간 합의사항을 이행하지 않음으로써 정책적 지속성이 유지되지 못하곤 했다. 정책적 일관성 없이는 긴 호흡으로 진행되는 접경지역의 협력(더 크게는 남북교류협력도)은 이루어지기 어렵다. 과거 동·서독 교류협력에서, 특히 서독에서처럼 내독관계에 대한 초당적 협력이 필요하다. 이를 위해서는 대북통일정책에 대한 국민적 공감대가 확보되어야 한다. 두 번째로 접경지역지원법에서 안정적인 재원조달방안이 마련되어야 한다. 독일의 경우 재원조달은 주정부와 연방정부가 협력하고, 집행은 주정부가 주도했다. 우리의 경우 접경지역 개발은 남북협력기금의 대상이 아니다. 그러나 접경지역이 남북교류협력과정에서 차지하는 비중과 역할을 고려할 때 지원대상으로 포함될 필요가 있다. 마지막으로 동서독은 분단시기 지속적으로 물류협력의 기반을 구축 및 확대해왔다. 고속도로 건설과 보수 및 물류체계 개선을 제도적 차원에서 지속적으로 발전시켰다. 이러한 물류체계의 개선은 접경지역 발전에서 중요한 역할을 했었다. 한반도 신경제구상 실현의 토대는 바로 남북을 연결하는 물류체계를 구축하는 것이다.

중국-홍콩 접경지역 협력 및 중국-대만간 협력도 성공적인 성과를 산출한 사례들이다.[22] 먼저 일국양제를 채택하고 있는 중국은 홍콩이 반환된 이후 포괄적 경제동반자협정(CEPA)을 체결하였다. 특히 션전과 홍콩은 지리적으로 가까워 1978년 중국의 개방 조치 이후부터 접경도시간 교류가 활발하게 이루어졌지만, 쿼터제를 도입해 양국간 이주를 제한적으로만 허용했다. 반환 이후에도 중국은 홍콩의 정치·경제적 특수성을 인정하면서 교류협력을 지속하였다. 션전-홍콩 접경지역의 협력은 정치적 목적보다는 경제적 필요에 의해 협력이 이루어졌다. 션전은 홍콩의 투자를 필요로 했고, 홍콩은 낮은 임금과 생산 거점이 필요했다. 초기 션전-홍콩은 소규모 위탁가공업으로 시작해 점차 관광업과 부동산 등으로 그 영역을 점차 확대하였다. 그 결과, 심천은 초기의 노동집약적 산업에서 기술집약적 산업으로 전환할 수 있었으며, 1990년대 중반 이후에는 하이테크 도시로 전환에 성공하였다.[23]

한편, 중국 푸젠성과 대만의 마주·진먼섬은 매우 가까이 위치해 있어 양안 간 군사적 충돌이 가장 빈번하게 일어났던 지역이었다. 대만은 2001년 1월 1일부터 진먼섬, 마주섬, 펑후제도(澎湖諸島) 등 3개 섬과 중국 푸젠성 연해 도시들과의 선박, 항공기, 우편 등에 대한 3통(통상, 통항, 통우)을 시범 도입한 이후 2008년 12월 15일 3통을 본격적으로 실시하였다. 그에 따라 푸젠성의 샤먼(廈門)

---

21) 김연철, 「접경지역 발전의 모델 연구: 월경 협력 사례와 시사점」, 춘천: 강원발전연구원, 2013, pp. 5-18.
22) 박은주, 위의 글, pp.59-60.
23) 김연철, 위의 글, pp.21-32.

경제특구 및 대만기업투자구에 대한 대만 기업의 투자가 활발히 일어나고, 간접적인 인적·물적 교류가 활발히 진행되면서 이들 접경지역에서의 군사적·정치적 위협이 줄어들었다.[24]

마지막으로 예멘의 접경지역에서의 자원공동개발 사례이다. 남북 예멘은 이데올로기 대립으로 1972년 9월 국경지역에서 첫 충돌이 발생한 이후, 휴전협정을 체결하고 통일원칙에 합의하였다. 하지만 1980년대 말 접경지역에서 원유가 발견되면서 남북예멘 간의 군사적 긴장이 고조되자 전쟁을 방지하기 위하여 천연자원을 공동 개발한다는 원칙에 합의하였다. 「남북예멘 공동합의서」를 바탕으로 마리브 지역과 샤브와 지역에서 석유의 공동 개발을 추진하고 접경지역 2,200㎢에 대한 비무장지대화에 합의한 것이다. 남북예멘은 석유개발을 위하여 합작회사를 설립하고 미국, 러시아, 프랑스 등 회사들과 다국적 조합을 구성하여 적극적으로 사업을 추진하였다.[25]

앞에서 살펴본 접경지역의 국제적 협력사례들로부터 확인할 수 있는 것은 다음과 같다. 첫째, 중국-대만 사례에서 확인되듯, 반민반관의 협력적 거버넌스를 활용해 양자간 갈등에도 불구하고 양안 교류를 효율적으로 지속할 수 있었다는 것이다. 둘째, 동서독의 경우처럼 접경간 교류협력은 기본적으로 중앙정부와 지방정부가 함께 수행하지만, 구체적 사업을 추진하는 데 지방이 중요한 역할을 담당했다는 것이다. 중앙정부의 입장에서는 협력을 진행함에 있어 정치적 및 행정적 부담을 줄일 수 있고, 지방의 입장에서는 지역차원의 사회경제적 이익을 확대할 수 있다. 마지막으로, 동서독, 중국-대만 교류에서 확인했듯이 비정치적·비군사적 차원의 협력을 지속적으로 전개함으로써 접경지역에서의 협력을 성공적으로 진행될 수 있었다는 것이다.

제4절 단절의 선에서 연결과 공존의 공간으로의 DMZ 활용방안

남북간 단절과 대립의 선인 DMZ를 남북협력을 위한 공간으로 활용하고자 하는 논의는 1970년대부터 단속적이었지만 꾸준히 제시되었다. 특히 냉전시기 평화지대 설치는 주로 군사적 측면에 초점이 맞춰져 있었고, 탈냉전기 들어서는 환경, 생태 등 비군사적 이슈들을 중심으로 DMZ의 활용방안이 주를 이루었다. 남북교류협력이 본격화되었던 2000년대 이후 남북 철도도로 연결, 접경지역의 개발 등이 제안되기도 했다. 〈표 6-1〉에서 확인되듯, 다양한 제안들이 제시되었음에도 불구하고 현실 가능성은 그다지 높지 못했다. 그것은 바로 남북간 대립, 특히 군사적 대치상황에서 그러한 제안들만으로 대립의 최전선인 DMZ에서의 협력은 불가능했기 때문이다.[26]

---

24) 장윤정, 「홍콩·대만·중국의 상호접경지역 협력사례 연구」, 인천: 인천발전연구원, 2008, pp.93-122.
25) 김국신, 『예멘 통합 사례연구』(서울: 민족통일연구원, 1993), p.89.
26) 박형준, 위의 글. pp.209-212; 이우태·나용우, 위의 글, pp.66-67.

<표 6-1> DMZ의 평화적 이용과 관련된 제안들

시기	제안주체	주요 내용	비고
1971년 6월	유엔군 수석대표 로저스 장군 (F. M. Rogers)	- 쌍방이 합의된 지역으로 군사인원 철수, 군정전위 군사시설 파괴조치, 전 DMZ의 비무장화, 무장인원의 비무장지대 출입금지 등 4개항 제안	
1972년 6월	북한 당국자	- DMZ내 병력감축과 시설의 철수를 위해 협상할 용의 표명	
1982년 2월	손재식 국토통일원장관	- 경의선 도로연결 - DMZ내 공동경기장 건설 - 자연생태계 공동학술조사, 군사시설 완전 철거 - 설악산·금강산 자유관광지역 공동설정 - 군비통제, 군사책임자간 직통전화 설치 - 판문점을 통한 외국인 자유왕래 - 자유로운 남북 공동어획구역 설정	민족화합 시범실천사업 (20개항 중 DMZ 관련 7개항 제시)
1988년 10월	노태우 대통령	- DMZ 평화시 건설(이산가족면회소, 민족문화관, 남북연합기구)	유엔총회 연설
1989년 10월			국회연설
1991년 12월	남북한	- DMZ 평화적 이용(신뢰조성방안)	남북기본합의서
1992년 1월	노태우 대통령	- 남북공동출자 합작공장 설치	연두기자회견
1994년 8월	김영삼 대통령	- DMZ 자연공원화	
2007년 10월	노무현 대통령	- DMZ내 초소(GP) 및 중화기 철수	남북정상회담
2008년 2월	이명박 대통령	- DMZ 생태·평화공원 조성	국정과제
2013년 5월	박근혜 대통령	- DMZ내 세계평화공원 조성	미 상하원 합동회의 연설
2013년 7월			정전60주년 기념사
2014년 9월		- 'DMZ 세계생태평화공원' 필요성 및 국제사회 협력 요청	UN총회 연설
2017년	문재인 대통령	- '한반도 신경제지도 구상 및 경제공동체 실현' 과제의 하나로 '접경지역 평화벨트' 구상	국정기획자문위원회
2018년 9월		- 「판문점선언 군사분야 이행을 위한 합의서」	평양공동선언
2019년 6월		- '접경위원회' 제안	오슬로포럼
2019년 9월		- 'DMZ 국제평화지대' 제안	UN총회 연설

※ 출처: 박형준, "DMZ 평화 창출을 위한 신기능주의적 접근," 『동북아연구』 제33권 2호 (2018), pp.211-212를 인용해 저자가 보완.

그러나 4.27 판문점선언과 9.19 평양공동선언을 계기로 시작된 남북간 군사분야에서의 협력은 새로운 기회를 제공하고 있다. 그동안 단절과 대결의 선이었던 DMZ를 서로를 연결하고 함께 번영할 수 있는 공존의 공간으로 변모시킬 수 있는 효과적인 방안들을 몇 가지 제시해보고자 한다. 다만 여기서 간과되어서는 안 되는 것은 과거 남북간 교류협력의 경우 북한을 수혜의 대상으로만 인식하고 일방적으로 지원해왔는데, 이제는 북한에게 절실한 수요(needs)를 충족하는 현실적 이익과 함께 우리의 이익 역시 확대될 수 있어야 한다는 것이다.

1. DMZ 공동농업지구 설치 및 공동운영

DMZ의 평화적 이용은 DMZ 접경의 낙후된 지역발전을 촉진하고 양측 주민들의 실질적인 삶을 개선하는데 기여할 수 있어야 할 것이다. 이런 차원에서 북한의 열악한 식량상황을 고려할 때, DMZ의 평화적 이용은 농업부문의 협력에서부터 출발할 수 있다. 실제 북한 역시 1990년대 말부터 DMZ 접경지역(전연지대)을 개발하고 있는 것으로 알려지고 있다. 토지정리사업과 물길 및 댐 공사들이 대표적인 사업들이다. 토지정리를 통해 부족한 농지를 확대하고, 물길공사를 통해 관개능력을 확충할 뿐만 아니라 댐을 건설함으로써 부족한 전력을 생산하기 위한 것이다.[27]

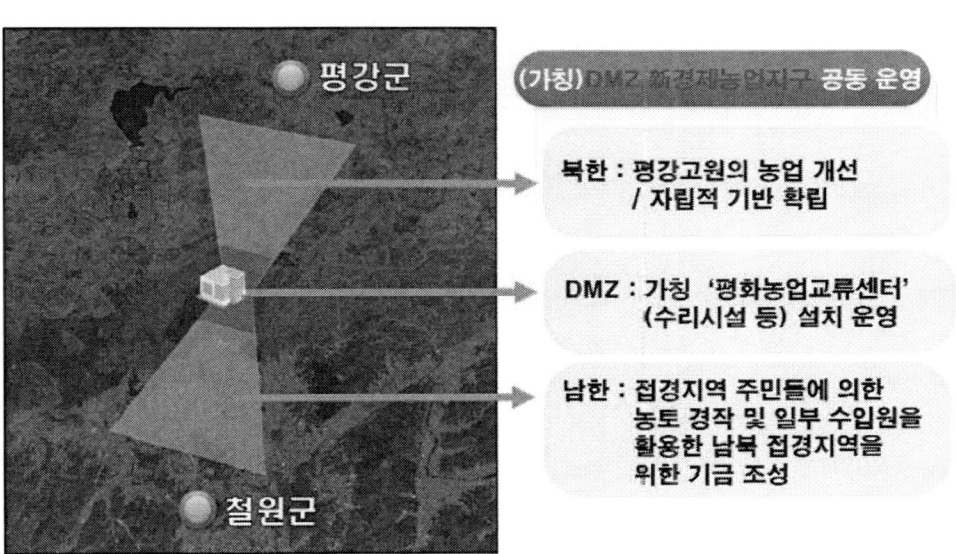

출처: 김창환, "DMZ의 지속가능한 개발은 가능한가?," 『DMZ의 현재와 평화공존의 미래상』 (통일연구원 2019 DMZ 평화포럼 자료집, 2019년 9월 27일), p.125.

[그림 6-5] DMZ 신경제 농업지구

---

27) 이창희, 「DMZ의 역설과 평화지대 전환 구상」, 접경지역통일연구, 제1권 2호 (2017), pp.109-114.

DMZ 내 '평화농업교류센터' 설치 제안[28]은 남북간 DMZ의 평화적 이용 차원에서 고려할 수 있는 협력사업이다. 특히 평강고원은 닭우리벌 개간사업을 통해 경지를 확장해 북강원도에서 가장 넓은 경지면적이며, 우리 측 철원과 근접해 있어 남북간 협력이 용이하다. '평화농업교류센터' 운영을 통해 북한은 평강고원 일대의 농업을 발전시킬 수 있으며, 우리 측은 철원 주민들의 농토 경작 등 수입을 확대할 수 있을 것이다.

[그림 6-6] 영농형 태양광발전

특히 북한의 적극적인 협력을 유인하기 위해서는 전통적 방식의 농업협력을 넘어서는 협력을 모색할 필요가 있다. 이러한 측면에서 북한이 최근 관심을 보이는 스마트팜을 적극적으로 활용할 필요가 있다.[29] 평화농업교류센터 내에 스마트팜을 통해 남북간 농업기술협력을 실시하고, 그것의 에너지원으로 태양광을 활용해 새로운 혁신모델을 구현할 수 있을 것이다. 이는 북한의 부족한 에너지원을 확대하는 방식이 될 뿐 아니라 농업 생산물 확대에도 기여할 수 있다. 우리에게도 현재 일부 운영 중인 '영농형 태양광발전' 농업기술을 스마트팜과 결합시킴으로써 농업기술의 혁신 및 생산의 효율성을 제고할 수 있을 것이다. 이러한 협력은 남북 양측의 이익을 확대할 수 있는 새로운 농업협력모델을 제시할 수 있다.

---

28) 김창환, 「DMZ의 지속가능한 개발은 가능한가?」, DMZ의 현재와 평화공존의 미래상(통일연구원 2019 DMZ 평화포럼 자료집, 2019년 9월 27일), pp.124-125.
29) 2018년 11월 15일 경기도 국제학술회의 참석하기 위해 방문한 리종혁 조선아시아태평양위원회 부위원장은 경기도농업기술원을 방문해 경기도의 스마트팜에 큰 관심을 보인바 있다.

2. DMZ 국제평화대학 및 국제기구 설치

　DMZ는 전쟁의 상흔으로 가득한 역사의 비극이지만, 한반도 평화를 완성해가는 과정이라는 역사적 상징이기도 하다. 이런 점에서 평화정착에 기여할 인재를 육성함으로써 남북 뿐 아니라 글로벌 평화에 기여할 수 있다. 일본에 있는 UN University는 좋은 선행사례이다. 1975년 공식 설립된 UN 대학은 일본에 본부를 두고 전 세계에 분산된 산하 13개 대학과 프로그램을 운영함으로써 UN 회원국들의 주요 대학과 연구소들과 유기적 협력을 통해 국제학술공동체를 형성하고 있다. 국제평화대학에서는 지역통합학, 평화학 등 인문학 분야 뿐 아니라 DMZ에 설치될 태양광 및 스마트팜 등 기술의 선진화, 고도화하기 위한 과학기술 분야 등에 대한 교육을 실시함으로써 DMZ 협력사업의 현실화에도 기여할 수 있다.

　지난 9월 UN 총회에서 문재인 대통령은 DMZ 국제평화지대화를 제안하면서 UN 국제기구의 유치를 하나의 과제로 제시하였다. 이러한 과제는 몇 가지 고려할 사항이 있다. 우선 군사분계선을 기준으로 남북 각각 2km로 설정된 DMZ 내 국제기구를 유치할 수 있는 공간적 영역-생태 및 환경보존도 고려해야 함-이 충분치 않을 뿐 아니라 그 수와 위치를 가늠하기 어려운 지뢰들도 매설되어 있다. 이러한 물리적 장애들이 해소된다고 하더라도 현재 운영되고 있는 국제기구를 유치하는 것은 또 다른 차원의 문제이다. 따라서 남북한 협의를 통해 생태의 보고 DMZ, 평화의 한반도라는 상징성을 토대로 평화와 생태(환경)를 결합한 새로운 국제기구를 출범시키는 것도 하나의 대안이 될 수 있을 것이다.

3. 공유하천 공동관리를 통한 남북협력

　문재인 대통령은 지난해 6월 오슬로포럼에서 접경지역에서 화재, 홍수, 산사태나 전염병, 수자원 오염문제가 발생했을 때 접경위원회를 통해 신속하게 공동 대처했던 동서독 접경위원회를 좋은 사례로 언급하면서, 접경지역 협력을 강조한 바 있다.[30] 당시 심각한 하천오염문제의 해결을 위해 동서독은 접경위원회를 설치 운영하였고, 엘베강, 뢰덴강 오염문제 협의를 계기로 점차 수자원 관리 등 상호호혜적인 이용 등 접경지역 주민들의 복리에도 기여했을 뿐 아니라,[31] 상호신뢰를 구축함으로써 동서독 통일에 기여했던 것을 선행모델로 활용할 필요가 있다.

　남북 접경의 공유하천 공동관리에 대한 제안은 이미 2000년부터 시작되었다. 우리 정부는 2000년 남북정상회담 이후 북측에 임진강 공동수해방지사업을 제안했고, 동년 9월 제2차 남북 장관급회담에서 "남과 북은 조속한 시일 내에 임진강 수해방지 사업을 공동으로 추진"에 합의하였다.[32] 그러나 이후

---

30) "文대통령 "삶이 나아지는 평화…접경지역 피해부터 해결돼야"(속보)" 『new1뉴스』 2019년 6월 12일. http://news1.kr/articles/?3643901 (검색일: 2020년 2월 20일)
31) 이우태·나용우, 위의 글, p.78.
32) 통일부 북한정보포털, '임진강 수해방지 사업,' 〈https://nkinfo.unikorea.go.kr/nkp/term/viewKnwldgDicary.do〉 (검색일: 2019년 10월 2일).

구체적인 실무협의 과정에서 기초적인 공동조사에 대한 합의도 끌어내지 못한 채 종료되었다.[33]

그럼에도 남북을 가로지르는 하천 문제는 접경지역의 현실적인 피해를 야기하고 있기 때문에, 적극적인 협력을 모색할 필요가 있다. 한반도 중북부를 북에서 남으로 관통하여 흐르는 임진강은 우기에는 북측 황강댐 무단 방류로 남측 하류지역이 홍수 피해를 입고,[34] 갈수기에는 북측의 댐 담수와 유역 변경으로 인해 남측 하류지역이 건천과 물 부족 사태를 직면하고 있다.[35] 황강댐 담수 이후 임진강에서의 유량이 감소하고 있는데, 특히 갈수기에는 44.4%의 유량감소가 발생하고 있다. 문제는 임진강 하류인 경기북부의 경우 점차 용수 부족현상이 심화될 것이라는데 있다.[36] 따라서 남북 공동의 임진강 수계관리 시스템을 구축하고, 남측 임진강의 갈수기 수량을 확보하는 대신 임진강 북측 지역에 대한 사방 및 준설공사 등을 지원하는 협력을 추진할 필요가 있다. 또한 임남댐(금강산댐)과 평화의 댐을 연결해 내륙수운을 개발하고 이를 물류 유통 및 금강산 관광로 등으로 활용할 수 있으며, 동시에 화천댐까지 연계시켜 수도권 일원의 용수공급으로 활용하는 등 다목적댐으로 전환하는 등 수자원을 공동 이용하는 것을 고려할 수 있다.

이외에도 DMZ를 통과하는 교통망 연결을 통한 물류망 연계, 농업 및 수산협력, 생태 및 관광자원, 역사문화자원 등 남북한 모두 DMZ의 평화적 이용을 통해 남북 양측이 상호이익을 확보할 수 있으며, 이는 한반도 신경제의 DMZ 평화벨트를 완성해나가는 것이라 하겠다([그림 6-7] 참조).

---

33) 강택구 외, 『통일 대비 북한지역 자연재해 대응을 위한 자료 구축과 남북협력 방안 연구(I)』, 〈동아시아 환경공동체 발전전략 개발 및 협력사업 KEI 사업보고서〉(세종: 환경정책·평가연구원, 2016), pp.82~83; 임진강 수역 공동조사 건에 대한 합의가 난항을 거듭하는 동안 북한의 무단방류는 지속되었으며 방류 시 떠내려 온 목함 지뢰로 인해 남측 인명피해가 지속적으로 발생하였다. 이우태·나용우, 위의 글, p.65.

34) 북한은 2001년 이후 총 10차례 댐 방류를 실시했지만, 우리측에 사전예고를 한 경우는 2차례에 불과했다. 무단방류로 인한 임진강 유역의 홍수피해가 5차례 발생했다. 특히 2009년 무단방류로 인해 우리 국민 6명이 인명피해를 입기도 하였다. 장석환, "공유하천 임진강의 갈등과 상생방안," 『접경지역통일연구』 제1권 2호 (2017), p.59.

35) 이창희는 DMZ 접경지역에서 나타나고 있는 새로운 갈등요인으로 수자원 문제를 제기한 바 있다. 남북이 공유하고 있는 북한강과 임진강 등에서의 하천 개발문제는 해당지역의 주민 생존권을 직접적으로 위협하는 문제로 남북간에 평화적으로 시급히 해결되어야 한다. 이창희, 위의 글, p.116.

36) 한국환경정책평가연구원의 연구에 의하면, 임남댐 건설 이후 하류지역에 위치한 화천댐 지점의 유량이 56.1~75.0% 감소했다고 한다. 최용환, "DMZ 평화지대 조성을 위한 실천과제," 『접경지역통일연구』 제2권 2호 (2018), pp.57-58.

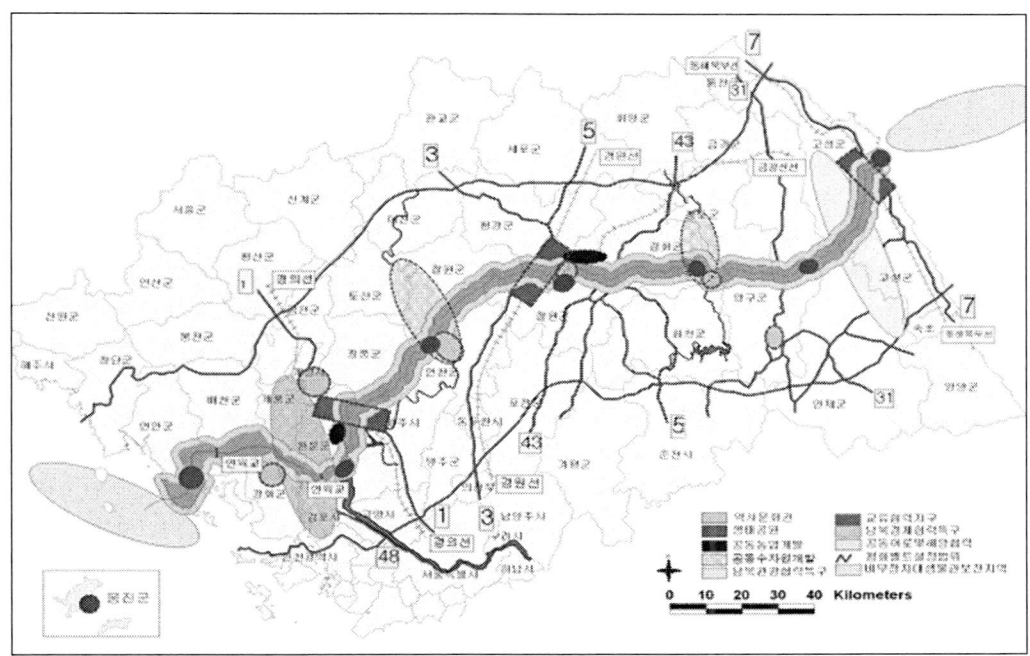

출처: 김영봉, "DMZ 평화적 활용방안," DMZ문화학교 강의자료 (2017).

[그림 6-7] DMZ 접경지역 평화벨트 주요 협력사업

제5절 결론: 남북 DMZ의 평화적 이용을 위한 추진과제와 선결조건

마지막으로 남북 DMZ의 평화적 이용, 남북 접경지역의 협력을 위한 몇 가지 과제를 제시해본다.

첫째, DMZ 접경지역의 평화적 이용 및 남북협력에 대한 국민적 합의를 이끌어야 내야 한다. '신경제구상' 또는 '신한반도체제' 등 국가 발전전략의 실천과제로 DMZ 접경지역 협력을 추진하기 위해서는 북한과의 합의와 함께 접경지역 주민을 포함한 전 국민의 지지가 필수적이다. 그동안 중앙정부와 지자체, 접경지역 주민, 환경단체 등 다양한 행위자들이 DMZ 접경지역 개발을 두고 심각한 갈등을 표출해왔다. 따라서 DMZ 및 접경지역에서의 교류협력을 위해서는 남북간 협력에 대한 우리 사회, 국민들이 DMZ의 평화적 이용에 대한 중요성을 공감하도록 노력해야 한다.

둘째, DMZ를 포함한 접경지역 내에 신성장 산업분야를 육성해 발전을 모색할 필요가 있다. 신성장산업을 강조하는 것은 해당지역의 발전에 그치지 않고, 남과 북의 배후지역으로의 확산효과를 갖고 있기 때문이다. 물론 과거 발전방안에서도 새로운 산업이 제시되기는 했지만, 전략적인 접근은 이루어지지 못했다. 각 지자체 혹은 부처별 등 여러 이해관계자들이 서로 상이한 발전계획을

수립함으로써 DMZ 접경지역을 포괄하는 종합발전계획이 마련되지 못했다. 현재와 같은 여러 층위의 법·제도적 규제가 개선될 필요가 있다.[37] 앞서 제안된 신경제공동농업지구('영농형 태양광발전 스마트팜')는 융합신기술을 활용한 새로운 남북협력모델일 뿐 아니라 남북 각자 농업기술의 혁신을 통한 생산성 제고에 기여할 수 있다.

셋째, 권역별 접경 협력방안을 구축해야 한다.[38] 인천, 경기, 강원 등 DMZ 접경의 지역적 특성을 반영한 권역별 종합계획을 마련할 필요가 있다. 그동안 접경지역 발전전략은 지역이기주의로 인해 종합계획을 수립하기 어려웠던 것이 사실이다. 남북관계가 개선된 최근에도 통일경제특구 설치와 관련해 많은 지자체들이 자신의 지역으로 유치하기 위한 치열한 경쟁을 벌이고 있다. 따라서 권역별 장점을 특화시키면서 경제적 시너지효과를 산출할 수 있는 권역별 특성화계획을 수립할 필요가 있다. 이와 관련해 접경지역 기초지자체들의 역량을 강화하는 것 역시 중요한 과제이다.[39] 광역지자체와 달리 기초지자체는 재정 및 인력의 제한으로 북한과의 협력을 추진하기 어렵다. 남북 교류협력에 대한 전문적 지식을 갖춘 인력을 확충하고, 협력사업의 직접적 행위자로서 재정 능력을 확보할 필요가 있다.

마지막으로 DMZ 및 접경지역만의 장점을 활용한 매력을 창출해야 할 것이다. 남북관계의 개선으로 교류협력이 본격화될 경우, DMZ와 그 인근지역은 남북으로 이동하는 통과지역으로의 위상만을 가질 수 있다. 북한에 직접적인 투자 및 협력이 가능해진다면, 관할권 등 법적 문제, 지뢰 등 물리적 장애, 열악한 인프라 등 여러 장애요인을 갖고 있는 DMZ에 굳이 투자할 요인이 크지 않을 수 있다. 따라서 DMZ를 새로운 한반도 구상의 중핵지대가 될 수 있도록 DMZ의 가치를 활용한 이용방안을 구상해야 할 것이다.

앞서 제시된 남북 DMZ 및 접경지역의 평화적 이용을 위해 가장 중요한 선결조건이 있다. DMZ는 1953년 7월 27일 체결된 "국제연합군 총사령관을 일방으로 하고 조선인민군 최고사령관 및 중국인민지원군 사령원을 다른 일방으로 하는 한국 군사정전에 관한 협정"(군사정전협정)에 의해 설정된 지역이다. 정전협정에 의해 DMZ 내의 모든 인적, 물적 관할권은 군사정전위원회가 갖고 있다. DMZ의 관할권(jurisdiction)은 국제연합군 총사령관과 조선인민군 최고사령관, 중국인민지원군 사령원이 공동으로 각각 책임지며, 상대방 지역사령관의 허가 없이는 군인이나 민간인이 출입할 수 없도록 엄격하게 제한하고 있다.[40] 다만, '민사행정 및 구제사업(civil administration and relief)'의 집행과 관련되는 인원과 군사정전위원회의 특정한 허가를 받고 들어가는 인원은 예외적으로 DMZ 출입이 허용된다.[41] 따라서 우리가 우리측 관할지역으로 출입하고자 하더라도 군사정전위원회의

---

37) 접경지역지원특별법의 법적 지위 문제가 대표적이다. 접경지역의 이용, 개발과 보전에 관해 다른 법에 우선적으로 적용한다고 규정하고 있지만, 상위법인 "국토기본법"과 "군사기지 및 군사시설 보호법"에 우선적으로 적용할 수 없다고 예외를 두고 있다. 이는 결국 접경지역의 지원을 무의미하게 하고 실효성에 문제를 제기하고 있다. 김형수·이필구, 위의 글, pp.235-236.
38) 박은주, 위의 글, p.62.
39) 나용우, 「남북 화해협력을 위한 지역의 역할과 과제: 접경지역 지자체의 교류협력을 중심으로」, 서보혁 외, 「화해협력 이론과 사례 그리고 한반도」, (서울: 통일연구원, 2019), p.211-214.
40) 「정전협정」 제1조 제8항.
41) 「정전협정」 제1조 제8항.

특정한 허가를 받거나 민사행정 등을 근거로 UN 사령관으로부터 허가를 받아야 한다. 또한 군사분계선(MDL)을 통행하기 위해 별도로 군사정전위원회의 허가를 득하고 북측 관할지역으로 출입하기 위해 다시 중국군사령원과 북한 군사령관의 허가를 받아야만 한다.[42]

결국 DMZ는 군사정전협정이라는 국제법적 효력이 있는 조약에 따라 설정되었고, 그에 관한 법적관리나 권리의무도 국제법 원칙에 따라 규율되고 있다. 정전협정에 따라 DMZ에 대한 관할권이 군사정전위원회에 있기 때문에 우리 정부가 DMZ를 평화적 목적으로 이용한다고 하더라도 북한의 동의와 별도로 군사정전위원회의 동의를 얻어야 한다. DMZ 내 남북협력을 위해서는 이러한 동의를 확보해야 하며 궁극적으로는 DMZ에 대한 관할권을 우리 정부가 가져와야 한다.[43]

과거 김대중 정부 당시 관리권(administration)을 이양받아 남북교류협력을 추진했던 경험[44]은 DMZ 관할권의 완전한 이양, 평화체제로의 이행 이전까지 DMZ의 평화적 이용을 위한 선례로 준용할 수 있다. 특히 정전협정체제가 해체되고 우리 정부가 DMZ에 대한 완전한 주권행사를 할 수 있을 때까지 단기적으로 포괄적 관리권의 확대를 통해 남북관리구역을 확장할 필요가 있다. 실제로 2018년 4·27 판문점선언 직후인 5월 1일 북측이 먼저 서해·동해지구 비무장지대의 남북관리구역을 확대하자는 제의하기도 하였다.[45] 지금처럼 불안정한 정전협정체제로 DMZ가 중무장화되어 본래의 기능을 수행하지 못한 상황에서 관리권의 확대는 DMZ의 평화적 이용을 위한 효과적인 환경을 조성할 수 있다.

DMZ 접경지역의 평화적 이용은 다양한 측면에서 중요한 의의가 있다. 첫째, DMZ 접경에서의 인적, 물적 교류협력을 통해 남북간 상호신뢰 구축과 '평화경제공동체' 형성을 위한 토대가 될 수 있다. 둘째, 남북 양측의 중무장된 무력이 대치하고 있는 접경지역에 교류협력의 공간을 설치함으로써 평화적인 협력 환경을 조성할 수 있다.[46] 즉, 중무장된 DMZ에서 실제적인 비무장지대로 변화시킴으로써 한반도의 평화체제를 구현할 수 있다. 또한 군사지역으로 개발이 제한되어 낙후된 지역의 발전을 촉진하고 양측 주민 삶의 질 개선에 도움이 될 수 있다. 또한 DMZ를 통과하는 물류 인프라를 구축함으로써 해양과 대륙을 연결하는 동북아 평화경제권으로 발전될 수 있다. 이렇듯 남북이 DMZ 평화지대를 조성할 수 있다면, '갈등지대의 평화공간화'로의 재구성 뿐 아니라 지속가능한 평화와 번영의 '새로운 한반도'를 실현하는데 기여할 것이다.

---

42) 이효원, 「DMZ 세계평화공원 조성을 위한 법적 기초」, 『서울대학교 법학』 제55권 1호 (2014), p.382; 이우태·나용우, 위의 글, pp.71-72.

43) 이우태·나용우, 위의 글, p.72.

44) UN 사령부는 2000년 11월과 2002년 9월 DMZ 일부구역 개방에 대해 북한군과 합의서를 체결, 경의선 및 동해선 철도와 도로연결사업을 위한 세부적인 협상권을 한국 국방부에 위임함과 동시에 해당 구간에 대한 행정적 관리권(adminstration)을 우리 정부에 이양한 경험이 있다. 당시 UN 사령부는 정전협정의 틀을 훼손하는 관할권(jurisdiction) 이양은 불가능하지만, 철도연결사업의 원활한 추진을 위해 관리권의 이양은 가능하다는 입장을 취했다. 박병도, "DMZ의 평화적 이용을 위한 국제법적 쟁점 및 과제," 『일감법학』 제32호 (2015), p.282.

45) 판문점 선언 이후 남북 교류가 확대될 것을 염두해 북한이 기존의 관리구역 확대를 선제적으로 제안했던 것으로 판단된다. 이우태·나용우, 위의 글, p.75.

46) 임을출, 「한반도 신경제 구상과 DMZ 접경지역 평화벨트 조성 방안」, 접경지역통일연구, 제2권 2호 (2018), p.23.

참고문헌

강택구 외(2016). 『통일 대비 북한지역 자연재해 대응을 위한 자료 구축과 남북협력 방안 연구(I)』. 동아시아 환경공동체 발전전략 개발 및 협력사업 KEI 사업보고서. 세종특별자치시: 환경정책·평가연구원.
국방부 대북정책관실(2018). 『판문점선언 이행을 위한 군사분야 합의서』. 해설자료.
김국신(1993). 『예멘 통합 사례연구』. 서울: 민족통일연구원.
김연철(2013). 『접경지역 발전의 모델 연구: 월경 협력 사례와 시사점』. 춘천: 강원발전연구원.
김영봉(2017). 「DMZ 평화적 활용방안」. DMZ문화학교 강의자료.
_____(2017). 「한국접경지역의 공간적 특성과 남북한 평화적 이용방안」. 접경지역통일연구, 제1권 1호.
김창환(2019). 「DMZ의 지속가능한 개발은 가능한가?」, DMZ의 현재와 평화공존의 미래상. 통일연구원 2019.
김형수·김상규·나용우·홍석훈(2019). 「남북접경지역 개발협력사업 모델 구축 방안 연구」. 경기도의회 정책연구용역 보고서, 수원: 경기도의회, 2019.
김형수·이필구(2017). 「마르티네스의 상호작용 모델을 활용한 남북접경지역의 평화적 활용 방안」. 평화학연구, 제18권 3호.
나용우(2018). 「정치경제적 차원의 국경 협력의 실제와 동북아 국경 협력의 가능성」. 이기태 외. 『국경 협력의 가능성과 미래』. 서울: 통일연구원.
_____(2019). 「남북 화해협력을 위한 지역의 역할과 과제: 접경지역 지자체의 교류협력을 중심으로」. 서보혁 외. 『화해협력 이론과 사례 그리고 한반도』. 서울: 통일연구원.
박병도(2015). 「DMZ의 평화적 이용을 위한 국제법적 쟁점 및 과제」. 일감법학, 제32호.
박은주(2018). 「한반도 신경제구상 및 접경지역 발전을 위한 제언」. 한국동북아논총, 23집 4호.
박형준(2018). 「DMZ 평화 창출을 위한 신기능주의적 접근」. 동북아연구. 제33권 2호.
손기웅(2009). 「DMZ 평화적 이용방안: 비판적 고찰과 실천적 추진방안」. 춘천: 강원발전연구원.
원동욱(2015). 「변경의 정치경제학: 중국 동북지역 개발과 환동해권 국제협력 구상」. 아태연구, 제22권 2호.
이우태·나용우(2019). 「남북 접경지역 협력: 육상 협력」. 현승수 외. 『한반도 평화·번영 실현을 위한 국경 협력』. 서울: 통일연구원.
이창희(2017). 「DMZ의 역설과 평화지대 전환 구상」. 접경지역통일연구, 제1권 2호.
이효원(2014). 「DMZ 세계평화공원 조성을 위한 법적 기초」. 서울대학교 법학, 제55권 1호 (2014).
임을출(2018). 「한반도 신경제 구상과 DMZ 접경지역 평화벨트 조성 방안」. 접경지역통일연구, 제2권 2호.
장석환(2017). 「공유하천 임진강의 갈등과 상생방안」. 접경지역통일연구, 제1권 2호.
장윤정(2008). 「홍콩·대만·중국의 상호접경지역 협력사례 연구」. 인천: 인천발전연구원.

참고문헌

제성호(2006). 「DMZ의 평화적 이용에 따른 법적 문제」. 법조, 602호.
조한범(2019). 「신한반도체제 구상의 이해」. KINU Insight, Nc.7. 서울: 통일연구원.
최용환(2008). 「한강하구 모래준설을 위한 한강하구 중립지역 관할권 검토」. Policy Brief, 2008-5. 수원: 경기연구원.
_____(2018). 「DMZ 평화지대 조성을 위한 실천과제」. 접경지역통일연구, 제2권 2호.

통일부 북한정보포털. '임진강 수해방지 사업.'
⟨https://nkinfo.unikorea.go.kr/nkp/term/viewKnwldgDicary.do⟩(검색일: 2019년 10월 2일).
「정전협정」"[전문] 문 대통령, 제100주년 3.1절 기념식 기념사." 『시사매거진』. 2019년 3월 1일
"文대통령 "삶이 나아지는 평화…접경지역 피해부터 해결돼야"(속보)." 『new1뉴스』 2019년 6월 12일. http://news1.kr/articles/?3643901(검색일: 2020년 2월 20일).
"문재인 대통령 유엔 총회 기조연설 [전문]." 『뉴스타운』. 2019년 9월 25일. http://www.newstown.co.kr/news/articleView.html?idxno=427486 (검색일: 2020년 2월 20일).
"[전문] 문재인 대통령 2020 신년사." 『한국일보』. 2020년 1월 7일. https://www.hankookilbo.com/News/Read/202001070968360390?did=DA&dtype=&dtypecode=&prnewsid= (검색일: 2020년 2월 20일).

Martinez, Oscar J(1994). 『The Dynamics of Border Interaction: New Approaches to Border Analysis』. Clive H. Schofield, Global Boundaries: World Boundaries. N.Y.: Routledge.

제7장
DMZ 국제평화지대화 방안

DMZ 국제평화지대화 방안*

박영민

제1절 들어가며

1989년 11월 9일, 베를린 시를 동서로 가르던 높이 3.5미터, 두께 40cm, 길이 155km의 '베를린 장벽(Berliner Mauer)'이 설치된 지 28년 만에 붕괴되었다. 동독 당국이 서독지역에 대한 여행 완화 조치의 시행 시기를 '즉각(sofort)'으로 실수해 발표하는 바람에 벌어진 일이었다. 동독 정부 당국으로부터 미처 지침을 전달받지 못한 국경수비대는 당황한 채 시민들에게 장벽을 내주고 말았던 것이다. 이처럼 독일통일이라는 대사건은 예기치 않은 실수에서 비롯되었다.

2020년 6월, 남북한은 한국전쟁 발발 70년을 맞이했다. 1953년 7월 27일 군사정전협정 체결 이후 분단구조는 그대로 지속되고 있다. 67년의 세월 동안 군사적 충돌방지를 위해 설치됐던 비무장지대(DMZ)는 그 목적으로부터 크게 이탈되었다.[1] 특히, 248km 구간의 DMZ는 세계에서 가장 넓은 지뢰밭으로 변모하였다.

이러한 비평화적, 반인도적 지뢰밭은 과연 평화지대로 변모할 수 있는가? 변화를 위한 조건은 무엇인가? 그리고 평화지대는 어떤 방식과 형태로 이뤄져야 하는가? 사실 이러한 질문은 그동안 많은 전문가들에 의해 제기되어 왔고 다양한 처방전이 제시되었다.[2] 그러나 실현 가능하고(reality), 지속 가능하며(sustainability), 민주성(democracy)을 충족한 대안은 그리 눈에 띄지 않는다.

---

* 이 글은 「접경지역통일연구」 제3권 제2호(2019)에 게재된 "DMZ 평화적 이용 방안 연구"를 대폭 수정·보완한 것이다.

1) 1945년~2015년 기간 동안 DMZ지역에서 발생한 군사충돌 사건은 남북한 언론기관별로 차이가 있다. 「노동신문」 2,490건, 「동아일보」 886건, 「경향신문」 677건으로 각각 보도되었다. 이창희·김용현, "「동아일보」, 「경향신문」과 「로동신문」으로 바라보는 남북한 DMZ 군사충돌," 『북한학연구』 제13권 제1호(2017), pp. 51-64.

2) 'DMZ 평화지대화'는 DMZ의 본래적 기능을 회복하고 평화적 교류·협력의 촉진에 목적을 두고 있다는 점에서 'DMZ 비무장화'와 달리 적극적 의의를 담고 있다. 그런데 DMZ 평화지대화의 조건은 DMZ 비무장화로부터 출발하게 된다. DMZ 비무장화 논의의 출발점은 1971년 6월 12일 제317차 군사정전위원회에서 유엔군 수석대표 로저스(Felix H. Rogers) 소장의 제안에서 찾을 수 있다. 당시 로저스 소장이 제기한 4개 항은 다음과 같다. ①쌍방이 합의된 지역으로 군사 인원의 철수, ②군사정전위 군사시설의 파괴, ③DMZ으로 비무장화 확대 조치, ④무장인원의 DMZ 출입금지 등이다. DMZ에 관한 남북한 논의의 변천에 대한 자세한 논의는 다음을 참고. 김정수, 「DMZ에 관한 남북한 논의 변천과 향후 과제」, 『평화학연구』 제11권 제1호(2010), pp. 67-77.

2018년 들어 DMZ는 '긴장 공간'에서 '평화 공간'으로 인식되기 시작했다. 그해 DMZ 내 판문점에서 열린 4.27 남북정상회담이 시발점이 되었다. 남북 정상이 판문점 도보다리를 함께 걷고 벤치에 앉아 편안하게 담소하는 순간 DMZ는 평화지대가 되었다. 이러한 이벤트는 이듬해에도 계속되었다. 2019년 6월 30일 문재인 대통령과 트럼프 대통령, 그리고 김정은 위원장이 판문점에서 회동하고 북미 정상이 함께 군사분계선 경계석을 넘나드는 역사적 장면으로 이어졌다. 이러한 과정에서 판문점과 DMZ는 다시금 국제사회의 조명을 받게 되었다.

2019년 9월 25일 문재인 대통령은 유엔총회 연설에서 DMZ를 '국제평화지대'로 조성하겠다는 의지를 천명하였다. 일반적으로 '평화지대(peace zone)'란, 국가 간에 군사적 충돌 및 전쟁의 방지, 그리고 긴장 해소를 통해 평화를 정착시키기 위해 국가 간 경계지역에 설치한다. 평화지대의 목적은 군사적 충돌 가능성이 있는 국가 간 경계지대에 평화의 회복(recovery), 유지(keeping), 확산(diffusion)이 이뤄지도록 하는 데 있다. 따라서 '국제평화지대'는 분쟁 가능성이 있는 국가 간 접경지역에 평화의 거점지대를 설치하여 이를 바탕으로 지속가능한 평화를 구축하려는 것을 목표로 한다. 이 점에서 국제평화지대화가 실현되기 위해서는 국제사회의 동참은 필수적이다.

한반도 DMZ는 국제적 유산으로서 의미를 가지고 있다. 한국전쟁 중 직접 전투에 참여한 나라만 해도 20개 국가에 이르고, 전쟁으로 인한 전사자는 국군 13만 7,899명, 유엔군 4만 670명에 달하기 때문이다. 실종자와 부상자, 그리고 민간인 피해자까지 합치면 인명피해의 범위는 대단히 늘어난다. 이처럼 한국전쟁은 냉전시기 가장 치열했던 국제전의 성격을 지니며, 세계사적 기억 유산인 것이다. 군사정전협정 규정에 따르면, 한반도 휴전상태의 관리·감독 임무는 군사정전위원회와 중립국감독위원회에 있다. 이러한 점을 고려할 때, 세계 냉전 유산으로서 DMZ를 국제평화지대로 조성하는 것은 역사적 당위성을 지닌다.

문재인 정부는 국정과제로 '한반도 신경제지도구상'을 제시하였다. 즉, 한반도를 환황해, 환동해 축과 아울러 DMZ 축을 상정하고 '신한반도체제'를 이끄는 발전 동력으로 삼겠다는 구상이다. 특히 DMZ 축을 평화·생태·관광지대로 전환시켜 남북의 상생의 길을 모색하고, 낙후지역으로 머물러 있는 접경지역을 발전시키겠다는 의지를 분명히 하였다. DMZ 국제평화지대화는 이러한 구상의 정책 수단으로서도 의의가 있다. 여기에서는 DMZ가 지닌 조건과 현실을 검토하고, 그 바탕 위에서 국제평화지대화 조성 방안에 대해 논의한다.

제2절 'DMZ 역설'과 DMZ 가치 설정

DMZ는 설치 이후 현재에 이르기까지 민간인의 출입이 통제되어 개발이 불가능했기 때문에 자연생태 조건이 매우 잘 보전되어왔다. 세계에 3,000만여 마리에 불과한 저어새 대부분이 DMZ와 서해

연평도 지역에 서식하고 있다. 뿐만 아니라 세계적 멸종위기 101종을 포함해 야생생물 5,929종이 사는 것으로 확인된 바 있다. 특히 멸종위기 야생동물 Ⅰ급인 두루미, 사향노루, 반달가슴곰, 산양 등이 서식하고 있다. 이와는 대조적으로 DMZ는 세계 최대의 중무장 지대이며 지뢰지대이다. 북한은 1995년 말부터 DMZ와 인접지역에 자주포, 방사포와 같은 중화기와 무장병력을 증강해 왔다. 국군도 GP 내에 박격포와 14.5㎜ 고사총 등 중화기를 배치하고 있다. 1953년 7월 군사정전협정이 체결된 이후 1994년 4월 말까지 북한의 정전협정 위반 건수는 42만5,271건에 이른다.[3] 국제 민간기구인 '국제지뢰금지운동(ICBL: International Campaign to Ban Landmines)'은 DMZ 일원에 매설된 지뢰 수는 약 200만 발 정도로 추정하고 있다. 세계에서 가장 조밀한 매설밀도를 기록하고 있다. 이처럼 DMZ는 '생태·환경적 평화'와 '군사적 긴장'의 대조적 현실이 병존하는 'DMZ의 역설(DMZ Paradox)'이 존재한다.

이마누엘 칸트(Immanuel Kant)와 요한 갈퉁(Johan Galtung)에 따르면, 갈등은 인간의 노력에 따라 능히 평화로 치환될 수 있으며 이를 지속시킬 수 있다. 우선 칸트는 인간의 이성적 노력을 통한 평화체제의 수립 가능성을 제기한다. 그는 『영구평화론(Zum ewigen frieden: ein philosophischer entwurf)』에서 '항구적 평화를 보증해주는 것은 참으로 위대한 예술가인 자연이다'라고 갈파하였다. 아울러 이성적 명령에 대한 복종이 결여된 자연상태(naturstand)는 단지 전쟁상태(zustand des krieges)일 뿐이라고 단언하였다. 따라서 인간은 스스로의 이성적 명령에 기초해 능히 평화 상태를 구축할 수 있다고 강조한다.

또한 갈퉁은 '평화' 개념을 두 가지로 구분한다. 하나는 '폭력의 부재'로서 '폭력에 대응하는 평화', 다른 하나는 '갈등의 부재' 내지 '갈등에 대응하는 평화'이다. 아울러 그는 『환경, 개발, 그리고 군사활동』[4]을 통해 '평화-생태-안보' 관계를 축으로 한 대안적 안보 관점을 제시하였다. 즉, 평화의 문제를 인간집단 내부 또는 사회적 내연의 문제에서 포착하고 생태평화의 가능성을 열어 놓았다. 요컨대, 칸트와 갈퉁의 논의는 군사적 긴장과 생태평화가 공존하는 DMZ의 평화지대화 조성에 대한 당위성과 규범적 의의를 제공하고 있다. 현실적 측면에서도 DMZ의 설치는 한국전쟁의 중지를 위한 잠정적 조치로서 의미를 지니면서도 궁극적으로는 한반도 평화의 회복과 유지를 지향하고 있다.

한반도 DMZ는 과거 동·서독 경계지역의 공간적 현실과 비교할 때 극명한 대조를 이룬다. 독일은 1949년 분단 이후 1952년 동·서독 경계를 이루던 1,393km에 달하는 경계선(Deutsch-deutsche Grenze)에 철조망을 가설하였으며, 1961년 8월 13일 동서 베를린 155km 구간에 장벽(Berliner mauer)을 설치하였다. 1991년 11월, 베를린에서는 역사의 기념물로 남기기로 한 일부 구간과 감시탑을 제외한 모든 시설이 사라지게 되었고, '죽음의 길(Todesstreifen)'로 불리던 동서독 경계선은 자연생태 보전 지대인 '그뤼네스 반트(Grünes Band)'로 완전히 변모하게 되었다.

그런데 한반도 DMZ는 세 가지 점에서 특징적 조건을 이루고 있다.

---

[3] 1994년 4월 이후부터 유엔사령부는 '정전협정위반사례'를 집계해 발표하지 않고 있다.
[4] Johan Galtung, Environment, Development and Military Activity: Towards Alternative Security Doctrines (Oslo: Universitatsforlaget, 1982).

첫째, 세계에서 가장 넓은 중무장된 지역이라는 점이다. 1953년 7월 27일 군사정전협정이 체결되면서 비무장지대(DMZ)가 설치되었고, 북한은 정전협정 직후 철책 가설('제1 철책선')에 나섰으며 1963년 DMZ 안쪽에 '제2 철책선' 가설과 요새, 진지를 구축하였다. 이에 한국은 1964년 처음으로 남방한계선 일반전초(GOP)에 목책을 설치하였다. 휴전선 남측 구간에 처음으로 차단시설이 설치된 것이다. 이후 1967년 DMZ에서 군사충돌이 심해지자 서종철 당시 1야전군사령관은 휴전선 전 구간에 철책 설치 필요성을 주장하였다. 이에 미군의 지원으로 248km 휴전선 전역에 2중·3중 철책이 설치되면서 DMZ는 철책으로 차단된 지대로 변모하게 되었다. 이후 남북은 철책선을 전진배치하기 시작하였으며, 그 결과 정전협정 당시 992㎢에 달했던 DMZ 면적은 570㎢로 43% 가량 축소되었다. 서울시 면적(605㎢)의 약 94%, 여의도 면적(2.9㎢)의 197배 수준이다. 그런데 'DMZ 일원', 즉 DMZ를 포함하여 민간인통제지역(CCZ)까지 합하면 그 면적은 1,087㎢에 달한다.

정전협정에 따르면 DMZ에는 무장병력이 주둔해서는 안 된다. 그러나 남북 모두 초소를 만들어 무장된 군인들을 상주시키고 있다. DMZ 내에 남측은 60여 개, 북측은 160여 개의 GP가 설치되었다. GP 상주병력을 북측에서는 '민경대(民警隊)'라고 칭하고, 남측은 '민정경찰(DMZ Police)'이라는 명칭을 사용하고 있다. 그러나 무장병력이라는 점에서는 남북이 다르지 않다. 1963년 이후부터 일부 GP 사이에는 '추진철책'이 가설되었다. 이처럼 DMZ는 분단이 지속되면서 그 만큼 갈등적 지대, 단절의 공간이 되어 왔다.

둘째, DMZ는 생태·환경의 보고이다. DMZ의 브랜드가치는 20조원부터 67조원에 달하는 것으로 조사되고 있다.[5] DMZ의 브랜드가치는 20조원부터 67조원에 달하는 것으로 조사되고 있다.[6] 이는 DMZ가 지닌 생태평화와 인문학적 자원이 지닌 값이다. DMZ 일원에는 산림과 계곡, 하천, 습지 원형이 잘 보존돼 두루미와 반달가슴곰, 사향노루, 산양 등 멸종위기 종 등 2,930종에 달하는 생물종이 평화롭게 공생하고 있다. 철원평야는 국제적 보호종인 두루미, 재두루미, 저어새, 흑고니의 안식처가 되고 있다. 판문점 일대와 파주, 철원, 강화도는 DMZ의 대표적 조류인 두루미 월동지이다. 두루미는 세계적으로 그 개체수가 2,000마리 정도에 불과한 것으로 알려지고 있다. 천연기념물 제243호 독수리도 파주, 철원 등지에서 월동하고 있다. 강원도 남대천 인근지역은 천연기념물 제323호 황조롱이 등 수십여 종의 여름 철새가 발견된다. 그뿐 아니라 천불산에서 삼천봉-적근산-백암산-백석산-가칠봉-백두대간-건봉산-까치봉으로 이어지는 천연산림지대에는 반달가슴곰, 사향노루, 산양이 서식하고 있다.

셋째, DMZ 일원은 깊고 다양한 인문학적 콘텐츠를 품고 있는 지역이다. 특히 남북을 가로지른 인문·역사 콘텐츠는 평화자원으로 가치가 매우 높다. 철원지역 DMZ 내에는 궁예가 839년 후고구려를 세운 이후 905년 개성에서 천도(태봉국 수도)한 뒤 세운 궁예도성이 자리하고 있다. 그러나 DMZ 궁예 도성은 DMZ 안에 갇혀 여전히 과거의 찬란했던 역사를 안은 채 그대로 잠들어 있다. 이와 같은 한반도 역사의 자산들은 남북한의 '역사 잇기'라는 차원에서 의의가 있다. 남북한은 2007년 개성 만월대 공동 발굴조사를 시작하여 2015년까지 모두 7회에 걸쳐 이뤄졌다. 그간 남북 공동발굴 조사

---

5) 김재한, 경재희, 「비무장지대 가치 인식의 계량적 분석」, 통일문제연구, 제22권 2호(2010), pp. 43-67.
6) 김재한, 경재희, 「비무장지대 가치 인식의 계량적 분석」, 통일문제연구, 제22권 2호(2010), pp.43-67.

결과, 약 40여개 동의 건물터, 금속활자, 도자기를 포함해 1만 6,500여 점의 유물을 발굴하였다. 개성 만월대 공동발굴과 더불어 철원지역 DMZ 내 태봉국 역사유적 공동조사 발굴이 이뤄진다면, 이는 민족의 동질성 회복에 크게 기여하게 될 것이다.

넷째, DMZ는 세계의 비무장지대 중 평화적 상징성이 큰 지역이다. 한반도 DMZ는 세계적으로 대표적이기는 하지만 유일한 존재는 아니다. 현재 갈등과 위기의 상징 공간으로 인식되고 있는 비무장지대(DMZ)는 세계에 모두 16개 지역에 설정돼 존재하고 있다. 유엔 키프로스 완충지대(United Nations Buffer Zone in Cyprus)[7], 이라크-쿠웨이트 DMZ(Kuwait-Iraq barrier), 스발바르 제도(Svalbard Islands), 남극(Antarctic) 등이며, 2018년 9월 러시아와 터키가 시리아 북서부 이들리브(Idlib) 주에 DMZ 설치에 합의하였다. 과거 DMZ였던 지역이 통일 이후 새롭게 변모한 동서독 접경지대와 북위 17°선을 축으로 형성된 '베트남 DMZ(Vietnamese DMZ)'도 있다. 그뤼네스 반트로 탈바꿈한 독일 DMZ는 과거 구 동독 주민의 서독 탈주를 탐지할 목적으로 동독정부가 설치한 것으로서 폭은 동서독 경계선으로부터 50m~200m 구간에 불과하지만, 총연장은 1.393km에 달하고 있다. 1998년 이후 본격적으로 그뤼네스 반트 관련 사업을 운영하고 있는 독일 환경단체 분트(BUND)는 분단 유산이자 생태적 가치를 강조하며 유럽 그린벨트와 연계시키고 있다.

한편 베트남 DMZ는 1954년 7월 21일 '인도차이나에 관한 3개국 회의'(제네바협정)의 결과로 남중국해에서 시작해 라오스 국경까지 베트남 중부 벤하이(Ben Hai) 강을 따라 설정된 폭 10km, 연장 55km 구간의 베트남 DMZ는 모두 냉전기 민족 분단의 상징이라는 공통점을 지니고 있다. 베트남 DMZ의 경우, 과거의 전쟁 유산이라는 점을 내세워 다크 투어리즘(Dark Tourism)의 자원으로 활용되고 있다. 즉, 생태나 평화보다는 기억의 가치에 중점을 두고 있는 것이다.

이와 달리 한반도 DMZ는 냉전 시기 형성된 현존하는 DMZ로서 의의를 지니고 있다. 아울러 미발굴된 한반도 역사 유적이 자리하고 있는 기억(memorial)의 가치와 생태(eco), 평화(peace)의 의미를 담지하고 있다는 점에서 의미가 크다.

---

7) '키프로스 완충지대'는 남북 키프로스 간 분쟁을 방지하기 위해 1964년 수도인 니코시아를 가로질러 폭 7.4km, 연장 185km 구간에 설치된 지역이며, 1990년대 이후 상호 교류가 확대되는 등 갈등적 국면은 크게 완화되고 있다. Zinova Foka, "Shared Space in Conflict Areas: Exploring the case of Nicosia's Buffer Zone," Athens Journal of Mediterranean Studies, Vol. 1, Issue 1(2015), pp. 45-59.

제3절 DMZ의 규범과 관할권 문제

DMZ 일원(DMZ, CCZ, 접경지역)에 적용되고 있는 핵심적 규범은「군사정전에 관한 협정」(이하, 정전협정), 「접경지역지원특별법」[8], 「군사기지 및 군사시설보호법」[9] 등 세 가지이다. 이와 관련된 적용 대상지역은 〈표 7-1〉과 같다.

〈표 7-1〉 DMZ 일원 관련 적용 규범과 대상 지역

관련 규범	대상 지역
DMZ :「군사정전에 관한 협정」	• 경기도 파주시 군내면에 위치한 집단취락지역(대성동)
접경지역 : 「접경지역지원특별법」	• 인천광역시: 강화군, 옹진군 • 경기도: 김포시, 파주시, 연천군 • 강원도: 철원군, 화천군, 양구군, 인제군, 고성군
보호구역 등 : 「군사기지 및 군사시설보호법」	• 경기도: 고양시, 양주시, 동두천시, 포천시 • 강원도: 춘천시

그런데, 이들 규범은 완충지대 설치와 운영, 군사보호구역 등의 설정과 군사시설의 보호, 그리고 소외지역으로서 접경지역의 설정과 이 지역에 대한 지원을 목적으로 하고 있다. DMZ 일원을 평화지대로 육성하고, 통일 지향적 지역발전 구상을 현실화하기 위한 목적과는 더욱 거리가 멀다. 남북 사이의 평화적 통일을 목표로 DMZ 일원을 발전·육성시켜 나가기 위해서는 DMZ 일원의 사회경제적 발전이 전제되어야 한다. 이와 더불어 DMZ의 평화적 이용과 DMZ 남북 교류·협력 사업들이 더욱 확대되어야 한다.

한편 DMZ의 평화적 이용과 남북 사이의 DMZ 협력의 효율을 위해서는 군사정전협정으로부터

[8) 「접경지역지원특별법」제1조(목적)는 "이 법은 남북 분단으로 낙후된 접경지역의 지속가능한 발전에 필요한 사항을 규정하여 새로운 성장 동력을 창출하고 주민의 복지향상을 지원하며, 자연환경의 체계적인 보전·관리를 통하여 국가의 경쟁력 강화와 균형발전에 이바지하는 것을 목적으로 한다"고 규정하고 있다. 또한 동법 제2조 (정의)에서는, '접경지역'의 범위를 규정하고 있다. 즉, "'접경지역'이란 1953년 7월 27일 체결된「군사정전에 관한 협정」에 따라 설치된 비무장지대 또는 해상의 북방한계선과 잇닿아 있는 시·군과「군사기지 및 군사시설보호법」제2조 제7호에 따른 민간인통제선 이남의 지역 중 민간인통제선과의 거리 및 지리적 여건 등을 기준으로 하여 대통령령으로 정하는 시·군을 말한다. 다만, 비무장지대는 제외하되 비무장지대 내 집단취락지역은 접경지역으로 본다. 이에 따라「접경지역지원특별법」은 동법 제2조에 해당하는 접경지역에 대한 주민복지 지원, 자연환경의 체계적 보전 및 관리를 목적으로 하고 있다.

9) 「군사기지 및 군사시설보호법」제1조(목적)는 "이 법은 군사기지 및 군사시설을 보호하고 군사작전을 원활히 수행하기 위하여 필요한 사항을 규정함으로써 국가안전보장에 이바지함을 목적으로 한다"고 명시되어 있다. 이에 따라 보호구역, 민간인통제선, 비행안전구역 및 대공방어협조구역으로 세분되며, 국방부장관은 합동참모의장 (합참의장)의 건의에 따라 보호구역 등을 지정하거나 이를 변경 또는 해제할 수 있도록 되어 있다. 그런데, 동 법과 관련해 민간과 정부 간의 갈등이 그치지 않고 있는 실정이다. 접경지역 군사규제 실태와 갈등해결 방안 대한 자세한 연구는 다음을 참고. 심재정, 「접경지역의 군사규제의 개성방안에 관한연구: 군사시설보호구역 관련 갈등을 중심으로」, 부동산학보, 제71집(2017), pp. 202-215.

파생된 '관할권' 문제가 제약점이 되고 있다. 유엔사령부와 한국 간 DMZ의 관할권(jurisdiction)과 관리권(administration) 문제가 그것이다. DMZ에 대한 관할권 문제의 원천은 DMZ 설치를 규정하고 있는 1953년 7월 27일 정전협정에서 기인한다.

'국제연합군 총사령관을 일방으로 하고 조선인민군 최고사령관 및 중국인민지원군 사령관을 다른 일방으로 하는 한국 군사정전에 관한 협정'의 긴 이름을 지닌 정전협정 제1조는 군사분계선과 비무장지대의 설치를 규정하고 있다. 제1조 제1항에서 "한 개의 비무장지대를 설정하여 이를 완충지대로 함으로써 적대행위의 재발을 초래할 수 있는 사건의 발생을 방지"하는 것을 목적으로 하였다. 정전협정 제10항에서는 DMZ에 대한 관할권을 명시하고 있다.

즉, "비무장지대 내의 군사분계선 이남 부분에서 민사행정 및 구제사업은 국제연합군 총사령관이 책임진다. 비무장지대 내의 군사분계선 이북 부분에서 민사행정 및 구제사업은 조선인민군 최고사령관과 중국인민지원군 사령관이 공동으로 책임진다. 민사행정 및 구제 사업을 집행하기 위하여 비무장지대에 들어갈 것을 허가받는 군인 또는 민간인의 인원수는 각방 사령관이 각각 이를 결정한다."고 되어 있다. 이처럼 DMZ는 군사정전위원회가 실질적 관할권을 행사하고 있다. 유엔사의 관할권 문제를 이해하기 위해서는 한국전쟁 당시 국제사회의 논의과정을 살펴볼 필요가 있다.

1950년 6월 25일 한국전쟁이 발발하자 유엔 안보리는 북한의 대한민국 침략행위를 유엔 헌장에 기초한 평화를 파괴하는 행위로 규정한 결의안 제82호를 채택하였으며, 6월 27일 열린 제474차 회의에서 결의안 제83호를 채택하였다.[10] 주요 내용은 '국제평화와 안전 회복을 위해 한국에 필요한 원조를 할 것을 회원국에 권고'한 것이었다. 이는 유엔의 한국전 개입에 대한 규범적 근거가 되었다. 이후 실질적 군사기구 창설을 위해 7월 7일 영국과 프랑스가 제출한 결의안 제84호에 근거하여 미국의 책임아래 통합군사령부를 설립하고 미국으로 하여금 사령관을 임명토록 하였다. 이에 따라 군사정전위원회의 대표를 선임하는 권한은 이 때 창설된 유엔사가 갖게 되었다.

그런데 1953년 7월 27일 정전협정이 체결된 이후 유엔사는 정전협정을 유지하는 것을 주된 임무로 하였으며, 1957년 7월 1일 본부를 서울에 설치하였다. 이후 군사정전위원회의 대표는 유엔사 장교가 맡아 왔다. 그러나 1991년 3월 유엔사가 군사정전위 수석대표로 한국군 장성을 임명하자 북한은 불만을 표출하면서 회의 참석을 거부하였으며, 1994년 4월 28일 결국 군사정전위에서 철수하였다. 그 대신 1994년 5월 24일 정전협정 위반사항 협의처리 등을 논의할 기구로 판문점 대표부를 설치하였다.

국제규범에 있어 DMZ 관할권은 군사정전위원회를 대표하는 유엔사에 귀속되며, 현실적으로는 유엔사의 권한을 위임받은 주한미군 사령부가 실질적 기능을 담당하고 있다.[11] 이러한 규범에 따라

---

10) UN Security Counsil S/Res/83(1950), "Complaint of aggression upon the Republic of Korea," 안보리 결의안 제83호에 대한 이사국의 투표결과, 찬성 7, 반대 1(유고슬라비아)로 채택되었다. 이집트·인도는 회의에 참석은 하였으나 투표를 하지 않았고, 소련은 회의에 불참하였다.

11) 유엔사는 군사정전위원회(MAC: Military Armistice Commission), 중립국감독위원회(NNSC: Neutral Nations Supervisory Commission), 공동경비구역(JSA: Joint Security Area) 경비대대, 유엔사 의장대, 유엔사 회원국 연락장교단(UNC Member States Liaison Officers Corps)과 일본에 위치한 유엔사후방지휘소(UNC Rear Command)로 편성돼 있다.

판문점에서 한국은 유엔사 통보형식의 승인을 거쳐 군사분계선 통행인원의 명단 등을 전화나 팩스로 북한측에 직접 통보하는 절차를 관행으로 적용해 왔다. 한국의 「자연환경보전법」 제2조에서 DMZ에 대해 대한민국이 실질적 관할권을 행사할 수 없다는 점을 반영하여 DMZ에 대한 한국의 주권적 범위를 유보적으로 규정하고 있다.[12] 즉, 「자연환경보전법」에서 DMZ는 그 관할권이 대한민국에 있지 않은 상태이므로 현재로서는 '자연유보지역'으로 명시하고 있다.[13]

문제는 이러한 규범이 한국의 북한과의 협력 추진에 있어 장애로 작용할 수 있다는 점이다. 2000년 6.15 정상회담 이후인 11월 16일 북한은 유엔사와 DMZ 남북관리구역에 대한 행정적 관리권을 남한에 이양한다는 데 합의하고, '비무장지대 일부 구역의 개방에 대한 유엔군과 조선인민군간의 합의서'를 채택하였다. 그 결과 11월 17일 유엔사와 인민군 사이에 경의선과 동해선 지구 남북관리구역에 대한 합의가 이뤄졌다. 이 합의서가 체결되면서 'DMZ에 대한 관할권(jurisdiction)' 이외에 '남북관리구역에 대한 관리권(administration)' 개념이 등장하게 되었다. 즉, 유엔사가 DMZ 전체에 대한 관할권을 보유하면서 일부 구역을 지정하여 남북한이 관리권을 공동으로 행사하도록 한 것이다.[14]

유엔사는 2018년 8월 30일 남북철도공동점검사업 추진 과정에서도 관할권 문제를 제기하였다. 그 과정에서 '주권침해'란 용어를 사용하기도 하였다. 유엔사로서는 DMZ에 대해 한국에게 주권을 이양한 적이 없으며, 단지 행정권 또는 관리권만 이양했다고 판단하고 있는 것이다. 현재 DMZ 북측 지역은 북한군의 관할권에 놓여 있다. DMZ 남측 지역은 한국의 주권이 온전히 미치지 못하고 있다. 2007년 10월 2차 남북정상회담 당시 노무현 대통령의 MDL 통과 절차에도 유엔사령관의 승인이 필요했다.

이처럼, DMZ 남측 지역에 대한 규범적 성격은 유엔사의 관할권, 한국의 관리권으로 정리된다. 남북한 간 DMZ 협력 사안들은 한국 정부와 유엔사 간 협의와 승인을 거치지 않으면 안 되는 한계를 지니고 있다. 유엔사를 실질적으로 운영하는 미국의 승인 없이는 DMZ에 대한 한국의 독자적 혹은 남북한 합의에 따른 어떠한 조치도 수행하기는 어려운 상황이다. 이러한 규범적 문제를 해결하기 위해서는 유엔사와 한국 정부 간 행정협정을 통해 한국의 DMZ 생태환경 조사와 같은 비군사적 활동, 평화적 사업 일반에 대해서는 '포괄적 관리권'이 부여될 필요가 있다.

---

12) 「자연환경보전법」제2조 제13호는 "자연유보지역이라 함은 사람의 접근이 사실상 불가능하여 생태계의 훼손이 방지되고 있는 지역 중 군사상의 목적으로 이용되는 외에는 특별한 용도로 사용되지 아니하는 무인도로서 대통령령이 정하는 지역과 관할권이 대한민국에 속하는 날부터 2년간의 비무장지대를 말한다"고 규정하고 있다.
13) 이효원, 「DMZ 세계평화공원 조성을 위한 법적 기초」, 서울대학교 法學, 제55권 제1호(2014), p. 387.
14) 이효원(2014), p. 385.

제4절 DMZ 평화적 이용방안

1. 남북 공유하천 협력

과거 동서독은 분단 상태에서도 실질적인 접경협력을 추진한 바 있다. 그 협력은 생태환경 문제가 계기가 되었다.

우선 서독은 내부적으로 「접경지역지원법(Zonenraundfoerderungsgesetz)」(1971)을 제정하여 서독 내 접경지역에 세제혜택, 공공사업 우선발주, 기반시설 개발 등 지원정책을 추진하였다. 이는 접경지역이 낙후된 변방지역으로 전락하여 동서독 국경의 영구적 고착화를 막고자 하였던 의도에서 시작하였다. 동서독의 구체적 협약은 다음과 같다.

1972년 「독일연방공화국과 독일민주공화 간 관계의 기본에 관한 조약(Vertrag über die Grundlagen der Beziehungen zwischen der Bundesrepublik Deutschland und der Deutschen Demokratischen Republik)」을 체결(1972.12.21)하였으며, 1973년 추가부속 의정서에 따라 동서독 중앙부처와 서독의 접경 4개주(슐레스비히-홀스타인Schleswig-Holstein, 니더작센Niedersachsen, 헤센Hessen, 바이에른Bayern) 대표로 구성된 '동서독 접경위원회(deutsch-deutsche Grenzkomission)'를 설치하였다.[15]

동서독 간 접경위원회 설치의 직접적 배경은, 하천 오염 문제에 따른 것이었다. 엘베(Elbe)강, 뢰덴(Röden)강을 비롯한 하천이 동독에서 서독으로 흐르기 때문에 동독 지역 하천 오염은 서독의 문제가 되었으며 동시에 공동의 과제가 되었다. 동서독은 하천 협력을 계기로 점차 수자원, 에너지, 자연재해 방지 등으로 확대됐으며, 대부분 서독의 비용부담, 기술제공 방식으로 전개되었다. 접경위원회의 주요 임무는, 동서독 간 접경을 명확히 구분하고 필요할 경우 경계선(demarcation)을 수정·보완하거나 관련 자료의 수집·분석, 접경 관련 수(水)경제, 에너지 공급, 환경피해 극복 등을 규율하고 있다.

동서독의 교류협력은 정치적 조건 변화에 크게 영향을 받았지만, 단절 없이 추진되어 지속성·안정성을 지니게 되었다. 접경위원회는 동서독 간 협력이 상호 합리적으로 합의되는데 기여하였다. 1983년 접경위원회는 뢰덴강 오염 정화를 위한 협정을 체결한 바 있다. 당시 협정 과정에서 동서독은 의무와 비용부담 원칙에 합의하였다. 즉, 동독은 하수처리시설 설치 의무를 부담하고, 서독이 필요한 비용을 지원하기로 한 것이다.

동서독 하천을 매개로 추진된 생태환경 협력은 남북관계에 시사점을 제공한다. 남북한 간 공유하천은 모두 11개에 이른다. 북한강(화천), 한탄강(철원), 대교천(철원), 화강(철원), 수입천(양구), 인북천(인제), 역곡천(철원), 남강(고성), 임진강, 사미천(파즈), 서천(파주)이다. 그리고 임진강 유역은 역곡천, 대교천, 한탄강, 화강이며, 북한강 유역은 북한강, 수입천, 인북천, 남강이다.

---

15) 동서독은 1972년 「기본조약」 체결 이후 '통과여행위원회', '통행위원회', '접경위원회' 등 3개의 공동위원회를 설치하였음. 이를 통해 자연재해방지, 수자원관리, 환경오염, 국토의 이용, 도로망 연결 문제 등에 대한 논의를 위해 추가로 관련 협정을 체결하였다.

출처: 강원도민일보(2018.11.26.)
http://m.kado.net/?mod=news&act=articleView&idxno=940976

[그림 7-1] 남북 공유하천

　남북 공유하천 임진강은 63%가 북쪽 유역에 있으며, 북한강은 23%만이 북한 유역에 있으며, 특히 임진강의 경우, 유량감소, 홍수 통제, 수질 악화 문제는 가장 우선적 과제이다. 특히 임진강의 유량감소로 인해 남측 유역에서의 농업용수 부족, 어획량 감소 등이 나타나고 있으며, 북측의 댐 방류로 인한 우리 주민이 인명·재산 피해를 당하기도 하였다.

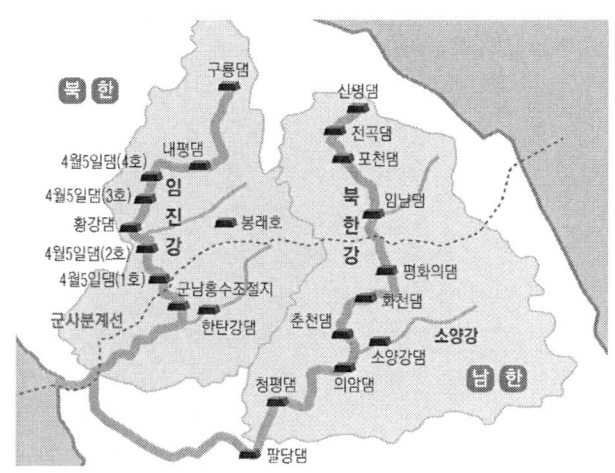

출처: 경향신문(2018.10.17.)
http://news.khan.co.kr/kh_news/khan_art_view.html?art_id=201810170600005

[그림 7-2] 임진강, 북한강 수계 댐 건설 현황

특히 임진각과 북한강 유역의 우량이 감소하게 된 이유는, 북한이 임진강 북측 유역에 황강댐, 북한강의 임남댐 등에서 유역변경식 댐을 통해 수력발전을 하고 있기 때문이다. 임진강 남측 수역으로 유입되어야 하는 황강댐은 2009년 발전에 들어가 연간 수량 9억㎥이 예성강으로 유입되고 있으며, 임남댐(금강산댐)은 연간 19억㎥ 수량이 원산 인근 안변청년발전소 전력생산을 위해 수량 역류방식을 이용하고 있다.

남북은 2000년 6·15공동선언과 그해 8월 남북장관급회담을 통해 남북 수해방지사업 추진에 합의한 바 있으며, 2001년 2월부터 2006년까지 임진강 수해방지를 위한 실무회의가 평양과 개성에서 3차례 열렸고, 2006년 6월에는 임진강 유역 공동조사 실시방안, 홍수피해 세부대책을 논의한 바 있다. 2009년 10월에는 남북 임진강 수해방지 실무회담이 재개되었다. 그러나 2010년 이후 중단 상태에 있다. 임진강·북한강 공유하천 협력의 지속적 추진을 위해서는 두 가지 방식을 고려할 수 있다.

첫째, 남북대화가 재개될 경우 임진강 유역 남북공동 재조사를 우선 협의하고, 남북이 이익을 공유할 수 있는 실질적 합의 내용이 수반되어야 할 것이다. 즉, 북한이 수력발전으로 생산하는 전력 일부를 남측이 제공하되, 남측의 용수 부족을 해결하는 상호 이익교환 방식을 취할 수 있다.

둘째, 임진강 수질오염, 북한의 황강댐의 사전 미통보 방류 문제를 해결하기 위해 임진강, 북한강을 국제하천으로 승격시켜 관리할 필요가 있다. 이에 따라 공유하천 관리와 이용에 관한 일반적인 원칙들이 남북 공유하천에도 적용되도록 해야 하고, 북한이 동의할 경우, 북한의 국제규범 준수의지를 국제사회에 알린다는 점에서 긍정적 효과도 기대할 수 있다. 국제하천 관련 규범은 「공유하천 이용에 관한 아순시온 조약(Declaration of Asunción on the Use of International Rivers)」(1971), 「국제하천의 비항해적 이용에 관한 협정(Convention on the Law of theNon-navigational Uses of International Watercourses)」(1997) 등이 있으며, 이들 국제규범은 수자원 개발과 이용에 관해 관련국 간 상호 협력, 하천 이용시 다른 나라에 피해를 주지 않도록 규정하고 있다.

셋째, 북한강 수계의 평화의 댐으로부터 임남댐(금강산댐) 간 군사분계선을 통과하는 구간(35km)을 '내륙 평화 주운(舟運) 관광지구'로 개발하는 방안을 제안할 수 있다. 이 구간은 북한이 추진해 오고 있는 '금강산 특구' '갈마지구'와 내륙의 '세포등판지구' 개발과 연계될 수 있어 북한의 수용 가능성이 있다. 2017년 11월 문을 연 '세포등판 축산기지'는 세계 최대의 뉴질랜드 마운트 펨버 스테이션(MT. Pember Station)의 넓이 8,240만 평의 두 배에 달하는 규모로 강원도 세포군, 평강군, 이천군 일대 고원지대에 약 1억5천만 평에 달하는 대규모 축산기지이다.[16] 목초지와 낙엽림, 밭, 저수지뿐 아니라 축사와 방역시설, 메탄가스 처리시설, 사료 공장, 육가공공장, 주택단지, 학교, 휴양소 등 시설을 두고 있다.

임진강·북한강 수계의 남북 공동 재조사 실시, 공유하천 협력(생태환경, 홍수 통제, 유량 관리와 전력협력)이 이뤄질 경우, 남북한 간 전면적 수자원·전력 협력으로 범위를 크게 확대할 수 있다. 나아가 1982년 동서독이 양국 간 최초의 환경협정인 「서베를린 수자원 보호협정」체결을 비롯해 지속적 협력에도 불구하고 통일 이후 환경통합에 약 10년 정도가 소요되었다는 점을 고려하면, 임진강 수질환경 협력은 남북관계의 미래와 한반도 통일에도 큰 의의를 지닌다.

---

16) 김효진, 「세포등판 축산기지 조성사업 리뷰」, 건설개발 동향분석, 2018년 2월, p. 66.

2. 개성-판문점 국제평화지대 조성

판문점은 한국전쟁 정전협정이 체결된 지역으로 군사적 긴장과 대결의 상징지역으로 인식되어 왔다. 반면, 판문점 인근 개성공단은 2016년 2월 10일 폐쇄조치 이후 중단 상황이 지속되고 있지만, 2003년 6월 30일 착공 이후 '평화와 협력'의 상징적 의미가 있었다. 즉 개성공단 사업의 최대 성과는 명실상부한 남북 상생의 경협 모델 창출에 성공했다는 점에 있다. 남북한 모두에게 대외신인도 제고, 외자유치 확대, 그리고 남북한 경제공동체 형성을 촉진시키는 효과를 지닌 것이었다.[17] 당초 현대아산의 최초 개발 계획과 같이 공단 조성계획이 현실화되었다면, 개성일대는 공단(800만평), 배후도시(1,200만평 규모)를 포함해 2,000만 평 규모의 남북 평화협력 성공모델로 자리 잡았을 것이다.

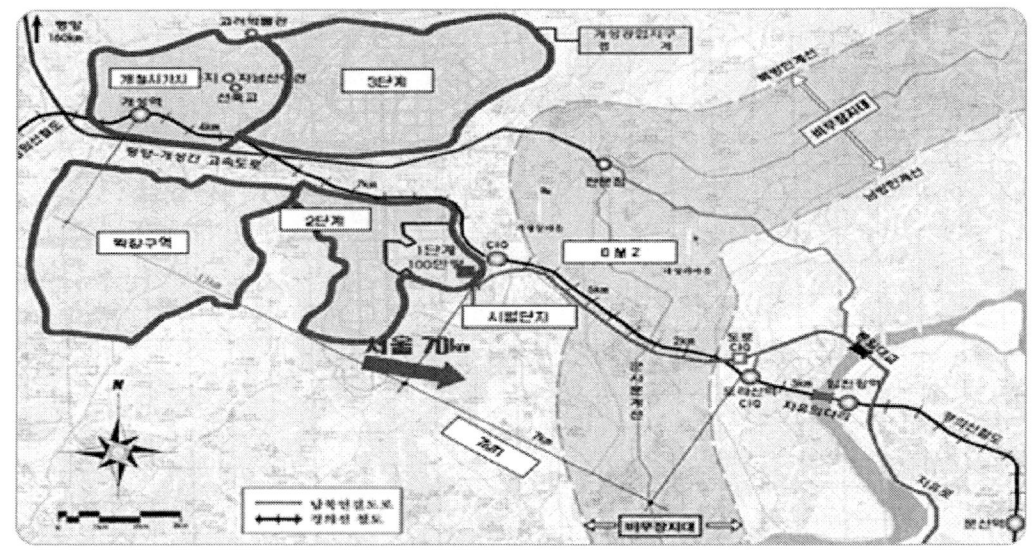

출처: 통일부
www.unikorea.go.kr/unikorea/business/kaesongIndustrialComplex/status/promotion/

[그림 7-3] 개성공단 위치도(현대아산 최초 개발계획)

---

17) 양문수, 「한반도 평화 회복을 위한 국가전략: 개성공단 사업을 중심으로」, 국가전략, 제19권 2호(2013), pp. 93-94.

〈표 7-2〉 개성공단 조성 계획

구 분	1단계	2단계	3단계	확장	개성 신시가지
공단 부지	330만㎡ (100만 평)	495㎡ (150만 평)	1,155만㎡ (350만 평)	660만㎡ (200만 평)	–
배후 도시	–	330만㎡ (100만 평)	660만㎡ (200만 평)	1,650만㎡ (500만 평)	1,320만㎡ (400만 평)
규모 (입주기업/ 북측 노동자 수)	300개/7만	700개/13만	1,000개/15간	–	–
당초 개발 일정	'02~'07	'07~'09 * '08년부터 사업 중단	'08~'12	추후 협의	추후 협의

현 단계에서 'DMZ 국제평화협력지구(가칭)'(이하, 평화협력지구) 조성은 북측 지역에 위치한 개성공단의 입지조건과는 달리 DMZ 내 군사분계선 중간 지대에 위치할 필요가 있다. 문제인 대통령은 UN총회 기조연설에서 DMZ 내에 남·북 주재 UN기구, 평화·생태·문화·보건 관련 국제기구 등의 유치, 관련 인프라 조성 필요성을 강조한 바 있다. 다만, 평화협력지구가 현실화되기 위해서는 국민·북한·국제사회의 지지·동의·협력이 함께 이뤄져야 하며, 남북 간 긴밀한 협의가 전제된다. 또한 국제사회의 대북제재가 일정 부분 완화되어야 한다. 다만, 추진 방안을 구상하고 전략을 모색하려는 노력은 마땅한 일이다.

그러기 위해서는 먼저 추진 원칙의 수립이 필요하다. 첫째, 평화협력지구는 DMZ 내에 위치하도록 해야 한다. 특히 북측 지역에 있는 개성공단과 달리 MDL과 겹친 지역에 위치시킴으로써 판문점 비무장화에 이어 DMZ 내 제2의 비무장 평화공간을 창출해야 한다는 점에서 그러하다.

둘째, 평화협력지구는 UN 산하기관 및 국제기구 등의 이전·입주를 감안하여 출·입경 문제에 근본적으로 지장을 받지 않도록 통행·통관·통신 여건이 양호한 지역으로 해야 한다.

셋째, 평화협력지구에 UN 및 국제기구 유치는 남·북, UNC, 대상 UN 및 국제기구의 합의를 전제로 남북 동시 가입국, 평화·생태·환경 분야를 우선 고려해야 한다. 그 방법으로는 UN 및 국제기구의 신규 유치 혹은 국내에 사무국을 두고 있는 국제기구를 이전하는 방안을 고려할 수 있다.

그러면 이와 같은 원칙을 수렴할 수 있는 공간으로는 판문점-개성을 잇는 군사분계선(MDL)과 겹치는 지역, 통행, 통관의 편의성이 양호한 지역이 우선적 고려 요인이다. 이러한 경우, 국도 1호선과 겹치고 남북한 '평화의 상징'인 판문점과 우리 측의 대성동, 북측의 기정동 마을을 잇는 삼각형 구간이 적합한 지역이 될 수 있다. 이 삼각지역은 대성동-기정동 1.8km, 대성동-판문점 1km, 판문점-기정동 2.1km 구간으로서 약 1㎢(약 30만 평)에 달하며, 여의도 면적의 1/3 규모이다. 여기에

UN기구 또는 국제기구를 유치하게 되면, 입주 국제기구에 근무하는 인원 및 가족의 상주에 따른 국제 평화도시로서의 위상을 지니게 될 것이며, 각종 국제회의 개최에 따른 방문객 증가로 인해 호텔 및 관광산업 발전을 기대할 수가 있다. 제네바의 경우에는 1년에 약 8,000회 정도 회의가 개최되는 상황이다. 평화협력지구에 UN 기구 및 국제기구를 설치하는 방법은 UN 기구를 '신규 유치'하는 방법과 사무국을 국내에 두고 있는 국제기구의 '사무국 이전' 방법이 있다. 구체적인 방안으로 다음 몇 가지를 구상할 수 있다.

첫째, UN 제5사무국을 평화협력지구에 유치하는 방안이다. 현재 UN은 미국 뉴욕에 본부를 두고 있으면서 스위스 제네바, 오스트리아 비엔나, 케냐 나이로비 등 4곳에도 사무소를 두고 있다. 이처럼 UN 사무국은 미주 1곳(본부), 유럽 2곳, 아프리카 1곳에 설치되어 있는 상황이다. 이에 아시아 지역 UN사무소 유치(193개 UN 회원국 중 54개 회원국 위치)를 위해 신규 UN사무소의 DMZ 내 설치 필요성과 당위성을 강조해 나갈 필요가 있다. 다만, 기존 4곳의 UN사무국은 해당 국가의 수도나 대도시에 위치하고 있어 사무국 운영에 따른 인적 · 물적 지원시스템이 충분히 갖춰져 있어 DMZ 내 평화협력지구는 인프라 등 정주 여건이 결정적 약점으로 작용할 수 있다. 따라서 무엇보다 UN 회원국 및 국제사회의 지지 확보를 위해 타당성 및 논리의 개발이 선결되어야 할 것이다.

둘째, 국내 국제기구 사무국 이전 방식이다. 2000년 이전, 국내 사무국을 둔 유엔 기구는 준정부기구로서 세계과학도시연합(WTA) 등 5개에 불과했으나, 현재 국내 사무국을 둔 국제기구는 60개 수준이며, 사무국 위치는 서울시 종로지역과 인천광역시 송도에 28개 기관이 집중해 있다. 이들 국제기구 사무국 중 일부를 평화협력지구로 이전을 유도하는 방안을 고려해 볼 수도 있다. 현재 국내에 본부를 두고 있는 국제기구는 녹색기후기금(GCF), 글로벌녹색성장연구소(GGGI), 세계백신연구소(IVI) 세 곳에 불과하다. 그 밖의 대부분 국제기구 사무국은 소규모 직원으로 구성되어있는 한국사무소 등이다.

3. DMZ 지뢰 문제의 해결

군사정전협정 제2조(정화 및 정전의 구체적 조치) 13항 ㄱ[18]은 DMZ에서의 지뢰의 제거를 명시하고 있다. 즉, 정전협정 효력 발생 이후 72시간 내에 일체 군사역량, 보급 및 장비를 비무장지대로부터

---

18) 「군사정전협정」 제2조 13항 ㄱ은 다음과 같다. "본 정전협정 중에 따로 규정한 것을 제외하고 본 정전협정이 효력 을 발생한 후 72시간 내에 그들의 일체 군사역량, 보급 및 장비를 비무장지대로부터 철거한 후 비무장지대 내에 존재한다고 알려져 있는 모든 폭발물, 지뢰원, 철조망 및 기타 군사정전위원회 또는 그 의 공동감시소조 인원의 통행안전에 위험이 미치는 위험물들은 이러한 위험물이 없다고 알려져 있는 모든 통로와 함께 이러한 위험물을 설치한 군대의 사령관이 반드시 군사정전위원회에 이를 보고한다. 그 다음에 더 많은 통로를 청소하여 안전하게 만들며, 결국에 가서는 72시간의 기간이 끝난 후 45일내에 모든 이러한 위험물은 반드시 군사정전위원회 지시에 따라, 또 그 감독 하에 비무장지대 내로부터 이를 제거한다. 72시간의 기간이 끝난 후 군사정전위원회의 감독 하에서 45일의 기간 내에 제거작업을 완수할 권한을 가진 비무장부대와 군사정전위원회가 특히 요청하였으며, 또 적대 쌍방 사령관들이 동의한 경찰의 성질을 가진 부대 및 본 정전협정 제10항과 제11항에서 허가한 인원 이외에는 쌍방의 어떠한 인원이든지 비무장지대에 들어가는 것을 허락하지 않는다."

철거한 후 DMZ 내의 모든 폭발물, 지뢰원, 철조망 등을 철거하도록 규정하고 있다. 그러나 DMZ 지뢰 제거는 여전히 이뤄지지 못하고 있으며, 도리어 매설은 확대되어 왔다. 한편 국제사회는 비인도적 무기인 지뢰를 금지하는 의제를 지속적으로 추진해 왔다. 대인지뢰의 전면금지를 위한 국제조약을 채택하려는 모임이 캐나다 오타와에서 1996년 6월 개최되었다. 이후 1997년 9월 노르웨이 오슬로에서 조약문 초안이 채택되고, 1997년 12월 캐나다 오타와에서 조인식이 진행됨에 따라 대인지뢰금지조약(Mine Ban Treaty)은 국제조약으로서 자리매김하게 되었다.

1999년 「대인지뢰의 사용, 비축, 제조, 이전의 금지 및 폐기에 관한 조약」('오타와 협약')이 발효되었다. 오타와 협약에 가입한 국가는 164개국에 이르고 있다. 그러나 이 협약에 미국, 중국, 러시아, 인도, 파키스탄, 이란, 그리고 남북한은 아직 가입하지 않은 상태이다. 오타와 협약에 가입한 국가들은 3년 이내에 대인지뢰 비축분을 폐기하고 10년 이내에 이미 배치된 대인지뢰를 폐기해야 하는 의무를 진다. 다만, 대인지뢰의 주요 생산 및 수출국가들이 포함되어 있어 그 효력이 미약하고, 협약의 이행을 감시·검증·사찰·제재할 수 있는 여건이 제대로 마련되어 있지 않다는 점은 문제로 지적되고 있다.

미국은 한반도 외의 지역에서는 오타와 협약에 준해 대인지뢰를 사용하지 않겠다고 선언하였으며, 1993년부터 대인지뢰의 폐기 및 제거를 위해 90개국에 24억 달러를 지원하며 세계에서 가장 많은 재정적 후원을 하고 있는 상황이다. 그러나 2014년 미국은 "미군은 독특한 한반도의 상황을 제외하고 더 이상 지뢰를 사용하지 않을 것이고 대한민국에 비축된 대인지뢰 중 불필요한 지뢰를 파기하기 시작할 것"이라고 발표한 바 있다.[19]

한국은 오타와 협약에는 서명하지 않았지만 그 대신 '특정 재래식 무기 금지 및 제한협약'에 있는 제2의정서(지뢰 및 부비트랩)에 서명했다. 제2의정서는 탐지하기 매우 어려운 지뢰 생산이나 부비트랩 설치 등을 제약을 규정하고 있다. 그러나 한국은 유엔이 설립한 지뢰 제거 및 지뢰 피해자 지원 국제신탁기금(International Trust Fund for Demining and Mine Victim Assistance, ITF)에 2009년부터 2018년까지 총 200억 원을 지원한 바 있다. 2003년 국제적십자위원회(ICRC)의 조사에 따르면, 북한의 의족 사용자 중에서 약 10%가 지뢰 희생자로 보고되고 있다. 2004년 1년 동안 북한에서는 70여명이 지뢰로 인한 희생당한 것으로도 알려진 바 있다. DMZ 지뢰매설 현황은 다양한 통계가 제시되고 있다. 가장 많은 통계로 DMZ 북측지역에 80만발, 남측 지역 60만발, 남측 민통선 79만발이 제시되고 있기도 하다. 국방부의 예측에 따르면, DMZ 지뢰 제거를 위해서는 400년 이상이 소요된다. 이에 남북의 '오타와 협약' 동시가입 추진을 통해 DMZ의 평화지대화를 모색할 필요가 있다.

---

19) U.S. Department of State, "FACT SHEET: U.S. Global Leadership in Landmine Clearance and Conventional Weapons Destruction," April. 3. 2015.
    https://www.state.gov/to-walk-the-earth-in-safety-18th-edition-u-s-global-leadership-in-landmine-clearance-and-conventional-weapons-destruction/〉
    (검색일: 2019.11.30)

제5절 결론

한반도는 수천 년 동안 생태적 평화를 누려 왔다. 그러나 일제가 한반도를 식민지로 점령하면서 생태환경 평화는 심각한 위기를 맞게 되었다. 일제의 한반도 자원수탈 과정에서 자행된 환경살해(ecocide)는 한반도 생태평화의 심각한 훼손요인이 되었다. 이어 남북 분단은 '예기치 않은 생태위협'을 만들어 냈다. 이에 DMZ 평화적 이용은 '생태평화'라는 의제 위에서 추진되어야 한다. DMZ 생태평화는 남북한이 해결해야 하는 기본적 책무이기도 하다.

DMZ는 그간 한국전쟁의 유제로서 '전쟁 지양적 유산(reminder of physical legacy of the war)'이라는 점이 강조되어 왔다. 따라서 DMZ는 군사안보적 관점에서 주로 접근이 이뤄져 왔다. 따라서 DMZ가 지닌 풍부한 생태·환경·지리적 자원과 인문학적 자원에 대해서는 상대적 관심이 그리 크지 못했던 측면이 없지 않다. 따라서 DMZ는 이러한 자원들, 즉 '평화 지향적 자원'으로 재인식되어야 한다. 즉 남북 상호간 적대적 서사의 극복이 요구된다. 이를 통해 '평화 지향적 자원'은 '갈등 지대의 협력 공간화', '평화를 통한 협력'을 실질적으로 창출할 원동력으로 작용할 수 있는 것이다.

DMZ의 평화적 이용을 위해서는 다음과 같은 방안을 검토할 수 있다.

첫째, 남북한 간 공유하천 협력을 재추진하는 것을 상정할 수 있다. 이를 통해 남북한이 DMZ의 생태적 복원 필요성에 대한 인식을 위해 공동조사를 재실시하고, 에너지 협력으로 확대하여 점차 협력의 범위를 넓혀 나갈 필요가 있다. 임진강, 북한강의 유량감소와 오염 문제는 생태 파괴의 요인이 되고 있다. 동서독의 엘베(Elbe) 강 하천협력을 매개로 한 협력의 확장 사례를 참고할 필요가 있다. 이를 위해서는 우선 남북 공유하천 11곳을 국제하천으로 승격해 관리할 수 있을 것이다.

둘째, DMZ를 유네스코 복합유산으로 공동 등재하는 것이다. DMZ는 '전쟁의 역설'로 인해 세계적 보호종과 희귀 동식물이 다양하게 서식하고 있다. 아울러 세계 냉전사의 대표적 유제로 남아 있다. 따라서 무분별한 개발과 군사적 요인에 따른 생태 파괴를 제어하기 위해 유네스코 세계유산 등재를 공동으로 추진하며, 아울러 '국제 DMZ네트워크' 구성을 지원함으로써 생태평화 전문가 및 활동가들의 평화적 연구·활동 공간으로 개방해 나가야 한다.

셋째, 한국과 유엔사 간의 DMZ 관할권/관리권 문제에 대한 의견이 조정되어야 한다. DMZ를 생태평화공간으로서 위상을 정립해 나가고 남북이 능동적 협력을 통해 DMZ 일원에서의 평화적 발전을 모색하기 위해서는 유엔사의 배타적 관할권은 정비될 필요가 있다. 현재의 정전협정에서는 유엔사의 관할권은 적법하다. 그러나 한국이 DMZ에 대한 '포괄적 관리권'을 갖는 것은 DMZ 평화지대화 구축에 효율적이며, 이는 국제법적 테두리 안에서도 충분히 가능하다.

넷째, DMZ 지뢰제거를 위한 남북한 간 합의와 '오타와 협약' 동시 가입 추진이다. 단기적 추진은 어렵다고 하더라도 적어도 DMZ의 본래적 기능 회복 차원에서 추진되어야 할 당위성이 있다.

아울러, DMZ 일원에 적용되고 있는 각각의 규범이 있는데, DMZ는 '정전협정', CCZ는 '군사시설보호법', 접경지역은 '접경지역지원특별법'이다. DMZ를 평화지대로 육성·이용하기 위해서는 DMZ 일원 전체를 범위로 하고 평화적 발전 또는 평화와 협력을 담은 입법(가칭, '평화통일 대비 DMZ 일원의 평화지대화 육성 및 발전을 위한 기본법')을 추진할 필요가 있다.

참고문헌

김정수(2010), 「DMZ에 관한 남북한 논의 변천과 향후 과제」. 평화학연구, 제11권 제1호.
김재한·경재희(2010). 「비무장지대 가치 인식의 계량적 분석」. 통일문제연구, 22권2호.
김효진(2018). 「세포등판 축산기지 조성사업 리뷰」. 건설개발 동향분석. 2월.
심재정(2017). 「접경지역의 군사규제의 개선방안에 관한연구: 군사시설보호구역 관련 갈등을 중심으로」. 부동산학보, 제71집.
양문수(2013). 「한반도 평화 회복을 위한 국가전략: 개성공단 사업을 중심으로」. 「국가전략」제19권 2호.
요한 갈퉁, 강종일 역(2000). 『평화적 수단에 의한 평화』. 파주: 들녘.
이창희·김용현(2017). 「『동아일보』, 『경향신문』과 『로동신문』으로 타라보는 남북한 DMZ 군사충돌」. 북한학연구, 제13권 제1호.
이효원(2014). 「DMZ 세계평화공원 조성을 위한 법적 기초」. 서울대학교 法學, 제55권 제1호.

Foka, Zinova(2015). 「Shared Space in Conflict Areas: Exploring the case of Nicosia's Buffer Zone」. Athens Journal of Mediterranean Studies. Vol. 1. Issue 1.
Galtung, Johan(1996). *Peace by Peaceful Means: Peace and Conflict, Development and Civilization*. Oslo: International Peace Research Institute.
_____(1982). *Environment, Development and Military Activity: Towards Alternative Security Doctrines*. Oslo: Universitatsforlaget.

U.S. Department of State, "FACT SHEET: U.S. Global Leadership in Landmine Clearance and Conventional Weapons Destruction," April. 3. 2015.

제8장

독일의 그뤼네스 반트
(Grünes Band)
발전 과정과 정책 현황

독일의 그뤼네스 반트(Grünes Band) 발전 과정과 정책 현황*

한상민

제1절 들어가며

2019년 2월, 문재인 정부는 접경지역정책심의위원회 심의를 거쳐 '접경지역 발전종합계획'의 변경안을 발표했다. 기존의 '접경지역 발전종합계획'은 군사 안보와 규제로 지역개발이 정체된 접경지역의 발전을 위해 2011년 정부의 11개 부처가 공동으로 참여해 수립한 지역발전 정책으로 2011년부터 2018년까지 총 2조 8천억 원의 재원이 투입되었다.[1] 정부는 변경된 '접경지역 발전종합계획'을 통해 접경지역을 "한반도의 생태·평화벨트 중심지"로 육성하는 데 2030년까지 총 13조 2천억 원을 투입하고, 4대 전략, 10대 과제에 따라 전략별 주요 사업들(총 225개 사업)을 변화된 정책 수요를 반영하여 체계적으로 추진하기로 결정했다. 행정안전부는 관련 보도자료에서, "남북관계 개선, 국가균형발전, 지역 일자리 및 활력 제고 등 지난 8년 동안 변화된 국내외 정책 환경을 반영하고, 당초 계획된 사업 중 타당성이 부족한 사업은 제외하고 주민이 원하는 사업을 신규 발굴하여 계획의 내실화를 도모하였다."고 발표했다.[2]

---

* 이 글은 『한독사회과학논총』 제29권 4호(2019년 12월)에 발표된 논문을 일부 수정·보완했음을 밝힙니다.
1) 행정안전부, 정책보고서: 「접경지역 발전종합계획 – 한반도 중심의 생태·평화벨트 육성」 (2011). (해당 보고서에서 '접경지역'의 의미가 다음과 같이 규정되어 있다: "남북분단으로 지난 60여 년간 국가안보를 위해 지역발전과 사유재산에 불이익을 받아온 군사적 접적 지역 및 그 인근 지역 – 접경지역은 수도권 정비 및 군사시설 보호 등 각종 중첩된 규제로 지역발전이 정체되고 낙후된 지역임.")
2) 행정안전부, 보도자료: 2022「접경지역에 13조 원 투자해 성장동력 마련」 (2019).

<표 8-1> '접경지역 발전종합계획' 4대 전략 및 전략별 주요 사업

	4대 전략	총 사업수(개)	총 투자액(원)
1	생태·평화 관광 활성화	108	3조
2	생활 에스오시(SOC) 확충 및 정주여건 개선	42	1.7조
3	균형발전 기반구축	54	3.4조
4	남북 교류협력 기반조성	21	5.1조
	총계	225	13.2조

출처 : 행정안전부 보도자료, "접경지역에 13조원 투자해 성장동력 마련" (2019).

<표 8-1>에서 보는 바와 같이, "남북 교류협력 기반조성"에 가장 많은 예산(5.1조 원)이 책정되어, 변화된 남북관계가 반영되었음을 실감할 수 있다. 정부는 이와 관련한 주요 사업으로 왕복 2차로의 영종-신도 평화도로 건설을 통해 접경지역의 열악한 접근성을 개선하면서, 향후 원활한 남북 교류협력을 위한 교통망을 확충할 계획이다. 아울러 철원에 통일문화 교류센터를 건립하여 이를 남북교류 거점으로 활용할 예정이다. "남북 교류협력 기반조성"이 남북관계 개선을 위한 문재인 정부의 의지가 새롭게 반영된 전략이라면, 접경지역을 "한반도 중심의 생태·평화벨트(Eco-Peace Belt)"로, 즉 생태적 평화의 공간으로 조성하고자 하는 정책 비전은 기존의 '접경지역 발전종합계획'(2011년)과 변경된 '접경지역 발전종합계획'(2019년)에서 모두 일관적으로 유지되고 있다. 특히, 생태 환경을 보전하며 DMZ(Demilitarized Zone, 비무장지대)를 평화적으로 활용하고자 하는 계획과 이와 관련한 전략별 주요 사업들은 '접경지역 발전종합계획'의 핵심을 이루고 있다. 가령, 이번 발전계획의 "전략 1. 생태·평화 관광 활성화"에서 총 108개의 사업이 수립되었으며, 이는 전체 발전계획 세부사업의 48%를 차지하는 수치이다. 대표적인 사업들로는 "분단·평화의 상징이자 생태계의 보고인 DMZ 인근에 도보 여행길을 조성하여 세계적 관광코스로 개발"하는 사업(강화-고성, 도보길 456km)과 "자연·생태가 잘 보존된 한탄강 주변 주상절리 협곡을 감상할 수 있는 접경지역 대표 생태체험공간을 조성"하는 사업(연천-포천-철원, 119km)이 있다.

<표 8-2> '접경지역 발전종합계획' 2011년 vs 2019년 중점 전략 비교

	2011년	2019년
1	생태관광벨트 육성	생태·평화 관광 활성화
2	저탄소 녹색성장지역 조성	생활 SOC 확충 및 정주여건 개선
3	동서 남북간 교통인프라 구축	균형발전 기반구축
4	세계평화협력의 상징공간 조성	남북 교류협력 기반조성
5	접경특화발전지구 조성	-

출처 : 행정안전부 정책보고서, "접경지역 발전종합계획 – 한반도 중심의 생태·평화벨트 육성" (2011); 행정안전부 보도자료, "접경지역에 13조원 투자해 성장동력 마련" (2019). 재구성.

생태 보전을 기반으로 DMZ를 평화의 공간으로 전환하는 과정에서 우리가 가장 주목해야 할 사례는 바로 독일의 '그뤼네스 반트(Grünes Band)'이다. 냉전과 분단을 거쳐 평화적 통일을 이룬 독일은 우리의 통일 과정에서 많은 유의미한 교훈을 제시하고 있지만, 특히 생명과 평화의 공간으로서의 '녹색 띠'를 의미하는 그뤼네스 반트는 DMZ의 평화적 이용은 물론 접경지역 전반의 지속가능한 발전, 더 나아가 동아시아의 생태적 평화 공간으로의 전환을 위한 중요한 선례로 활용될 수 있다. 이러한 배경에서 본 논문은 우선 "비전이 현실이 된" 그뤼네스 반트의 탄생과 발전 과정을 간략히 살펴보고, 그뤼네스 반트가 냉전의 경계선에서 생명과 평화의 공간으로 탈바꿈되는 과정을 다층적 거버넌스(multi-level governance)의 관점에서 고찰해 보면서, 특히 독일 최대의 환경단체인 '분트(BUND: Bund für Umwelt und Naturschutz Deutschland, 독일환경자연보호연맹)'를 중심으로 연방정부와 지방정부 그리고 시민사회 간의 민주적 상호작용, 특히 수평적 상호작용(horizontal interactions)의 중요성을 규명해 보고자 한다. 끝으로, 그뤼네스 반트에 대한 독일 지방정부의 정책 사례 연구로서 독일 튀링엔(Thüringen) 주정부의 그뤼네스 반트 정책 발전의 주요 흐름과 현황을 분석하고자 한다. 튀링엔은 독일의 흡수 통일 과정에서 독일연방공화국(Bundesrepublik Deutschland)에 편입된 5개 신 연방주 중의 하나로, 총 연장 길이가 1,393km인 독일 그뤼네스 반트의 반 이상(763km)을 차지하고 있어,[3] 그 범위적 중요성만큼 지역 차원의 그뤼네스 반트 정책 수립과 이행 현황을 우리 정부와 접경지역 지자체들이 각별히 주목할 필요가 있다.

---

3) BUND Landesverband Thüringen, Grünes Band – *Historische Entscheidung für den Naturschutz in Deutschland? Bundesregierung verzichtet auf Privatisierung bundeseigener Flächen* (2003): https://www.bund-thueringen.de/service/presse/detail/news/gruenes-band-historische-entscheidung-fuer-den-naturschutz-in-deutschland-bundesregierung-verzichte/

제2절 그뤼네스 반트의 탄생과 발전 그리고 분트(BUND)의 역할

1. 그뤼네스 반트와 독일의 통일: "자연보호로 하나가 되다(im Naturschutz vereint)"

2019년은 베를린 장벽이 무너진 지 30주년이 되는 기념적이고 역사적인 해이며, 40여 년간 독일을 동서로 나누었던 냉전의 경계지역에서 그뤼네스 반트가 탄생한 지 30주년이 되는 해이기도 하다. 베를린 장벽의 붕괴와 함께 동서독의 자연・환경보호자들은 그뤼네스 반트의 생태적 가치와 중요성을 공동으로 인식하고, 이후 그뤼네스 반트 프로젝트는 독일의 대표적인 환경보호단체 '분트(BUND: Bund für Umwelt und Naturschutz Deutschland, 독일환경자연보호연맹)'를 중심으로 독일 최대의 환경 프로젝트로 추진되고 있다.

과거 독일의 분단을 상징했던 "죽음의 경계선(Todesstreifen)"은 오늘날 유럽의 대표적인 "자연의 천국(Naturparadies)"으로 변모했으며, 현재 그뤼네스 반트에는 독일 위기종 관리목록의 동식물 1,200종 이상이 서식하고 있다.[4] 분단의 장벽이 무너지고 5일 후(11월 14일), 당시 분트의 후버트 바인치얼(Hubert Weinzierl) 대표는 과거 죽음의 지역이 평화의 녹색 지역으로 변모할 수 있을 것이라고 공식 표명을 했다. 그리고 한 달 후 12월 9일, 분트의 주최로 동독과 서독의 자연・환경보호자들 400여 명이 접경지역의 작은 도시인 호프(Hof, 바이에른주 위치)에 모여 최초의 '통일' 모임을 열었다. 이때 회의에 참가한 카이 프로벨(Kai Frobel) 박사가 접경지역의 생태 보호를 위해 "그뤼네스 반트" 개념을 최초로 제안했으며, 이 제안은 당시 회의의 결의안으로 채택되어 다음과 같이 명문화되었다: "독일연방공화국(서독)과 독일민주공화국(동독) 간의 경계선은 녹색 띠(그뤼네스 반트)로서 그리고 중부유럽의 생태 축으로 우선적으로 보장되어야 한다."[5]

베를린 장벽이 무너짐과 동시에 동서독 자연・환경보호자들이 하나가 되어 그뤼네스 반트가 탄생했지만, 사실 그뤼네스 반트의 역사는 1970년대로 거슬러 올라간다. 앞서 언급한 프로벨 박사는 그뤼네스 반트의 '아버지'로 여겨지는데, 그 이유는 그가 그뤼네스 반트의 개념을 창시한 인물이기도 하지만, 10대였던 1970년대 중반부터 서독 접경지역의 희귀조류를 관찰하고 지도화하면서 지금의 그뤼네스 반트의 생태적 가치를 최초로 발견했기 때문이다.[6] 당시 10대의 카이 프로벨은 미트뷔츠(Mitwitz) 근교 경계지대의 희귀조류를 관찰하여 조사 결과를 정리하였고, 이 연구 결과물로 1977년 바이에른 환경부의 주최로 열린 "청소년이 자연을 발견한다(Jugend entdeckt Natur)"

---

4) BUND, *BUND Jahresbericht* 2017 (Berlin: BUND – Friends of the Earth Germany, 2018).
5) BUND, *Chronik des Grünen Bandes: Eine Vision wird Wirklichkeit – das Grüne Band* (2017): https://www.bund.net/service/publikationen/detail/publication/chronik-des-gruenen-bandes/.
6) BUND *Naturschutz Bayern, Im Interview: Kai Frobel, Vater des Grünen Bandes* (2019): https://www.bund-thueringen.de/service/presse/detail/news/gruenes-band-historische-entscheidung-fuer-den-naturschutz-in-deutschland-bundesregierung-verzichte/

경연대회에 참가하여 우승을 했다. 이후 프로벨은 대학에서 지리생태학을 전공하고 1985년부터 현재까지 분트 바이에른주 지부의 자연보호 전문가로 활동하면서, 독일의 대표적인 생태학자이자 그뤼네스 반트의 선구자로 알려지게 되었다.

2. 그뤼네스 반트와 분트의 역할: "비전이 현실이 되다(Eine Vision wird Wirklichkeit)"

베를린 장벽이 무너지고 지난 30년간 그뤼네스 반트의 비전을 현실로 만드는 데 주도적인 역할을 한 기관은 다름 아닌 독일 최대의 환경단체인 '분트'이다. 1975년 창립된 분트는 독일의 환경운동과 함께 성장하며 2019년 현재 전국적으로 6십만 명의 회원과 2천 개 이상의 지부를 두고 있다. 분트는 환경보호과 자연보전이라는 기치 아래, 멸종위기 동식물 보호와 산림 및 수자원 보호 등 지역의 다양한 생태학적 문제 해결은 물론, 지구적 기후변화와 독일의 신재생에너지 확대를 위한 시민운동과 정부의 정책 과정에 적극 참여하며, 특히 독일의 '에너지전환(Energiewende; Energy Transition)' 과정에서 중요한 정책 행위자로 활동하고 있다.

분트는 독일의 환경보호 분야에서 가장 영향력 있는 독립적 기관으로 성장할 수 있었다. 그 이유는 무엇일까? 분트는 자신들이 영향력과 독립성을 유지할 수 있는 이유가 재정 수입의 대부분이 회원들의 자발적인 회비와 기부금으로 이루어지고 있기 때문이라고 말한다. 분트의 최근 연간보고서에 따르면, 2018년도 분트의 재정 수입은 총 3,220만 유로였으며, 이 중 회원들의 회비와 기부금(총 2,460만 유로)이 전체 재정 수입의 75% 이상을 차지했다.[7] 자원봉사자를 포함한 분트의 전체 회원 수는 설립 이후 꾸준히 증가하고 있으며, ([그림 8-1])에서 보는 바와 같이, 지난 10년간 분트의 회원 수는 2009년 26만여 명에서 2018년 44만여 명으로 60% 이상 증가했다. 분트는 회원 수와 재정 수입의 증가가 그뤼네스 반트 프로젝트를 포함한 분트의 대표적인 환경 프로젝트들과 관련 활동들이 정부의 재정 지원에 크게 의존하지 않고 지속적으로 그리고 안정적으로 추진되도록 기여했다고 평가하고 있다.[8]

---

7) BUND, BUND *Jahresbericht 2018* (Berlin: BUND – Friends of the Earth Germany, 2019), 40.
8) BUND, BUND *Jahresbericht 2017* (Berlin: BUND – Friends of the Earth Germany, 2018).

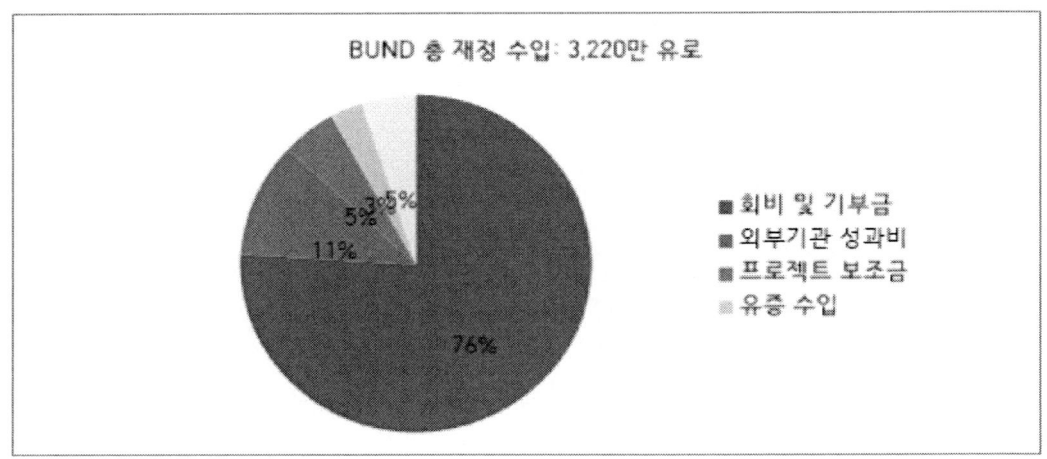

자료: BUND(2018), 재구성.

[그림 8-1] 분트(BUND) 재정 수입 현황 및 항목별 비율(2018년 기준)

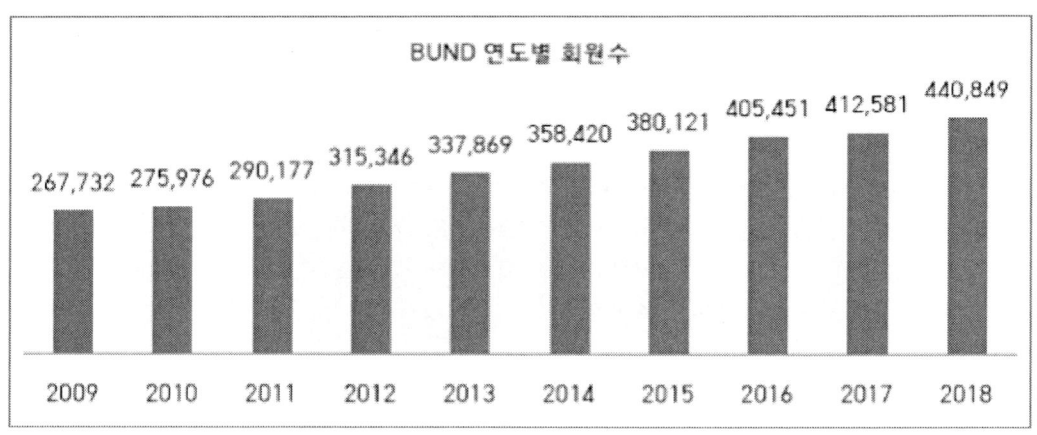

자료: BUND (2018), 재구성.

[그림 8-2] 최근 10년간(2009-2018년) 분트 회원 수 증가 추이

분트의 바이에른 지부는 이미 70년대 중반부터 접경지대의 생태계를 조사하고, 1981년에 생태보전과 연구를 위해 동독과 접경지역인 오버프랑켄(Oberfranken)의 토지를 최초로 매입한 바 있다. 1999년에는 바이에른의 주요 도시 중 하나인 뉘른베르크(Nürnberg)에 분트의 그뤼네스 반트 프로젝트 사무소(BUND-Projektbüro Grünes Band)가 설립되어, 현재 그뤼네스 반트와 관련한 주요 국내외적 업무가 이곳에서 이루어지고 있다.

분트는 2000년 11월부터 그뤼네스 반트 기부증서를 판매하고 있으며, 이를 통해 프로젝트 운영을 위한 상당한 재정 수입을 올리고 있다. 특히 2002년 6월, 당시 바이에른 지부의 후버트 바이거(Hubert Weiger) 대표가 "유럽 그뤼네스 반트"를 최초로 제안하면서 향후 유럽 최대 자연보호 프로젝트의 서막을 알렸다.[9]

총 길이 12,500km의 유럽 그뤼네스 반트는 과거 유럽의 '철의 장막'의 국경 지대로 현재 이와 접경해 있는 24개 국가들이 "유럽 그뤼네스 반트 계획(European Green Belt Initiative)"을 공동으로 추진하고 있으며, 동시에 유럽 그뤼네스 반트를 "유네스크(UNESCO) 세계 문화 및 자연 유산"에 등재하려는 노력을 기울이고 있다.[10] 2017년 독일 환경재단은 생명과 평화의 공간이 된 그뤼네스 반트에 대한 공로로 분트의 후버트 바이거 대표, 카이 프로벨 박사, 잉에 질만(Inge Sielmann)에게 환경 분야의 최고 영예인 '독일 환경상(Deutscher Umweltpreis)'을 수여했다.[11]

제3절 독일통일 후 그뤼네스 반트 정책 변동과 연방정부의 다층적 거버넌스 (multilevel governance)

1. 그뤼네스 반트와 다층적 거버넌스: 수평적 상호작용, 왜 중요한가?

1990년대 초, EU의 통합 과정에서 등장한 '다층적 거버넌스'는 정치 현상과 문제에 대한 기존의 국가 중심적 이해와 접근을 지양하고, 정책 결정 과정에서 상이한 차원의 정부 행위자들(초국가 기구, 국가/중앙정부, 지방정부 등) 간의 수직적 상호작용과 정부 및 다양한 비정부 행위자들 간의 수평적 상호작용을 분석하는 데 유용한 이론적 틀을 제공하고 있다.[12] 가령, 다층적 거버넌스의 수직적 상호작용에서는 중앙정부가 효율적으로 정책을 도입하고 이행하기 위해 지방정부의 긴밀한 협조가 필요하다는 것을 명확히 인식해야 한다. 그런데 중앙정부와 지방정부의 수직적 상호작용은 일방적인 방식이 아닌 쌍방향(하향식 또는 상향식)으로 이루어지기도 하는데, 정책 이슈와 결정 과정에 따라서 서로의 권한과 역량을 강화 또는 약화시킬 수 있다. 다른 한편, 다층적 거버넌스의 수평적 상호작용은

---

9) BUND, *BUND Jahresbericht 2018* (Berlin: BUND - Friends of the Earth Germany, 2019).

10) EuroNatur, et al, *The European Green Belt Initiative - 10 years of challenges, experiences and achievements*. (Radolfzell: EuroNatur Foundation and BUND Project Office Green Belt, 2014)), 45-49.

11) DBU (Deutsche Bundesstiftung Umwelt), *Glücksfall für Ost und West: „grenzenlose" Liebe zur Natur* (2017): https://www.dbu.de/123artikel37296_2418.html#

12) Michele M. Betsill and Barry G. Rabe, Climate Change and Multilevel Governance: The Evolving State and Local Roles. In Daniel A. Mazmanian and Michael E. Kraft (eds), *Toward Sustainable Communities: Transition and Transformations in Environmental Policy. Cambridge* (MA: MIT Press, 2019), 201-225.

동일한 차원의 정부들(예: 국가-국가, 지역-지역, 도시-도시) 사이에 협력의 기회를 제공하고, 특히 NGO, 시민사회, 기업, 대학 및 연구기관 등이 정책의 협의 및 결정 과정에서 영향력을 행사할 수 있도록 허용한다. 아울러, 특정 정책 프로그램을 실행하기 위해 정부 내 부처 간의 업무와 조직을 조정 또는 통합하거나, 지리적 경계를 넘어 지방정부들이 국내적 또는 국제적 네트워크를 구성하는 것도 수평적 상호작용에 해당된다.[13]

베를린 장벽이 무너지고 지난 30년간의 그뤼네스 반트 발전 과정을 살펴보면, 이 과정에서 다층적 거버넌스의 수평적 상호작용이 왜 중요한가를 확인할 수 있다. 결론적으로, 정부와 비정부 행위자들 간의 수평적인 상호작용, 즉 민주적이고 개방적인 소통과 사회적 합의가 가능할수록 그뤼네스 반트는 생명과 평화의 공간으로 보다 원활하게 전환될 수 있었다.

반대로 행위자들 간의 수평적 상호작용이 제대로 작동하지 않거나 상위 정책 행위자의 일방적 정책 결정이 이루어지면 부정적 결과가 야기되기도 했다. 대표적인 예가 1996년 7월, 연방정부가 도입한 접경토지법(MauerG: Mauergrundstücksgesetz)이다.[14]

접경토지법은 연방정부가 장벽 및 접경지역의 토지를 이전 소유주나 법적인 상속자에게 반환하고 매각할 수 있음을 규정한 법으로, 다시 말해 접경지역의 무분별한 토지 사유화가 허용된 것이다. 이로 인해 그뤼네스 반트의 생태 공간이 상당 부분 훼손되었고 환경단체는 연방정부의 이 같은 결정에 강하게 반발하였다. 실제로 그뤼네스 반트는 통일 후 10여 년 동안 어려운 전환기를 겪었다. 이와 관련해 카이 프로벨 박사는 분트와의 인터뷰에서 아래와 같이 언급한 바 있다.

"가장 어려웠던 시기는 1990년에서 대략 1993년 사이였습니다. 그뤼네스 반트의 개념이 생긴 지 얼마 안 되었고, 동독에서는 자연보호 담당 관청들이 막 설립되기 시작했습니다. 그 당시 거의 2,000헥타르의 비오톱(소생물권)이 그뤼네스 반트에서 사라졌고 경작지로 바뀌고 말았습니다. 그리고 1996년에 또 다른 큰 어려움이 닥쳤습니다. 연방하원이 "접경토지법"을 통과시켰고, 이에 따라 연방 소유의 토지들이 시장에서 저가로 매각되었습니다. 그런데 당시 그뤼네스 반트의 반이 연방 소유였습니다! 그때 우리는 (연방정부에) 이 토지들을 "자연보호"를 위해 '국가 자연유산(Nationales Naturerbe)'으로 해당 주정부에 양도하도록 요구했습니다. (...) 12년이 걸렸습니다. (...) 그러나 분트의 끈질긴 노력은 헛되지 않았습니다. 이 토지들은 실제로 (주정부에) 양도되어, 오늘날 자연보호 지역으로 지정되어 있습니다."[15]

---

13) Jan Corfee-Morlot et al, *Cities, Climate Change and Multilevel Governance*. OECD Environmental Working Papers, No. 14 (Paris: OECD, 2009).

14) Bundesministerium der Justiz und für Verbraucherschutz, *Gesetz über den Verkauf von Mauer- und Grenzgrundstücken an die früheren Eigentümer (Artikel 1 des Gesetzes über den Verkauf von Mauer- und Grenzgrundstücken an die früheren Eigentümer und zur Änderung anderer Vorschriften) (Mauergrundstücksgesetz – MauerG)* (1996).

15) BUND Naturschutz Bayern, *Im Interview: Kai Frobel, Vater des Grünen Bandes* (2019): www.bund-naturschutz.de/natur-und-landschaft/gruenes-band/interview-mit-kai-frobel.html

2. 그뤼네스 반트의 도약과 발전(2002년 이후): 자연 보전과 지속가능한 발전의 융합

2002년 10월 15일, 독일 통일 후 분트의 끊임없는 노력과 인내의 결실로 마침내 독일 사민당과 녹색당은 그뤼네스 반트 보호와 관련한 연방정부의 입장과 향후 정책의 방향을 담은 연정합의서에 명시했다: "국가 자연유산은 계속적으로 확대될 것이며, 이에 대한 기반으로서 생태적으로 가치있는 100,000헥타르의 자연보호 토지를 신 연방주들에 양도한다."[16] 독일의 연정합의서는 연립정부 구성을 위해 매우 중요한 '정당 간의 계약'이자 '정치적 약속'으로서, 2002년 사민당-녹색당의 연정합의서는 그뤼네스 반트의 지난 30년간의 발전 과정에서 중요한 전환기를 제공한 것으로 평가되고 있다.[17] 이듬해 2003년 연방 환경부는 연방 자연보호청(Bundesamt für Naturschutz)을 통해 "유럽 그뤼네스 반트" 프로젝트를 지원하기로 결정하고, 현재까지 지역의 환경단체및 시민사회와 협력하며 유럽 최대의 자연보호 프로젝트에 참여하고 있다.[18]

2005년 대연정을 구성하기로 합의한 기민련/기사련-사민당은 견정합의서에서 서독의 자연자원, 그뤼네스 반트, 폐쇄된 군사훈련지 등을 '국가자연유산'으로 지정하고, 80,000-125,000헥타르의 토지를 해당 연방주 또는 자연보호재단에 무상으로 양도한다고 발표했다.[19] 앙겔라 메르켈(Angela Merkel)을 총리로 새로운 연방정부가 출범했지만, 그뤼네스 반트에 대한 정책의 방향은 일관적으로 유지되었고, 연방정부의 이러한 토지 양도 결정과 함께 그뤼네스 반트는 생태적 평화 공간으로서 커다란 도약을 이루어냈다.

메르켈 정부는 2007년 "생태 다양성 유지를 위한 국가 전략(Nationale Strategie zur Erhaltung der biologischen Vielfalt der Bundesregierung: NBS)"을 결의하며, 그뤼네스 반트를 이 전략의 "대표 프로젝트"로 선정해 발표했다.[20] 이후 메르켈 정부는 "생태 다양성 유지를 위한 국가 전략"을 연방정부의 주요 전략과제로 추진하고 있으며, 무엇보다 정책의 수립과 시행 과정에서

---

16) SPD & Bündnis90/DIE GRÜNEN, *Koalitionsvertrag 2002-2006: Erneuerung - Gerechtigkeit - Nachhaltigkeit* (2002), 40.
17) BUND Landesverband Thüringen, *Grünes Band - Historische Entscheidung für den Naturschutz in Deutschland? Bundesregierung verzichtet auf Privatisierung bundeseigener Flächen* (2003): https://www.bund-thueringen.de/service/presse/detail/news/gruenes-band-historische-entscheidung-fuer-den-naturschutz-in-deutschland-bundesregierung-verzichte/
18) Die Bundesregierung, *Grünes Band: Vom Todesstreifen zum Naturparadies* (2017): https://www.bundesregierung.de/breg-de/aktuelles/vom-todesstreifen-zum-naturparadies-357134
19) NANU-Stiftung. *Gegen den Ausverkauf der Natur - Bewahrung des Nationalen Naturerbes* (2019): https://naturerbe.nabu.de/wir-ueber-uns/naturschutz-durch-landkauf/nationales-naturerbe.html
20) BMUB (Bundesministerium für Umwelt, Naturschutz und nukleare Sicherheit), *Nationale Strategie zur biologischen Vielfalt - Kabinettsbeschluss vom 7. November 2007* (Berlin: BMUB, 2007).

이와 관련한 "모든 정책 행위자들"과 "가능한 많은 사회적 그룹들"이 참여하는 "대화의 과정"이 되어야 한다고 강조하고 있다.

2007년의 "생태 다양성 유지를 위한 국가 전략"은 그뤼네스 반트를 국가 자연유산과 역사적 기념물로서 그뤼네스 반트를 유지·보존하면서, 선별 지역에 대한 생태 관광(도보길, 자전거길 조성 등), 지역의 지속가능한 경제 발전, 역사적 경험의 장소로 활용하고, 특히 그뤼네스 반트 프로젝트와 해당 지역의 시민사회를 통합시켜 사회적 수용성을 높이겠다고 명시했다.[21] 가이데치스(Geidezis)와 크로이츠(Kreutz)는 그뤼네스 반트에 대한 자신들의 연구에서, 그뤼네스 반트 프로젝트의 실행 과정에서 무엇보다 지역민들의 지원과 참여가 절실히 필요하며, 프로젝트의 성공을 위해서는 자연 보전과 지역의 지속가능한 발전을 융합시키는 노력이 필요하다고 강조하고 있다.[22] 분트의 '그뤼네스 반트 체험(Erlebnis Grünes Bandes)' 자료를 기반으로 정리한 그뤼네스 반트의 4개 모델 지역의 대표적인 활용사례(3개 영역으로 분류: 자연, 문화, 역사)는 (〈표 8-3〉)과 같다. 연방정부는 2012년 "생물 다양성에 관한 연방프로그램의 프로젝트(Projekte des Bundesprgramms – Biologische Vielfalt)"에서 그뤼네스 반트의 단절된 구간을 연결하는 프로젝트(Lückenschluss Grünes Band)를 발표하고, 분트의 바이에른 지부를 프로젝트 책임기관으로 선정했다.[23]

〈표 8-3〉 '그뤼네스 반트 체험(Erlebnis Grünes Bandes)' 4개 모델 지역별 대표적 활용사례

모델 지역 1. 엘베-알트마르크-벤드란트(Elbe-Altmark-Wendland)	
자연	• 잘츠베델(Salzwedel): 그뤼네스 반트 투어 제공, 관측소, 전망대 설치 • 렌첸(Lenzen): 부르크 렌츠(Burg Lenz) 방문자 센터 운영, 자전거 투어 제공 • 아렌트제(Arendsee): 작센-안할트 최대 규모의 호수 위치, 그뤼네스 반트 투어 제공(5-6월에는 나이트 투어 운영)
문화	• 잘츠베델(Salzwedel): 15-16세기 역사 유적과 함께 '문학 투어(LiteraTour)' 제공 • 렌첸(Lenzen): 1,000년 역사의 도시 문화 투어, 접경지역 체험 장소 및 관련 전시관 운영 • 히트작커(Hitzacker): 고고학 문화 체험의 중심지, 독일 최초의 청동기 박물관 운영, 선사시대 요리문화 체험

---

21) 2007년 "생물 다양성 유지를 위한 국가 전략"은 그뤼네스 반트를 "대표 프로젝트"로 선정하고, 프로젝트 주체를 "연방 환경부, 자연보호청, 분트 그리고 기타 여러 자연보호 단체들"로 규정했다.
22) Liana Geidezis and Melanie Kreutz, "Green Belt Europe – Nature knows no boundaries From ≫Iron Curtain≪ to Europe's lifeline, Europe in the East," *Urbani Izzivi* (2004), 135-138.
23) Bundesamt für Naturschutz, *Projekte des Bundesprogramms – Biologische Vielfalt* (Bonn: BfN, 2016).

역사	• 쉬낙켄부르크(Schnackenburg): 접경지역의 생활상을 보여주는 '접경지역 박물관(Grenzlandmuseum)' 운영 • 암트 노이하우스(Amt Neuhaus): 접경지역의 현대사 체험(감시탑, 철조망 산책길 등), "접경지역 내 삶"에 관한 2곳의 전시관 운영
모델 지역 2. 하르츠(Harz)	
자연	• 하르츠 국립공원(Nationalpark Harz): 2006년부터 독일 내 대표적인 생태계 체험과 휴양지 제공 • 하르츠 자연공원(Naturpark Harz): 독일에서 가장 다양한 생물종이 서식하는 자연공원 중 하나 • 하르츠 지질공원(Geopark Harz): 1,000년 이상 운영된 채광지가 위치, 지질학적 체험 장소 및 정보 안내소 운영
문화	• 궁전, 교회, 수도원 등 다양한 문화-역사적 건물과 기념물이 풍부, 문화 체험 공간 제공 • 알트슈타트 크베들린부르크(Altstadt Quedlinburg) 등 3개 지역이 유네스코 세계유산에 등재 • 독일의 대표적 문호인 괴테와 하이네가 걸었던 문학길 안내
역사	• 구동독 접경지역 감시탑과 관련 냉전시대 시설 관람 • 하르처 그렌츠벡(Harzer Grenzweg): 과거 접경지역과 순찰로를 따라 도보길 조성, 하르츠의 역사 체험 • 테텐보른(Tettenborn) 접경지역 박물관: 동독 국가안보국 자료와 냉전시대의 다양한 자료 전시 • 아이히스펠트(Eichsfeld) 접경지역 박물관: 분단 시기의 접경지역 역사 자료 전시
모델 지역 3. 아이히스펠트(Eichsfeld)	
자연	• 다양한 생물종이 서식하는 천연 자연 위치 • 이 지역의 대표적인 호수인 제부르거 제(Seeburger See)에 100여 종 이상의 조류 서식 • 하인츠 질만(Heinz Sielmann) 자연 체험센터: 센터 주변에서 56종의 멸종위기 동식물 발견
문화	• 중세 교회, 도시 성벽 등 중세 유적 및 건축 문화 투어 • 두더슈타트(Duderstadt): 지역의 양조 문화(Braukunst) 체험(맥주 시음 포함)
역사	• 쉬플러스그룬트(Schifflersgrund) 국경박물관: 감시탑 및 철조망 보존, 분단시대 자료 전시 및 특별전시관 운영 • 아이히스펠트 접경지역 박물관: 두더슈타트와 보르비스(Worbis) 사이에 위치, 전시관 외에 교육 장소로 활용(분단시대와 인권문제 관련)

모델 지역 4. 튀링어 발트 & 쉬퍼게비르게 / 프랑켄발트 (Thüringer Wald & Schiefergebirge / Frankenwald)	
자연	• 쉬퍼게비르게(Schiefergebirge): 해발 600-800m의 산악지대로 이 모델 지역의 대부분이 이곳에 위치 • 다양한 생물종이 서식하고 많은 자연 저수지가 보존, 자연 체험장으로 활용
문화	• 중세 문화 투어: 크로나흐(Kronach) 요새, 베스펜슈타인(Wespenstein) 궁전, 미트비츠(Mitwitz) 궁전 등 • 지역 광물자원 박물관 운영
역사	• 미트뷔츠(Mitwitz): 그뤼네스 반트 개념의 태생지로 여겨짐 • 뫼들라로이트(Mödlareuth)': "리틀 베를린(Little Berlin)"으로 알려진 냉전시대 분단되었던 마을, 감시탑과 장벽의 잔해가 남아있는 분단 역사의 대표적 체험지 • 중세 및 19세기 역사적 기념물이 위치

출처: Grünes Band Deutschland (2019), 재구성.

제4절 사례 연구: 튀링엔(Thüringen) 주의 그뤼네스 반트 정책 수립 및 이행 현황

현재 독일에서 총 9개의 연방주가 그뤼네스 반트의 접경지역으로 속해 있으며, 그 중 신 연방주인 튀링엔은 서론에서 언급한 바와 같이 총연장 길이 1,400여 킬로미터인 그뤼네스 반트의 반 이상을 차지하고 있다. 통일 후 10여 년 이상은 연방정부가 튀링엔의 전체 그뤼네스 반트 면적(6,741헥타르)의 80%를 소유하고 있었다.

오랜 시민사회의 요구 끝에 2002년 사민당-녹색당 연립정부가 주정부에 그뤼네스 반트 토지를 무상으로 양도한다고 발표하자, 분트 튀링엔 지부는 이를 자연보호를 위한 "역사적인 결정(historische Entscheidung)"이라고 환영했다.[24] 이러한 연방정부의 결정은 연방정부와 주정부는 물론 전국적 주요 환경기관, 지역의 환경단체와 시민사회 등 다양한 정책 행위자들 간의 수평적 상호작용이 갈등과 견제보다는 상호 협력과 사회적 합의를 기반으로 활발하게 이루어진 결과였다. 1차적으로 주정부에 양도된 그뤼네스 반트 내 국가 자연유산의 토지 규모와 취득 기관은 (〈표 8-4〉)와 같으며, 가장 많은 그뤼네스 반트 토지가 튀링엔에 배분되었음을 확인할 수 있다(3,771헥타르, 전체 양도된 토지의 55%).

---

24) BUND Landesverband Thüringen, Grünes Band – *Historische Entscheidung für den Naturschutz in Deutschland? Bundesregierung verzichtet auf Privatisierung bundeseigener Flächen* (2003): https://www.bund-thueringen.de/service/presse/detail/news/gruenes-band-historische-entscheidung-fuer-den-naturschutz-in-deutschland-bundesregierung-verzichte/

〈표 8-4〉 주정부에 무상 양도된 그뤼네스 반트 내 '국가 자연유산' 토지 현황

연방주	토지 규모 (ha)	취득 기관
튀링엔 (Thüringen)	3,771	튀링엔 자연보호재단
작센-안할트 (Sachsen-Anhalt)	2,066	작센-안할트 주정부 환경-자연-기후보호재단
작센 (Sachsen)	180	포크트란트크라이스(기초행정단체)
메클렌부르크-포어포머른 (Mecklenburg-Vorpommern)	148	살제 생물권보전청
니더작센 (Niedersachsen)	627	니더작센 엘프탈라우에 생물권보전청
브란덴부르크 (Brandenburg)	40	브란덴부르크 자연보호기금재단
총계	6,832	

출처: Bundesamt für Naturschutz (2016); Uwe & Reiter (2016), 재구성.

튀링엔은 그뤼네스 반트에서 차지하는 그 범위적 중요성만큼, 독일의 그뤼네스 반트 정책의 전반적인 발전 방향을 이해할 수 있는 중요한 나침반이 되고 있다. 2014년 11월, 튀링엔 지방선거에서 진보 성향의 정당들이 약진하며, 좌파당-사민당-녹색당의 연립정부가 새롭게 수립되었다. 이로써 통일 이후 25년간 튀링엔 주정부를 이끌었던 보수 기민당의 시대가 막을 내리고, 독일에서 최초로 좌파당(Die Linke) 출신의 주지사가 선출되었다.[25]

새로운 진보 연립정부의 보도 라메로프(Bodo Ramerow) 주지사는 사민당과 녹색당과 체결한 '적-적-녹(Rot-Rot-Grün)' 연정합의서를 기반으로 행정구역 개편, 주정부의 재정 건전성 개선, 법률 개정을 통한 극우 테러행위에 대한 법규 강화, 기초행정단체에 교육 재정 확대 등 대대적인 개혁안을 발표하였다. 아울러, 새로운 연립정부는 연정합의서에 따라 자연보호 정책 분야의 전략들을 새롭게 개편하고 이에 대한 재정 투자를 확대하기로 결정했다. 특히, 자연보호 프로젝트에 대한 재정 지원의 중심축으로서 "자연 및 환경 발전(Entwicklung Natur und Landschaft)" 지원 프로그램의 재정 투자액을 기존의 4백만 유로에서 5백만 유로로 확충하고, 이후 매년 1백만 유로씩 증액하기로 결정했다. 그리고 회기 내에 그뤼네스 반트를 "국가 자연기념물(Nationale Naturmonument)"로 지정할 것이라고 발표했다.[26]

---

25) Der Tagesspiegel, "Koalitionsvertrag: Linke macht Zugeständnisse an SPD und Grüne," Nov. 20, 2014.
26) Die Linke, SPD and Bündnis90/DIE GRÜNEN, *Thüringen gemeinsam voranbringen – Demokratisch, Sozial, Ökologisch: Koalitionsvertrag zwischen*

<표 8-5> 독일의 국가 자연기념물(Nationale Naturmonumente) 목록

국가 자연기념물 (연방주)	면적(ha)	지정 근거	지정 연도
이베나커 아이헨 (메클렌부르크-포어포머른)	75	"이베나커 아이헨" 국가 자연기념물에 관한 규정	2016
부루흐하우저 슈타이네 (노르트라인-베스트팔렌)	24	"부루흐하우저 슈타이네" 국가 자연기념물에 관한 규정	2017
튀링엔 그뤼네스 반트 (튀링엔)	6,500	"튀링엔 그뤼네스 반트" 국가 자연기념물에 관한 튀링엔주 법률	2018
클루터트횔렌쥐스템 (노르트라인-베스트팔렌)	30	"클루터트횔렌쥐스템" 국가 자연기념물에 관한 규정	2019

출처 : Bundesamt für Naturschutz (2019), 재구성.

2018년 11월 9일, 튀링엔 주의회는 튀링엔에 위치한 그뤼네스 반트를 "국가 자연기념물"로 지정한다고 결의했다.

독일의 국가 자연기념물은 2010년 "연방자연보호법(Bundesnaturschutzgesetz)"에 의해 새롭게 마련된 자연보호 분류체계로 현재 국가 자연기념물 지정은 연방정부가 아닌 주정부의 소관으로 정하고 있다. 연방자연보호법에 따르면, 기존의 자연보호구역(Naturschutzgebiete) 지정은 자연적 가치만이 평가되지만, 국가 자연기념물은 자연적 가치 외에 "문화적 가치(Kulturwert)"가 매우 중요하게 평가된다.[27] 그리고 일반적인 자연기념물이 단지 특정한 "사물"만이 해당된다면, 국가 자연기념물은 국립공원(Nationalpark) 보다는 작은 규모의 일정한 "지역" 전체에 적용된다. 후버트 바이거(Hubert Weiger) 분트 대표는 그뤼네스 반트를 국가 자연기념물로 지정한 튀링엔 주정부의 이러한 정책 결정을 "최근 독일 및 유럽 역사에서 유례없는 생물권 지역과 생명이 살아있는 기념물을 확보하게 된 획기적인 사건"이라고 높이 평가했다(BUND, 2018b).

---

den Parteien Din Linke, SPD, Bündnis90/DIE GRÜNEN für die Wahlperiode der Thüringer Landtags (2014).

[27] Jochen Schumacher and Anke Schumache, "Die Schutzgebietskategorie "Nationales Naturmonument": nationale und internationale Voraussetzungen für eine Ausweisung," *Natur u. Recht* (2014): 696-705.

제5절 결론 및 시사점

과거 죽음의 상징이었던 냉전의 접경선이 그뤼네스 반트라는 생명과 평화의 공간으로 전환되는 과정은 독일의 통일 과정과 같이 "비전이 현실이 된" 과정이라고 볼 수 있다. 베를린 장벽이 무너지고 같은 해 "자연보호로 하나가 된" 동서독의 자연·환경보호자들은 그뤼네스 반트라는 비전을 세웠으며, 30년이 지난 지금 그뤼네스 반트는 독일의 가장 큰 생태 축이자 유럽 최대의 자연보호 프로젝트로 발전하게 되었다.

독일통일 후 10여 년간은 동서독 통합 과정의 과도기로 인해 그뤼네스 반트에 대한 제도적 장치가 미흡했으며, 무엇보다 당시 독일 정부는 생태적, 역사적, 문화적 공간으로서 그뤼네스 반트에 대한 가치를 제대로 인식하지 못했다. 하지만 독일의 최대 환경보호단체인 분트를 주축으로 시민사회의 지속적인 노력이 이루어졌으며, 이를 통해 그뤼네스 반트는 생태적 평화 공간으로 탈바꿈되기 시작했다.

독일 내 환경운동의 성장과 변화된 정치 상황으로 인해 그뤼니스 반트에 대한 체계적인 정책이 단계적으로 마련되었으며, 연립정부의 구성이 바뀌더라도 정책의 방향은 일관적으로 유지되었다. 그뤼네스 반트의 사유화를 막고 해당 토지를 주정부에 양도하기로 한 2002년 사민당-녹색당의 연정합의서는 그뤼네스 반트의 발전 과정에서 "역사적인 결정"이었으며, 그뤼네스 반트를 "국가 자연유산"으로 지정한 2005년 기민련/기사련-사민당 연립정부의 정책 결정은 그뤼네스 반트가 생명과 평화의 공간으로 전환하는 커다란 디딤돌이 되었다. 이후 2007년 메르켈 정부는 "생태 다양성 유지를 위한 국가 전략"을 수립하여 그뤼네스 반트를 대표 프로젝트로 선정하고, 그뤼네스 반트를 생태 및 역사와 문화의 공간으로 체계적으로 발전시키기 위해 정부 차원의 지원을 대폭 확대해 나갔다. 특히 이 과정에서 메르켈 정부는 모든 관련 정책 행위자들과 다양한 사회 그룹들이 민주적으로 참여하는 "대화의 과정"을 강조했다.

독일의 통일 과정과 이후의 발전 경험을 일반화하여 한반도에 그대로 적용하기는 어렵지만, 통일 정책의 추진 과정과 방식(특히, 통일 정책의 일관성과 초당적 협력) 그리고 분야별 주요 정책은 우리에게 상당한 시사점을 줄 수 있다.[28] 대표적으로 통일 후 독일은 자연환경 및 토지보호정책에 있어서 연방정부와 지방정부가 역할 분담을 통한 상호 협력적 관계를 민주적으로 형성하며 환경보호를 위한 제도화를 확대해 나가고 있다. 동시에, 장기적인 전략으로 환경 문제에 대한 교육과 홍보를 강화하여 지역 주민들의 자발적이고 적극적인 참여를 유도하고 있다.[29] 독일의 그뤼네스 반트 정책 발전 과정은 중앙정부와 지방정부 간의 조정과 협력을 기반으로 하는 수직적 상호작용과 함께, NGO와

---

[28] 김연철, 「접경지역 60년 기획연구(3): 접경지역 발전의 모델 연구 – 월경 협력 사례와 시사점」. (춘천: 강원발전연구원, 2013).

[29] 심익섭, 한형서, 「독일지방정부의 정책현안과 그 시사점」, 한독사회과학논총, 제15권 제2호 (2005), 107-131.

시민사회의 참여를 개방적으로 허용하는 다층적 거버넌스의 수평적 상호작용이 얼마나 중요한가를 보여주고 있다.

그뤼네스 반트의 아버지로 여겨지는 카이 프로벨 박사는 2014년 한국을 방문한 당시, 한 인터뷰에서 "그뤼네스 반트처럼 한국의 DMZ는 정치·군사적 목적으로 만들어졌지만, 현재는 평화와 자연의 상징 등 수많은 이미지들이 담겨있는 곳"이라고 말하며, "한국은 DMZ 보존에 대한 여러 가지 조사와 연구들이 마련돼 있어, 북한 측과 대화를 잘 이끌어간다면 독일보다 생태 보존을 잘 할 수 있을 것"이라고 강조했다.[30] 우리의 DMZ를 생명과 평화의 공간으로 전환하고 그 비전을 현실로 만들기 위해서는 궁극적으로 남북의 접경지역을 넘는 다양한 정책 행위자가 "대화의 과정"에 함께 참여하고, 이를 바탕으로 해당 지방정부와 지역 공동체가 전환의 과정을 주도하는 방식이 필요하다. 이러한 과정은 갈등을 수반하며 때로는 힘난할 수 있지만, 결국 정책의 결정과 이행 과정에서 사회적 합의와 수용성이 점진적으로 확보되면서 정책의 목표가 최대한 달성될 수 있다.

---

30) 한초아, "자연이 치유한 아픔의 흔적⋯DMZ," 대한민국 정책브리핑, 2014년 10월 14일.

참고문헌

김연철(2013). 「접경지역 60년 기획연구(3): 접경지역 발전의 모델 연구 – 월경 협력 사례와 시사점」. 춘천: 강원발전연구원.

심익섭, 한형서(2005). 「독일지방정부의 정책현안과 그 시사점」. 한·독사회과학논총, 제15권 제2호(2005년 겨울), pp. 107-131.

한초아. "자연이 치유한 아픔의 흔적…DMZ." 대한민국 정책브리핑. 2014년 10월 14일.

행정안전부 정책보고서(2011)「접경지역 발전종합계획 – 한반도 중심의 생태·평화벨트 육성」.

Betsill, Michele M. and Barry G. Rabe(2019). Climate Change and Multilevel Governance: The Evolving State and Local Roles. In Daniel A. Mazmanian and Michael E. Kraft (eds), *Toward Sustainable Communities: Transition and Transformations in Environmental Policy*. Cambridge, MA: MIT Press, pp. 201-225.

BMUB(2007). (Bundesministerium für Umwelt, *Naturschutz und nukleare Sicherheit*). *Nationale Strategie zur biologischen Vielfalt – Kabinettsbeschluss vom 7. November 2007*. Berlin: BMUB.

BUND(2017). (Bund für Umwelt und Naturschutz Deutschland). "Chronik des Grünen Bandes: Eine Vision wird Wirklichkeit – das Grüne Band.".https://www.bund.net/service/publikationen/detail/publication/chronik-des-gruenen-bandes/. (2019년 2월 24일 검색).

_____(2018a). BUND Jahresbericht 2017, Berlin: BUND – Friends of the Earth Germany.

_____(2018b). "Grünes Band Thüringen: BUND begrüßt die Ausweisung als Nationales Naturmonument.".

BUND(2019). BUND Jahresbericht 2018, Berlin: BUND – Friends of the Earth Germany. https://www.bund.net/service/presse/pressemitteilungen/detail/news/gruenes-band-thueringen-bund-begruesst-die-ausweisung-als-nationales-naturmonument/news-topic/gruenes-band/ (2019년 3월 24일 검색).

BUND Landesverband Thüringen(2003). "Grünes Band – Historische Entscheidung für den Naturschutz in Deutschland? Bundesregierung verzichtet auf Privatisierung bundeseigener Flächen.". https://www.bund-thueringen.de/service/presse/detail/news/gruenes-band-historische-entscheidung-fuer-den-naturschutz-in-deutschland-bundesregierung-verzichte/ (2019년 2월 24일 검색).

참고문헌

BUND Naturschutz Bayern(2019). "Im Interview: Kai Frobel, Vater des Grünen Bandes.". www.bund-naturschutz.de/natur-und-landschaft/gruenes-band/interview-mit-kai-frobel.html (2019년 2월 24일 검색).

Bundesministerium der Justiz und für Verbraucherschutz(1996). "Gesetz über den Verkauf von Mauer- und Grenzgrundstücken an die früheren Eigentümer (Artikel 1 des Gesetzes über den Verkauf von Mauer- und Grenzgrundstücken an die früheren Eigentümer und zur Änderung anderer Vorschriften) (Mauergrundstücksgesetz - MauerG).". https://www.gesetze-im-internet.de/mauerg/BJNR098010996.html (2019년 3월 5일 검색).

Bundesamt für Naturschutz(2016). *Projekte des Bundesprogramms - Biologische Vielfalt. 2016.* Bonn: BfN.

Bundesamt für Naturschutz(2019). "Nationale Strategie zur biologischen Vielfalt." https://www.bfn.de/themen/biologische-vielfalt/nationale-strategie.html (2019년 3월 5일 검색)

Corfee-Morlot, Jan, Lamia Kamal-Chaoui, Michael G. Donovan, Ian Cochran, Alexis Robert and Pierre-Jonathan Teasdale(2009). Cities, Climate Change and Multilevel Governance. OECD Environmental Working Papers, No. 14, Paris: OECD.

Geidezis, Liana and Melanie Kreutz(2004). "Green Belt Europe - Nature knows no boundaries From ≫Iron Curtain≪ to Europe's lifeline, Europe in the East." *Urbani Izzivi* 15(2): 135-138.

DBU (Deutsche Bundesstiftung Umwelt)(2017). "Glücksfall für Ost und West: „grenzenlose" Liebe zur Natur.". https://www.dbu.de/123artikel37296_2418.html# (2019년 2월 24일 검색)

Der Tagesspiegel(2014). "Koalitionsvertrag: Linke macht Zugeständnisse an SPD und Grüne." Nov. 20.

Die Bundesregierung(2017). "Grünes Band: Vom Todesstreifen zum Naturparadies.". https://www.bundesregierung.de/breg-de/aktuelles/vom-todesstreifen-zum-naturparadies-357134 (2019년 3월 5일 검색).

Die Linke, SPD, Bündnis90/DIE GRÜNEN(2014). Thüringen gemeinsam voranbringen - Demokratisch, Sozial, Ökologisch: Koalitionsvertrag zwischen den Parteien Din Linke, SPD, Bündnis90/DIE GRÜNEN für die Wahlperiode der Thüringer Landtags.

참고문헌

EuroNatur, BUND & Coordination Group of the European Green Belt Initiative. 2014. *The European Green Belt Initiative – 10 years of challenges, experiences and achievements*. Radolfzell: EuroNatur Foundation and BUND Project Office Green Belt.

Grünes Band Deutschland(2019). "Erlebnis Grünes Band.". http://www.erlebnisgruenesband.de/erlebnis-gruenes-band.html (2019월 3월 10일 검색).

NANU-Stiftung(2019). "Gegen den Ausverkauf der Natur – Bewahrung des Nationalen Naturerbes.". https://naturerbe.nabu.de/wir-ueber-uns/naturschutz-durch-landkauf/nationales-naturerbe.html (2019년 3월 5일 검색).

Riecken, Uwe, Karin Reiter(2016). "Das Grüne Band als Bestandteil des Nationalen Naturerbes – Chancen und Herausforderungen.". https://www.bund.net/fileadmin/user_upload_bund/publikationen/gruenes_band/gruenes_band_managementtagung.pdf (2019년 3월 9일)

Schumacher, Jochen and Schumacher, Anke(2014). "Die Schutzgebietskategorie "Nationales Naturmonument": nationale und internationale Voraussetzungen für eine Ausweisung." *Natur u. Recht* 36(10): pp. 696-705.

SPD & Bündnis90/DIE GRÜNEN(2002). Koalitionsvertrag 2002-2006: Erneuerung – Gerechtigkeit – Nachhaltigkeit. https://www.nachhaltigkeit.info/artikel/koalitionsvertrag_2002_zu_fsfj_859.htm (2019년 3월 1일 검색).

행정안전부. 보도자료: 2022 "접경지역에 13조 원 투자해 성장동력 마련." 2019. https://www.mois.go.kr/frt/bbs/type010/commonSelectBoardArticle.do?bbsId=BBSMSTR_000000000008&nttId=68661 (2019년 2월 24일 검색).

제9장 증산사상과 DMZ 세계평화공원

증산사상과 DMZ 세계평화공원*

김정완

제1절 서론

증산(甑山)[1]의 천지공사(天地公事)[2]는 天·地·人 삼계공사로 이루어졌다. 이러한 삼계공사는 삼위일체로서 상호 밀접한 관련이 있지만 최종적으로는 인계공사(人界公事)로 귀결된다. 이는 현 시대가 하늘과 땅보다는 인간이 강조되는 인존시대라는 점과 인간만이 천지공사를 실행할 수 있는 실천적인 존재라는 점에서 비롯된다. 이러한 증산사상에 있어 인간은 무정부적인(anarchistic) 개인이 아닌 공동체의 구성원으로 볼 수 있다. 다양한 인간 공동체 중에서 현실에 있어 가장 발달한 형태가 국가이다. 따라서 증산의 천지공사는 특정국가를 대상으로 한 상등국 공사로 귀결된다. 이에 증산은 한반도를 상등국으로 하여 선천의 상극세상을 매듭짓고 세계가 상생하는 후천의 선경세계를 건설하고자 했다.

지난 100여 년간 한반도의 역사는 증산이 설계한 상등국에 진입하기 위한 준비작업이었다면 이제는 구체적인 실행단계에 돌입했다고 볼 수 있다. 현재는 세계의 정치·경제·문화가 한반도로 수렴하는 과정이라고 볼 수 있으며 이에 대한 징표가 'DMZ 세계평화공원[3](이하 DMZ 공원)'이다. DMZ 공원은 2013년 5월 박근혜 前 대통령이 미국 국빈방문 당시에 미 의회연설에서 최초로 공식 제기되었고 그

---

* 본 주제는 김정완(「증산사상과 DMZ 세계생태평화공원: 한반도 상등국 천지공사를 중심으로」, 대순사상논총, 24(1), 대순사상학술원, 2014)의 논문을 수정·보완하여 작성되었음.

1) 본명은 강일순(姜一淳)이고 본관은 진주, 자는 사옥(士玉)이고 증산(甑山)은 그의 호이다. 증산은 1871년 전북 고부(현 정읍)에서 출생하여 유·불·선의 경전과 음양·풍수·복서·의술을 연마하고, 전북 모악산 소재 대원사에서 수도하고 전국을 주유천하(周遊天下)한 후에 우주대권의 주재자(하느님, 상제)로서 자신의 신격을 밝힌 후 1901년부터 1909년 화천(化天)하기까지 당시 말세 증상을 보이고 있는 선천(先天)의 상극 상황을 마무리하고 새로운 후천(後天) 선경세계를 맞이하기 위한 개벽기의 법방을 전수했다. 현재 대순진리회, 증산도 등 다수의 민족종파들이 그를 신앙의 대상으로 하고 있다.

2) 천지공사(天地公事)는 증산사상의 핵심 사상으로서 상극에 처한 天(신명계), 地(민족과 국가), 人(인간관계) 삼계를 재설계하여 상생의 관계로 발전시키기 위한 개벽사상을 주요 내용으로 하고 있다.

3) 박근혜 정부에서 초기(2013)에는 DMZ 세계평화공원이라고 했으나 후(2014)에 DMZ 세계생태평화공원으로 변경되었다.

당시 오바마 대통령으로부터 전폭적인 지지를 얻었고 UN으로부터도 적극적인 지원을 약속받은 바 있다. 동일한 맥락에서 문재인 대통령도 2019년 9월 24일 유엔총회 기조연설을 통해 유엔과 모든 회원국에 한반도의 허리를 가로지르는 비무장지대(DMZ)를 국제평화지대로 만들자고 제안했다.

이처럼 세계 유일의 분단국가이면서 DMZ를 사이에 두고 남북한이 대치하고 있는 지역에 평화의 상징으로서 DMZ 공원을 건설함으로써 남북경제공동체 건설과 함께 한반도가 세계평화의 메카로서 세계 정치경제의 중심지로 자리 잡을 수 있는 계기를 마련한 박근혜 정부의 DMZ 공원의 구상은 문재인 정부에서도 정책적으로 계승되고 있다.

향후 DMZ에 건설될 평화공원과 평화지대는 단순한 공원 수준에 그치는 것이 아니라 남북교류 전진기지, 남북 통일경제특구, 더 나아가 통일수도로 발전할 것으로 예상된다. 또한 DMZ 공원은 남북통일과 함께 세계 정치경제의 중심축으로서의 위상을 확보함으로써 한반도 중심의 새로운 세계질서를 구축하는 데 구심점의 역할을 수행할 것으로 예상된다. 이러한 DMZ 공원을 증산의 한반도 상등국 천지공사 관점에서 그 성격을 규명하고 향후 전개과정에 대한 예측과 함께 남북한의 통일과 한반도 중심의 세계정부 건설을 위한 함의를 도출하고자 한다.

제2절 DMZ 세계평화공원의 지정학적 함의

1. DMZ 세계평화공원의 위상

DMZ 공원은 2013년 박근혜 전 대통령의 미국 국빈방문 당시 미의회 연설과 함께 오바마 전 대통령으로부터 공감대를 이끌어내면서 한미 동맹 60주년 기념 공동선언의 형태로 발표되면서 구체화되기 시작했다. 공동선언의 주요골자는 지난 60년간의 한미 공조를 바탕으로 한반도의 평화와 동북아 협력을 강화함으로써 지구촌의 번영을 위해 함께 노력하자는 것이었다. 이를 위한 하나의 방안으로서 양국 정상은 DMZ공원을 조성할 것을 합의했다.

DMZ(Demilitarized Zone: 비무장지대)는 1953년 한국전쟁 휴전 후 남북한 간의 군사적 충돌을 방지하기 위한 평화지대로 설정되었으나 현재는 세계의 유례를 찾아볼 수 없을 정도로 중무장된 지역으로 남북한이 군사적으로 첨예하게 대립하는 지역으로 변했다. 또한 현재 DMZ는 남북한 분단의 상징으로서 뿐만 아니라 자본주의와 공산주의 간의 마지막 대결 장소로 간주된다. 이러한 DMZ에 세계가 공감할 수 있는 평화공원을 조성함으로써 남북한 간의 화해와 협력, 더 나아가서는 세계평화와 인류 공동번영을 이루는 것을 목표로 하고 있다.

향후 DMZ 공원은 상생의 시대흐름 속에서 한반도뿐만 아니라 세계적인 관점에서도 정치·경제적으로 중요한 의미를 갖는다. 무엇보다도 남북한은 지난 70여 년 동안 지속된 대립과

갈등을 해소할 시점에 도달했다. 현재 북한은 핵개발로 인해 미국과 UN으로부터 엄격한 재제를 받고 있는 입장에 처해 있기 때문에 김정은 위원장은 인민경제의 발전을 위해서는 한국의 적극적인 도움과 북미간의 교량적인 역할이 절실한 처지이다. 이러한 상황에서 평화와 생태라는 인류의 보편적인 가치를 지향함으로써 대북재제를 우회하면서 향후 비핵화 진전시 본격적으로 전개될 남북경협의 발판을 마련하는 것이 불가피한 입장이다. 이러한 점에서 DMZ 공원은 단순한 공원을 넘어 문재인 정부가 구상하고 있는 통일경제특구와 한반도 신경제지도 구상과도 연결된다.

한국 또한 중진국 함정에 처해 있는 상황에서 대외경쟁력을 갖추기 위해서는 북한의 양질의 인력과 풍부한 지하자원을 활용하는 것이 새로운 돌파구가 될 수 있다. 현재 한국의 제품은 가격 측면에서는 중국과 인도 등 신흥국에 밀리고 기술 측면에서는 미국과 일본 등 선진국에 뒤처지는 상황에서 탈출구를 찾기 위해서는 남북경협을 추진할 수밖에 없는 상황이다. 따라서 향후 북미간의 비핵화에 대한 합의가 이루어질 때 전개될 남북경협의 터를 미리 닦는다는 측면에서 DMZ 공원 조성사업을 적극적으로 추진할 필요가 있다.

향후 남북한 간의 주요 현안에 대한 최소한의 공감대가 조성되고 북미간의 비핵화에 대한 논의가 어느 정도 성숙한 태도를 보인다면 남북 교류협력의 흐름은 급물살을 탈 것으로 예상된다. 이러한 상황에서의 첫 번째 남북공동 프로젝트는 DMZ 공원 조성이 될 것으로 보인다. 앞으로 조성될 DMZ 공원은 판문점이나 임진각과 같은 단순한 공원의 수준을 넘어 남북 공동산업단지와 남북교류 전진기지로 발전하고 더 나아가서는 남북관계의 지속적인 진전에 따라 통일수도로 발전할 것으로 기대된다. 따라서 DMZ 공원은 남북한 간의 분단·갈등·대립을 해소하고 상호 해원상생을 실현함으로써 한반도의 통일을 준비하기 위한 주춧돌로 간주되고 있다.

또한 DMZ 공원은 한반도를 넘어 세계적인 주목을 받게 될 것이다. DMZ는 남북한뿐만 아니라 전 세계가 자본주의와 공산주의로 양분되어 마지막으로 세계대전(상씨름)을 치른 곳이며 그 전쟁은 현재 종결되지 않은 휴전상태에 머물러 있다. 인류 역사상 가장 치열하게 싸워 극도의 원한이 맺혀 있는 지역에 세계평화공원이 조성되는 경우 세계가 그 동안의 대립과 갈등을 해소하고 상생에 접어들 수 있는 길을 열게 된다. 그 결과 DMZ 공원은 전 인류가 해원 상생할 수 있는 원천과 에너지를 제공하게 된다. 이러한 관점에서 '세계'평화공원이라는 이름으로 미국 대통령과 유엔 사무총장으로부터도 적극적인 지지와 지원약속을 이끌어낸 바 있다. 이를 바탕으로 DMZ 공원 내에는 통일과 세계평화와 관련된 다양한 국제기구들을 입지시킴으로써 세계정치의 중심지로 발전하게 될 것이다.

2. DMZ 세계평화공원의 입지 후보지

현재 DMZ 공원의 후보지로 서부권·동부권·중부권의 세 권역이 거론되고 있다(그림1).[4] 먼저, 서부권은 파주시·김포시·고양시 일대로 이루어져 있다. 서부권은 현재 판문점이 위치하고 남북을 연결하는 경의선이 복원되어 있고 개성공단의 출입로가 개설되어 있는 관계로 남북교류의 주요한

---

4) 김정완, 「통일시대를 대비한 접경지역 시군통합의 필요성과 기대효과」, 한국지방행정학보, 제10권 제1호, 2013, pp. 177-178.

관문의 역할을 하고 있다. 그러나 이곳은 향후 새로이 남북 교류 전진기지와 통일수도를 조성하는 데에 한계가 있다. 현재 산업시설이 포화상태에 있으며 서울과의 거리가 너무 가까워 북한과 함께 하는 공동경제 구역을 설치함에 있어 정치적·군사적으로 부담이 있다. 더 나아가 향후에는 DMZ 공원을 중심으로 현재의 남북 통일경제특구나 교류 전진기지를 조성할 때에는 남북한 어느 한쪽 영토 내만 설치하기보다는 양쪽에 걸치도록 해야 한다는 사실을 감안할 때 서부권은 임진강으로 남북한이 양분되어 있기 때문에 한계가 있다. 이와 같이 향후의 통일수도는 남북한이 공유할 수 있는 공동의 영역에 조성되어야 한다는 사실에 입각할 때 서부권은 입지여건이 불리하다.

그다음으로 동부권은 고성군·양구군·인제군 일대를 포함한다. 남북을 연결하는 현재 동해선이 개설되어 있고, 향후 시베리아 횡단철도와 북극항로의 거점으로서의 역할이 기대되는 곳이지만, 주로 산악지역으로 이루어져 있고 가용토지와 수자원이 미흡하여 대규모의 산업단지나 남북교류 거점을 조성하는데 한계가 있다.

끝으로, 중부권은 철원군·연천군·포천시로 이루어져 있다. 중부권은 역사적 동질성이 강하고 한반도 종횡의 중심으로서의 상징성을 내포하고 있다. 또한 임진강과 한탄강이 흐르고 있어 수자원이 풍부하고 남북이 평면으로 연결되어 있으며 가용토지가 광활하다. 기반시설 측면에서도 경원선(서울→철원→원산)과 함께 세 개의 국도가 남북으로 통과하는 곳이다. 그 결과 중부권은 향후 남북 경제교류 전진기지로서의 적합성이 높은 권역으로 평가된다.

특히 중부권은 포천시의 3분의 1을 포함하여 전 지역이 38도선 이북으로 6.25 이전에는 북한 영토이었기 때문에 향후 DMZ공원의 조성에 있어 북한의 합의를 끌어내는 데 유리하다. 또한 중부권은 북한의 평양과 한국의 세종시 간의 등거리(160km)에 위치하고 있어([그림 9-1]) 향후 통일수도의 입지로서 지정학적인 이점을 갖고 있다. 이밖에도 한반도 종단철도(KTR)의 중심 노선인 경원선이 관통하는 지역으로서 남북한뿐만 아니라 중국 횡단철도(CTR) 및 시베리아 횡단철도(STR)와 연계하여 유럽대륙으로 연결되는 21세기 철의 실크로드의 시발점에 해당된다([그림 9-2]). 따라서 중부권은 남북통일에 즈음하여 한반도가 세계의 정치경제의 중심지로 발돋움할 수 있는 지정학적인 여건을 구비하고 있는 지역으로 DMZ 공원의 최적 후보지로 평가되고 있다. 이러한 관점에서 전국민을 대상으로 한 설문조사에서도 중부권이 최적지로서 과반수를 지지를 받은 바 있다.[5]

---

5) 김찬권, 「DMZ 세계평화공원 조성 국민 인식도 조사」, 중부권 접경지역의 미래: 평화공원과 통일수도, DMZ 세계평화공원 중부권 유치위원회 Workshop, 대진대 DMZ 연구원, (2014), pp. 63-113

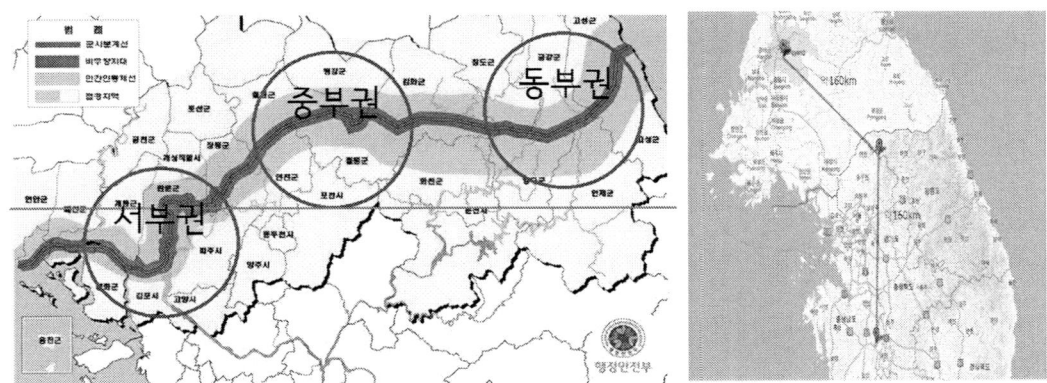

출처 : 김정완(2013), p.178, 181

[그림 9-1] 중부권의 한반도 지정학적 위치

이와 같이 남북분단을 넘어 세계 최후의 이념적 대결 장소라고 할 수 있는 DMZ에 세계평화공원을 조성함으로써 상생을 바탕으로 하는 세계 정치경제의 거점을 건설하게 된다. 이곳에는 유엔을 비롯한 다양한 국제기구들이 자리 잡게 되어 향후 세계 정치경제의 일번지로서 세계정부의 중심지로 성장하게 될 것이다. 최근에 접어들면서 미국의 자국 우선주의, 중국의 지속적인 경기하락, 남부유럽의 재정위기, 영국의 브렉시트, 일본의 장기 경기침체 등으로 기존의 자본주의 경제질서가 붕괴되는 과정에서 한반도가 새로운 거점으로 등장하고 있다. 이는 한반도 종단철도를 중심으로 한 21세기 철의 실크로드 구상으로 구체화되고 있다. 한반도 종단철도는 남쪽으로는 해저터널에 의해 일본과 연결되고 동북쪽으로는 시베리아횡단철도와 연결되어 유럽 향하고 서북쪽으로는 중국 횡단철도와 연결된 후 시베리아횡단철도와 합류하여 유럽을 거쳐 도버 해저터널을 거쳐 영국까지 연결된다([그림 9-2]).

그리고 현재의 다양한 한반도 종단철도 노선 중에서 서쪽의 경의선(서울↔신의주)과 동쪽의 동해선(양양↔원산)을 연결하는 경원선(서울↔원산)이 핵심축이다. 특히 경원선은 철원에서 금강산선(철원↔내금강산)과 연계되어 북한의 마식령 스키장과 금강산 관광을 비롯하여 남북경협의 중요한 노선이다. 이러한 경원선은 DMZ공원의 유력한 후보지인 중부권 접경지역을 통과하고 있다. 따라서 중부권은 DMZ공원, 남북교류 전진기지, 통일수도, 세계 정치경제의 중심지로 발전하기 위한 지정학적인 요건을 갖고 있다.

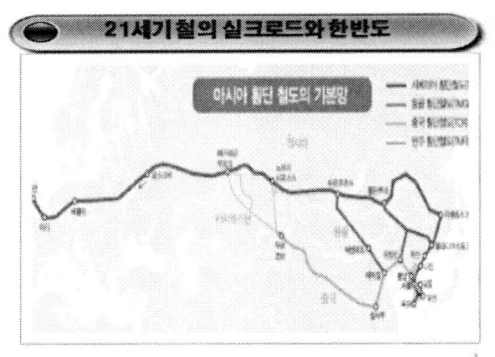 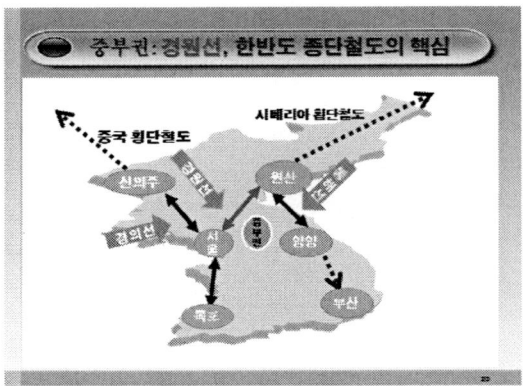

출처: http://railwayto1.org/dh2/sub3/?mod=document&uid=115

[그림 9-2] 경원선(중부권)의 세계의 지정학적 위상

제3절 증산의 한반도 상등국 천지공사

1. 한반도 상등국 천지공사 전개과정

증산은 천지인 삼계공사의 일환으로 한반도 상등국 천지공사를 단행했다. 모사재천 성사재인(謀事在天 成事在人)의 관점에서 볼 때 증산의 천지공사 실행 주체는 인간이며 여기서 인간은 무정부상태의 개인이 아니라 공동체의 구성원이다.

아리스토텔레스가 "인간은 사회적 동물"이라고 했듯이 인간은 태생적으로 사회적인 욕구를 갖고 있으며 더 나아가서는 공동체의 생활을 통해서 인격적으로 성숙한 존재로 성장하게 된다. 증산 또한 해원상생(解冤相生)과 보은상생(報恩相生)을 통한 인간의 공동체 생활을 강조하고 있다. 다양한 인간공동체 중에서 가장 발달한 전형적인 공동체는 국가이며, 이러한 관점에서 헤겔(G.W.F.Hegel)은 국가를 최고의 선(善)으로 규정하고 있다.

증산은 우주의 절대자로서 후천 선경세계를 준비하기 위한 천지공사를 행함에 있어 전 세계의 모든 국가와 민족을 동시에 개혁하기보다는 특정한 국가와 민족을 대상으로 하여 그 효과가 전 세계로 파급되기를 기대했을 것이다. 실제로 증산은 바로 한반도와 한민족을 천지공사의 중심국으로 설정하고 이를 상등국으로 만들어 후천의 선도국가로 삼고자 했다.

이와 같이 증산은 당시 보잘것없는 약소국가에 불과했던 조선을 천지공사의 주도국가로 선택함에 있어 객관적이고 공정하면서 분명한 원칙을 갖고 있었다. 첫째, 해원상생을 들 수 있다. 증산은 천상에서 서양 대법국(大法國) 천계탑(天啓塔)에 내려와서 천하를 대순하다가 사멸에 빠진 세계

창생들을 건지기 위해 동방을 순회하던 중 조선 땅에 머문 것은 참화에 묻힌 무명의 약소민족을 먼저 도와서 만고에 쌓인 원을 풀어 주기 위해서였다.[6]

둘째, 보은상생이다. 증산은 조선과 같이 신명을 잘 대접하는 곳이 이 세상에 없어 신명들이 그 은혜를 갚고자 한다는 점을 분명히 했다[7].

셋째, 명당(明堂)의 원리이다. 증산은 "조선강산 명산으로 도통군자 다시 난다"는 동학의 궁을가(弓乙歌)을 인용한 바 있다. 이는 자신이 조선에 강세함으로써 도통군자를 배출하게 된다는 것을 의미한다. 또한 증산은 동학 신자들이 대선생의 갱생을 기다리고 있는데 자신이 대선생이라고 말함으로써[8] 자신이 선택한 조선이 세계의 혈(穴) 자리라는 점을 반증하고 있다.

증산의 천지공사는 한반도 중심의 새로운 선경세계를 완성하는 것을 골자로 하며 실제로 증산은 1901~1909 기간동안 신명공사(神明公事)[9]와 함께 조선 상등극 천지공사를 구체적으로 집행해 나갔으며 그 효과는 지난 100년 이상 지속되고 있으며 현재에 이르러 조간만 완성되어 갈 것으로 예상된다.

천지공사 당시 한반도의 상황은 인구 2천만명 미만의 전근대적인 체제에 머물러 있는 약소국가로 제국주의 세계열강의 손쉬운 먹잇감에 불과했다. 당시 조선은 이리떼들에 의해 둘러쌓은 어린양과 같이 그 국운이 풍전등화와 같았다. 이러한 조선을 후천 세계의 주도국으로 만들기 위한 조선 상등국 공사는 삼 단계의 주도면밀한 로드맵에 의해 이루어졌다. 증산은 이를 씨름판에 비유하여 애기씨름판·총각씨름판·상씨름판으로 나누어 진행했다.[10]

먼저, 애기씨름판은 서양의 열강으로부터 동양을 수호하는 공사이다.

증산은 1903년(계묘년)에 동양 형세가 그 존망의 급박함이 백척간두(百尺竿頭)에 처해 있어 세력의 중심축이 서양으로 넘어가지 못하도록 공사를 먼저 행했다.[11] 당시 조선에서 제국주의 열강들이 입김을 행사함에 따라 국정 운영방향에 대한 여러 당파간 국론이 분열되어 혼란을 거듭했다. 특히 친러와

---

6) 대순진리회,『전경』, 대순진리회 출판부, 2010, pp. 265-266
7) 대순진리회,『전경』, 대순진리회 출판부, 2010, p. 254
8) 대순진리회,『전경』, 대순진리회 출판부, 2010, pp. 265
9) 증산은 신인조화(神人調化), 신인의도(神人依導), 신인합일(神人合一)의 원리에 의해 한반도 상등국 천지공사를 행함에 있어 신명공사를 먼저 단행했다. 신명공사는 주요 국가의 명부(冥府: 사후 영혼의 세계를 관장하는 직위)와 주요 종파의 종장(宗長)을 새로이 임명함으로써 착란에 빠진 신명세계를 재정비한 후에 한반도 상등국을 위한 인계공사를 실시했다. 당시 증산은 조선 명부에는 전명숙(전봉준), 청국 명부에는 김일부, 일본 명부에는 최수운(최제우)을 각각 임명했다(『전경』: 99). 그리고 불도의 종장에는 진묵대사, 서교의 종장에는 이마두(마테오 리치), 유교의 종장에는 주회암(주희)을 각각 임명했다(『전경』: 181-182). 이와 함께 인세에서 선경세계 건설을 목표로 공부하려다 김봉곡(金鳳谷)에게 죽음을 당한 후에 원(冤)을 품고 동양의 도통신을 거느리고 서양에 가서 문화를 계발했던 진묵대사와 당시 함께 서양으로 건너갔던 동양의 도통신명뿐만 아니라 서양신명들을 화물선의 화물표에 따라 넘어오게 했다(『전경』: 102, 313).
10) 대순진리회,『전경』, 대순진리회 출판부, 2010, p. 240
11) 대순진리회,『전경』, 대순진리회 출판부, 2010, p. 101

친일로 극한 대립을 하고 있는 상황이었다.

　이에 증산은 러시아를 비롯한 서양은 인종 차별과 동서 구별이 심하기 때문에 일본을 도와 러시아와 서양세력을 물리치는 공사를 행했다.[12] 이를 위해 대신문(大神門)을 열어 49일 한 도수로 하여 동남풍을 불어 서양 세력을 꺾어 놓도록 했다.[13] 그 결과 실제로 1904년(갑진년) 러일전쟁에서 일본 해군이 당시 세계 최강인 러시아의 발틱함대를 대한해협에서 동남풍이라는 기상조건을 이용하여 격파했다.

　러일전쟁의 패배로 러시아의 남진정책은 동양이 아닌 서양 쪽으로 진로를 선회하게 된다. 그 당시 러시아가 비록 일본에 패했을지라도 서양세력은 여전히 강하여 동양에 대한 침략의 야욕을 불태웠다. 이에 증산계는 1903년(계묘년)에 조선 신명을 서양에 건너보내어 역사를 일으키게 하는 공사를 행했고,[14] 그 결과 1차 세계대전(1914-1918)이 발발하였다. 1차 세계대전의 승패는 공식적으로는 프랑스와 대영제국을 중심으로 한 연합국이 독일제국과 오스트리아-헝가리제국 중심의 협상국을 물리친 것으로 되어 있으나 실제로는 양쪽이 막대한 군사적·경제적 손실과 1918년에 발생한 스페인 독감에 의한 전력 상실로 자연적으로 종결된 것으로 평가할 수 있다. 이와 같이 애기씨름판에 의해 러시아와 서양세력을 약화시킴으로써 그들로부터 동양을 지켜낼 수 있었다.

　두 번째, 총각씨름판은 일본의 제국주의를 종결시키는 공사이다. 애기판이 러일전쟁과 1차 세계대전을 통해서 일본을 중심으로 동양을 서양으로부터 수호하는 공사였다면 총각판은 일본을 꺾는 공사이다.

　애기판에서 동양을 방어한 증산은 일차적으로 중국(청)과 일본 중에서 어느 나라를 동양의 주도세력을 설정할 것인가에 대해 고민했다. 이에 증산은 1903년(계묘년)에 조선을 서양으로 넘겼다면 인종의 차별로 학대가 심하여 살아날 수가 없었던 것처럼 청국으로 넘겼다면 그 민족이 우둔하여 뒷감당을 못할 것으로 판단하여 일단 일본에게 맡기는 공사를 행했다.[15]

　이에 증산은 중국과 일본 간에 두 차례의 싸움을 붙인다. 첫 번째 싸움에서는 일본이 승리하지만 두 번째 싸움은 10년 동안 전개되어 결국은 일본이 쫓겨 들어 가는 공사를 행했다.[16] 그 결과 1931년 1차 중일전쟁(만주사변)에서 일본이 승리했지만 1937년 (2차) 중일전쟁은 1945년까지 계속되다가 연합국에 의해 일본이 패망함으로써 종결되었다.

　증산은 중국보다는 일본에게 일차적으로 주도권을 부여하여 조선을 임시로 위탁 관리하게 한 셈이다. 실제로 증산은 일본을 '새끼를 낳은 백호'로 비유하여 "범이 새끼를 낳으면 그 부근 마을까지 돌봐주는 것처럼 일본이 조선까지를 보호해 줄 것이며 이것이 조선을 서양과 러시아·청국 등의 열강으로부터 지키는 길"이라고 했다. 더 나아가 "잠자는 호랑이 코털을 건드리면(宿虎衝鼻) 해를 입듯이 일본의

---

12) 대순진리회,『전경』, 대순진리회 출판부, 2010, p. 101, pp. 313-314
13) 대순진리회,『전경』, 대순진리회 출판부, 2010, p. 317
14) 대순진리회,『전경』, 대순진리회 출판부, 2010, p. 317
15) 대순진리회,『전경』, 대순진리회 출판부, 2010, p. 115
16) 대순진리회,『전경』, 대순진리회 출판부, 2010, p. 320

비위를 거스르지 말 것"을 당부했다. 또한, 백호는 청룡이 동(動하)면 곧 물러갈 것이라고 했다.[17]

여기서 백호가 일본이라면 청룡은 미국을 의미한다고 볼 수 있다. 실제로 일본은 1941년 진주만 폭력으로 2차 세계대전을 일으킨 후 미국에 의해 1945년에 패망하게 되었다.

증산이 일본에게 러일전쟁(1904년) 이후에 1945년까지 주도권을 제공한 것은 조선에게 임시 피난처를 부여한 셈이다. 일본은 임진란 이후 도술신명 사이에 척이 맺혀 있어 그들에게 일시에 조선을 맡겨 주어야 척이 풀릴 것이라는 점을 인식하고 그들에게 일시 천하 통일지기(一時天下統一之氣)와 일월 대명지기(日月大明之氣)를 붙여 주어 역사케 했다. 다만 인(仁)만은 조선인에게 그대로 남겨주었다. 그 결과 일본인들은 조선에서 일만 하고 품삯도 받지 못하고 돌아가게 됨에 따라 말대접이나 후덕하게 주라고 일렀다.[18]

증산은 일본에게 조선을 위탁하는 공사(1903년 계묘년)를 행한 이후에 일본의 기운을 걷는 공사를 단행했다. 실제로 1908년(무신년)에 신방축 공사를 통해서 일본의 지기를 뽑았다. 일본은 지기가 강렬하여 그 민족성이 탐욕과 침략성이 강하고 남을 해롭게 하는 것을 일삼았고, 그 결과 우리나라 역시 예로부터 그들의 침해를 받아왔다.

증산은 1908년 7월(음력) 태인의 신방축 마을의 대장간에서 많은 글을 써서 풍굿불에 태우는 공사를 했는데 그 결과 동년 8월 23일(음력)에 일본 신호에서 원인 모를 큰 화재가 발생하였다. 신방축은 한자로는 신호(神壕)로서 일본의 신호(神戶: 고베)와는 동음이라는 점에서 이곳에서 일본 지기를 뽑는 공사를 한 것으로 보인다.[19] 그 지기를 뽑아야 남을 넘볼 겨를 없이 살림이 분주하게 되어 한반도뿐만 아니라 자신들도 편해질 수 있었다.

이와 함께 증산은 1909년(기유년)에 초대 조선통감이었던 이등박문을 제거하는 공사도 행했다. 안내성 종도로 하여금 곤봉으로 마룻장을 치게 하고 "이제 병고에 빠진 인류를 건지려면 일등박문이 필요하고 이등박문이 불필요하게 되었다"라고 말했다. 그 결과 동년 10월 26일 하얼빈 역에서 이등박문(伊藤博文)이 안중근(安重根) 의사(義士)에게 암살되었다.[20] 증산은 이러한 일련의 공사를 통해서 일본이 패망의 길에 접어들도록 천지공사를 행함으로써 2차 세계대전을 종결시켰다.

세 번째, 상씨름판은 한반도에서 공산주의를 비롯한 외세를 몰아냄으로써 조선 상등국을 실현하는 공사이다. 증산은 애기판(러일전쟁과 1차 대전)과 총각판(중일전쟁과 2차 대전) 공사를 통해서 조선을 서양의 열강과 일본 제국주의로 구출하였다. 그런데 총각판의 결과 38선을 중심으로 소련과 중국 중심의 공산주의와 미국과 일본 중심의 자본주의가 대립하게 되었다. 총각판 이후 세계를 소련을 중심으로 한 공산주의와 미국을 중심으로 한 양극체제가 홍성되면서 양측 간의 갈등과 대립이 지속되었다. 따라서 양자 간의 대결구도 속에서 공산주의를 붕괴시키고 자본주의를 세우는 과정에서

---

17) 대순진리회, 『전경』, 대순진리회 출판부, 2010, pp. 329-330
18) 대순진리회, 『전경』, 대순진리회 출판부, 2010, p. 115
19) 대순진리회, 『전경』, 대순진리회 출판부, 2010, p. 144
20) 대순진리회, 『전경』, 대순진리회 출판부, 2010, p. 82

한반도와 한민족이 세계의 중심국가로 성장하도록 하는 공사가 필요했었다.

이에 증산은 한반도에서 38선을 중심으로 공산주의와 자본주의 간의 전쟁이라는 상씨름을 붙였던 것이다. 1953년 7월 27일 휴전협정(armistice agreement)이 체결됨에 따라 씨름판이 종결되지 않은 상태에서 서로 힘을 겨루는 샅바싸움이 지속되었다.

그런 가운데 1991년에 소련이 붕괴되고 중국은 1997년 등소평 등장 이후 개혁개방에 의한 자본주의 경제체제를 수용함으로써 공산주의가 힘을 잃어가는 상황이 생겼다. 특히 남북대결의 당사국인 북한 역시 공산주의 경제체제가 붕괴되면서 대결구도가 종결되어 가는 상황이었다. 한반도를 중심으로 한 자본주의와 공산주의간의 상씨름이 자본주의의 승리로 종결되는 경우 최종적으로 한반도가 상등국이 되기 위해서는 한반도가 새로운(후기) 자본주의의 주도국이 되기 위한 과정이 남아있었던 것이다.

이에 증산은 한반도가 최종적으로 세계 상등국이 되기 위한 천지공사를 행했다. 1903년(계묘년)에 오선위기(五仙圍碁) 도수를 통해 한반도라는 바둑판을 중심으로 두 신선(미국과 중국)이 대국(對局)을 하고 두 신선(러시아와 일본)은 훈수를 하는 가운데 주인(한반도)은 수수방관하면서 손님대접만 잘 하면 책임을 다하는 것이 되고 대국이 끝나면 바둑판과 바둑돌은 주인에게 돌아간다는 것이다([그림 9-3]). 그 결과 옛날 한 고조(漢高祖)는 말 위에서 천하를 얻었다면 한민족은 좌상(座上)에서 득천하 하게 된다는 것이다.[21]

증산은 오선위기 구도 하에서 조선 상등국 공사를 입안한 후에 1907년(정미년)에 구체적으로 바둑판을 종결하는 공사를 하기 행했다. 하지만 네 명의 신선이 판을 놓고 서로 패를 지어 따먹으려고 했기 때문에 날짜가 늦어서 승부가 결정되지 못했고, 이렇게 최수운을 초혼하는 대결을 종결지었다.[22]

출처 : 대순진리회

[그림 9-3] 오선위기도

---

21) 대순진리회,『전경』, 대순진리회 출판부, 2010, p. 317
22) 대순진리회,『전경』, 대순진리회 출판부, 2010, pp. 114-115

2. 오선위기 공사와 한반도 주변 국제정치

증산은 오선위기(五仙圍碁) 도수를 통해 한반도 상등국 건설을 위한 설계도를 완성했으며 현재 그 효과가 가시화되고 있다. 한반도 정세가 현재 교착상태에 빠져 있는 상씨름판이 오선위기의 바둑판 대결로 종결되어 가는 상황이라고 할 수 있다. 이는 현재 남북한을 비롯한 주변 강대국의 이해관계가 다양하게 결집되어 있는 북한의 핵문제로 귀결된다.

북한의 핵문제가 남북한뿐만 아니라 미국·일본·중국·러시아 간의 핵심적인 외교문제로서 이 문제가 해결되는 경우 남북통일을 비롯하여 한반도를 둘러싼 상생적인 국제관계가 조성될 것으로 예상된다. 오선위기의 관점에서 북핵의 결과를 예상한다면 북한의 핵문제를 해결하는 과정에서 대북제재의 완화와 함께 주변국가들이 북한에 막대한 투자와 원조를 단행하게 되고 이를 바탕으로 북한과 한반도는 경제성장 기반을 갖추게 될 것이라는 점이다.

이와 관련하여 북한이 핵무기를 개발하여 보유하고자 했던 의도를 먼저 살펴볼 필요가 있다. 북한은 핵개발을 통해 남한이나 주변국가와 전쟁을 수행하기보다는 자기보호를 위한 자위권보장, 김정일·김정은 정권 승계 과정에서의 체제유지, 대외 원조를 확보하기 위한 국제협상력 증진을 도모하고자 했다고 평가할 수 있다.

첫째, 자위권 보장과 관련하여서는 그동안 후견인의 역할을 했던 중국과 러시아의 지원이 최근에 접어들면서 축소되거나 단절된 상태에서 자체 방위를 책임져야 할 상황에 직면했었다. 특히 2003년 미국의 이라크 침공 이후 미국을 비롯한 주변국가들의 위협으로부터 자신을 자체적으로 보호하기 위한 수단으로서 핵무기를 개발하기 시작했다고 볼 수 있다.

둘째, 체제유지와 관련하여서는 김정일 국방위원장에서 김정은 국방위원회 제1위원장으로 정권이 승계되는 과정에 있어 핵개발을 통해서 국가적인 위상을 고양시킴과 동시에 주변국가들과의 갈등관계 조성을 통해 인민들의 일체감을 조성할 필요가 있었다고 할 수 있다.

현재 북한 정권의 입장에서는 상기의 두 가지 목표를 달성했다고 보고 북핵이 대외 원조 확보용이라는 마지막 의도를 파악하는 데 중점을 두어야 한다. 이점이 오선위기 도수의 실효성을 결정짓는 중요한 사항이다. 과연 주변국가들이 최종적으로 한반도에 바둑판과 바둑돌을 놓고 물러갈 것인가의 여부이며 이는 북핵의 원만한 해결을 위해 대북 제재완화와 주변국가들이 화합하여 북한에 경제원조를 단행할 것인가이다. 미국·일본·중국·러시아·남북한이 당사자가 되어 6자회담[23]이 결성되었다는 점에서 오선위기 도수의 기본 틀이 일단 조성되었다고 평가할 수 있다.

이제 관련 국가들의 구체적인 이해관계를 살펴볼 필요가 있다.

먼저 미국의 경우 북핵문제에 대해서는 북한의 직접적인 미국 본토 공격을 걱정하기보다는 중동국가의 과격분자의 손에 북핵이 들어가는 것을 두려워하고 있다. 알카에다·탈레반·하마스 등이 북한의 지속적인 핵실험을 통해 개발된 경량화·소형화된 핵무기를 접수하는 경우 이는 미국에 대한

---

23)

직접적인 테러 위협으로 작용하게 된다. 특히 북한의 핵개발이 이란을 비롯한 중동국가의 경제적 지원에 의해 이루어졌다는 점에서 그 위협이 현실화될 수 있다. 이러한 관점에서 미국은 북핵의 원만한 해결을 위해 북한과 합의할 수밖에 없게 된다.

일본의 경우는 현재 북한이 보유하고 있는 미사일의 사정권내에 입지하고 있고 핵개발이 완료되는 경우 핵미사일의 직접적인 위협을 받게 된다는 점을 두려워하고 있다. 더 나아가 남북한 간의 화해분위기가 조성된 경우는 북한의 핵무기는 한반도 전체를 수호할 수 있는 무기로서 독도를 비롯하여 한일 간의 영토분쟁에 있어 일본은 불리한 상황에 처하게 되는 것을 우려하고 있다.

중국은 북한이 핵개발을 지속하는 경우 일본의 핵무장 가능성이 커지는 것은 물론, 미일관계가 긴밀해져서 센카쿠 열도를 비롯한 중일간의 영토분쟁에 있어 불리하다는 것을 명심해야한다.

러시아의 경우에는 현재의 경제난을 해소하기 위해서는 동시베리아에서 생산되는 천연가스를 중국과 한국에 판매해야 할 상황이다. 이를 위해서는 북한을 통과하는 가스관을 매설해야 하는데 북핵 문제에 의해 북한과 주변국가들 간에 긴장관계가 조성되는 경우 불가능해진다.
게다가 러시아는 북한의 나진과 자국의 하산을 연결하는 공업벨트 조성과 시베리아횡단철도 건설을 위해 한국의 기술과 자본이 요구되는 상황이다. 따라서 러시아 또한 북핵문제의 원만한 해결을 위해 북한과 합의하게 될 것이다. 이러한 관점에서 주변국가들은 북한의 소극적인 태도에도 불구하고 북핵 해결을 위한 6자 회담을 꾸려 나가려고 하고 있다.

6자 회담을 비롯하여 북핵과 관련하여 주변국가들의 역학관계는 오선위기 공사의 실행과정이라고 평가할 수 있다. 현재 북한의 태도가 북핵문제 해결에 대한 관건이다. 그동안 북핵협상에 있어 북한의 완고한 태도는 몸값을 불리기 위한 전략이었다고 볼 수 있다. 그런데 북한의 현재의 위급한 경제상황을 고려할 때 더 이상 지연전략을 펼 수 없을 것으로 생각하면서 조만간 6자 회담의 재개를 통해 바둑판 공사가 종결될 것으로 예상된다.

제4절 증산의 천지공사 이념과 DMZ 세계평화공원

1. 해원상생과 DMZ 세계평화공원

증산은 천지공사를 통해서 상도(常道)를 잃은 천지도수를 정리하여 지상천국을 건설하고자 했고 그 중심국가로 한반도를 상정했다. 이러한 천지공사는 신인의도(神人依導)[24]의 이법(理法)으로서 해원(解冤)과 보은(報恩)를 기본원리로 하고 있다. 증산의 천지공사는 신인합일(神人合一)과

---

24) 참조: 대순진리회, 『전경』, 대순진리회 출판부, 2010, p. 206. (陰陽經): 神無人後, 無托而所衣, 人無神前, 無導而所依, 神人和而, 萬事成, 神人合而百工成, 神明俟人人俟神明, 陰陽相合神, 神人相通, 然, 然後天道成而地道成, 神事成而人事成, 人事成, 人事成而神事成 ……

신인조화(神人調化)의 원리에 의해 인간과 신명 간의 상호작용과 상호협력에 의해 이루어지고 그 방향은 해원과 보은의 관점으로 진행된다. 따라서 한반도 상등국 천지공사의 실현과정의 첫 번째 단계라고 할 수 있는 DMZ 공원 성격을 해원상생과 보은상생의 관점에서 규명하고자 한다.

천상에서 서양 대법국(大法國) 천계탑(天啓塔)에 내려온 증산은 해원상생의 관점에서 천하를 대순하다가 삼계의 대권을 갖고 삼계를 개벽하여 선경을 열고 사멸에 빠진 세계 창생들을 건지기 위해 동방을 순회하던 중 조선 땅에 머물렀는데, 이는 참화에 묻힌 무명의 약소민족을 먼저 도와 만고에 쌓인 원을 풀어 주기 위해서였다.[25] 이러한 해원상생의 원리는 명부공사를 행함에 있어서도 보국안민(輔國安民)과 제세대도(濟世大道)의 큰 뜻을 품었으나 실현하지 못하고 죽임을 당했던 전명숙과 최수운을 각각 조선과 일본의 명부로 임명했다.[26]

또한 구한말 유럽 열강이 서세동점(西勢東漸)하는 상황에서 한반도를 유럽 제국주의로부터 수호하기 위해 일본에게 일시천하통일지기(一時天下統一之氣)와 일월대명지기(日月大明之氣)를 부여하여 조선을 의탁하는 공사에서도 일본에 대한 해원을 바탕으로 하고 있다.

일본은 임진왜란 때 한반도에서 성공하지 못함으로 도리어 원한이 맺혀 삼한당(三恨堂)의 처지에 처해 있었다.[27] 첫 번째 한은 서울에 들어오지 못함이고, 두 번째 한은 무고한 조선의 인명을 많이 살해하여 조선으로부터 원한을 받은 것이고, 세 번째 한은 왜군이 조선해군에 의해 해상보급로가 폐쇄됨에 따라 식량을 자체 조달하기 조선인에게 이앙법(移秧法)을 가르친 것이었다. 따라서 증산은 일본에 대한 일시천하통일지기 공사를 통해서 일본으로 하여금 이를 해소하도록 했다. 그 결과 일본은 조선총독부를 서울에 설치함으로써 첫 번째 원을 풀고, 일본 식민지 통치 기간에 무고한 조선인을 살해하지 않음으로써 두 번째 원을 해소하고, 태평양 전쟁 발발한 해인 1941년부터 3년 동안 한반도에 대기근이 들게 함으로써 세 번째 원한이 풀렸다.

마지막으로 한반도 상등국 천지공사의 완성을 위한 오선위기 공사도 인류의 원한의 근원인 단주(丹朱)의 해원에서 출발하고 있다.

증산은 1907년(정미년)에 오선위기 공사를 통해 단주를 해원시킴으로써 이때 발생하는 에너지를 한반도 상등국 천지공사에 활용했다. 단주는 당(唐)의 왕이었던 요(堯)의 아들이었으나 불초하다는 이유로 요가 단주를 배제한 채 순(舜)에게 둘 딸과 함께 보위를 위양하고 단주에게는 바둑에만 전념하도록 했다.

이에 단주는 원한을 품고 마침내 순을 창오(蒼梧)에서 멸망시키고 두 왕비를 소상강(瀟湘江)에 빠져 죽게 하였다. 이때부터 원한의 뿌리가 세상에 박히고 세월이 흐름에 따라 그 원한의 종자가 퍼져서 천지를 가득 채워 인류가 파멸의 지경에 이르렀었다. 증산은 이러한 단주의 원한을 해소함으로써 인류의 원한의 뿌리를 제거함과 동시에 한반도 상등국 공사를 완결시켰다.[28]

---

25) 대순진리회, 『전경』, 대순진리회 출판부, 2010, pp. 265-266
26) 대순진리회, 『전경』, 대순진리회 출판부, 2010, p. 99, 221
27) 대순진리회, 『전경』, 대순진리회 출판부, 2010, p. 312
28) 대순진리회, 『전경』, 대순진리회 출판부, 2010, p. 130

증산은 또한 해원을 통한 한반도 상등국 천지공사를 처결한 후에 인류의 공멸을 방지함으로써 세계 상생의 여건을 조성하기 위한 공사를 단행했다. 실제로 1907년(정미년) 한반도 상등국을 위한 오선위기 공사를 완성한 다음해인 1908년(무신년)에 매화(埋火) 공사를 행했다. 훗날 세계가 변산 같은 큰 불덩이에 의해 타 버릴 우려가 있기 때문에 그 불을 묻었다.[29] 이러한 매화공사는 향후 인류가 핵전쟁에 의해 전멸되는 것을 예방하기 위한 조치였다고 볼 수 있다.

이와 같이 증산은 상등국 공사 완성 후 매화공사를 통해 마지막의 위험요소까지 제거함으로써 한반도 중심의 후천도수를 물샐틈없이 완성했다. 우리는 이를 바탕으로 한반도와 세계의 지난 역사를 설명할 수 있음과 동시에 향후 미래의 전개상황을 전망을 할 수 있다.

현재 한반도의 상황은 증산의 천지공사에 의해 애기씨름판과 총각씨름판을 거친 후 상씨름의 최종판이 오선위기의 형국으로 종결되어가는 과정이다. 이러한 과정을 통해서 한반도 중심의 후천의 세계역사가 새롭게 전개되기 시작하고 있으며 그의 출발점이 DMZ공원이라고 할 수 있다. DMZ공원이 세계 여러 국가 중에서 한반도에 그리고 한반도 중에서도 중부권 접경지역(포연철: 포천·연천·철원)에 조성되는 논거는 증산의 천지공사의 이념인 해원상생에서 찾을 수 있다.

한반도는 상고시대부터 근대에 이르기까지 세계에서 가장 빈번한 외적의 침입을 받으면서도 그 민족성 유지해오는 과정에서 원한이 누적되어왔다. 그 결과 해원을 기본으로 하는 증산의 천지공사의 첫 번째 대상이 될 수밖에 없었다. 이러한 관점에서 증산은 천지공사를 통해서 도탄에 빠져 있는 한민족을 먼저 건지겠다고 설파했다.[30] 더 나아가서는 한민족은 근현대에 이르러서는 1·2차 세계대전과 6.25전쟁을 겪으면서 막대한 인명과 재산상의 피해를 감당해야 했던 국가로서 세계에서 가장 처절한 비운의 역사를 갖고 있다.

이러한 한민족을 해원시키기 위해서는 후천의 세계정부의 시발점에 해당되는 DMZ 공원이 한반도에 조성되어야 하는 숙명적인 당위성을 내포하고 있다. 또한 한반도는 6.25전쟁을 통해서 전 세계가 자본주의와 공산주의로 나뉘어 마지막 상씨름을 치른 곳으로 향후 인류가 상생하기 위해서는 이곳에 양자 간의 원한과 앙금을 해소할 수 있는 공간을 마련할 필요가 있고 DMZ 공원이 그 역할을 수행하게 된다. 이러한 의미에서 'DMZ 평화공원'에는 '세계'라는 수식어가 붙어 있다.

DMZ 공원은 6.25 당시 남북한 간에 치열한 전투를 치르다가 휴전과 함께 완충지대로 설정된 DMZ에 조성될 예정이다. 남북한 간의 합의를 통해 DMZ에 세계평화공원을 조성하는 경우 그동안의 상호 갈등과 대립에 의한 원한관계를 해소하는 계기가 될 것이다. 이러한 DMZ 공원은 단순한 평화공원의 범위를 초월하여 향후 남북관계의 진전에 따라 남북교류 전지기지, 더 나아가서는 통일수도로 발전함에 따라 통일한국이 세계 정치경제의 주도국가로 거듭나는 계기가 될 것이다.

동서 250km DMZ 중에서 현재 중부권(포연철)이 최적의 지정학적 여건을 구비하고 있음과 동시에 중부권은 6.25 남침이 최초로 발발했던 지역(연천)이며 휴전을 목전에 두고 가장 치열하게 전투를

---

29) 대순진리회, 『전경』, 대순진리회 출판부, 2010, p. 128
30) 대순진리회, 『전경』, 대순진리회 출판부, 2010, pp. 265-266

치루었던 지역(철원)으로 남북한 간의 원한과 전쟁의 앙금이 서려 있는 지역이기도 하다. 이러한 지역에 DMZ 공원이 조성되는 경우 중부권에 맺혀 있는 남북한 간의 원한 관계를 해소하게 된다.

더 나아가 DMZ 공원이 조성되는 경우 남북공동시설과 함께 국제기구가 함께 입지함으로써 한반도와 세계의 화약고로 불리는 중부권 접경지역에서 남북한 간 전쟁의 도화선을 영원히 제거됨으로써 한반도뿐만 아니라 세계의 평화와 공존을 담보할 수 있게 된다.

또한 중부권 접경지역들이 그 동안의 낙후와 규제에서 벗어나 통일수도의 후보지로 성장할 수 있는 기회를 포착하게 된다. 포천시는 현행법상 전 지역이 접경지역에 속하고, 군사시설보호구역이 30%를 차지하고, 미군 부대가 사용하는 해외 최대 규모의 미군 전용의 영평사격장(13.52㎢, 409만평)과 동양최대 규모의 한국군 전용의 승진사격장(19.52㎢, 600만평)이 입지해 있고, 행정구역의 3분의 1이상이 38도선 이북에 속하여 김일성 별장이 위치했던 지역으로서 전형적인 접경지역형 낙후지역이지만 지금까지 수도권으로 분류되어 규제를 받았기 때문에 아직까지도 낙후성을 탈피하지 못하고 있다. 연천군 또한 군사분계선을 중심으로 북한과 대치하고 90% 이상이 군사시설보호구역으로 지정되어 있음에도 불구하고 수도권에 포함되어 각종 토지이용 규제를 받고 있다. 철원군 역시 전 지역이 군사시설보호구역으로 지정되어 있을 뿐만 아니라 사회경제적인 여건의 미비로 말미암아 인구가 감소하고 지역경제가 침체하면서 강원도의 변방으로 분류되고 있다

이러한 중부권 지역에 DMZ 공원이 조성되는 경우 증산이 "해원시대를 맞이하여 사람도 명색이 없던 사람이 기세를 얻고 버림을 받던 땅에도 기운이 돌아오리라"고 설파한대로[31] 중부권 접경지역이 그 동안의 낙후와 규제로부터 해원함 동시에 통일수도로 발전할 기회를 포착할 수 있을 것이다.

http://cafe.daum.net/limsungpil/BuyI/21?q=%EC%B2%A0%EB%A7%88%EB%8A%94+%EB%8B%AC%EB%A6%AC%EA%B3%A0+%EC%8B%B6%EB%8B%A4&re=1

[그림 9-4] 철마는 달리고 싶다

---

31) 대순진리회, 『전경』, 대순진리회 출판부, 2010, p. 233

우리나라에서는 충청권에 세종시가 조성됨에 따라 현재 서울의 수도기능이 세종시로 이전하게 되어 향후 세종시가 수도의 구실을 할 것으로 기대된다. 현재 일부 행정부처와 청와대·국회가 서울에 존치함에 따라 행정기능의 이원화에 따른 막대한 비용(연간 5조원 상당)이 발생하고 있기에 조만간 모든 정부기관이 세종시로 이전하게 될 것으로 예상되며, 세종시가 수도의 기능을 담당하게 되면서 서울시는 경제 산업도시로 변모하게 될 것으로 보인다. 그러나 세종시는 향후 한반도 통일과 세계정부 수립과정에서는 수도로서 기능을 수행하는 데 한계가 있다. 이러한 관점에서 증산은 충청권의 계룡산(鷄龍山) 건국의 비결에 대한 종도들의 질문에 대해 동서양의 통일시대를 맞이하여 계룡산 건국은 허망한 일이라고 대답한 바 있다.[32] 증산의 이러한 언명은 한반도 상등국 천지공사에 의해 통일수도가 중부권 접경지역에 조성된다는 것을 간접적으로 암시하고 있다고 볼 수 있다.

2. 보은상생과 DMZ 세계평화공원

증산은 '한민족이 세계에서 신명 대접을 가장 극진히 하기 때문에 신명들이 그 은혜를 갚고자 한다는 점'을 설파하고,[33] 이에 대한 보은 차원에서 천지신명과 함께 한반도를 상등국으로 만들기 위한 천지공사를 단행했다. 증산이 천지공사를 독단적으로 행하기보다는 천지신명과 함께 행했다는 점에서 천지신명이 가장 좋아하는 나라를 천지공사의 실행공간으로 선택하고, 그곳에 후천 상등국을 건설하고자 했을 것이다. 그 결과 세계에서 신명공대가 가장 극진한 한반도가 천지공사판이 됨과 동시에 상등국으로 선정될 수 있었다.

한민족은 예로부터 신명공대와 극진한 관계였으며, 이 때문에 모든 신명들이 한반도에 오고 싶어했을 것이다. 이에 증산은 천지공사의 주재자로서 세계의 각지에 흩어져 있던 천지신명들을 한반도로 초청하여 이곳에서 후천 오만년의 천지공사와 함께 조선 상등국 공사를 행했을 것이다. 실제로 조선 상등국 공사를 마무리함에 있어 증산은 청나라 광서제에 응해 있으면서 만민을 다스리는 제왕의 업무를 담당하던 황극신을 조선으로 옮겼다. 그 결과 광서제가 사망하고 얼마 지나지 않아 청나라가 망하게 되었다. 이와 같이 중국 황극신을 한반도로 천거하여 조선 상등국 공사를 완성하게 되는 연고는 조선이 만동묘를 조성하여 명나라의 의종과 신종에게 극진하게 제사한 사실에서 비롯되었다.[34]

이밖에도 수많은 신명들이 한반도에 집결하여 증산 상제의 명을 받아 천지공사와 함께 조선 상등국 공사에 동참했다. 증산은 많은 짐을 실어 나르는 남조선 뱃길을 개방하여[35] 신명들이 화물선의 화물표에 붙어 한반도로 들어올 수 있도록 했다.[36]

신명들이 한반도로 집결함에 따라 천지공사의 원리인 신인의도(神人依導)에 의해 인간들도 합류하고

---

32) 대순진리회, 『전경』, 대순진리회 출판부, 2010, p. 258
33) 대순진리회, 『전경』, 대순진리회 출판부, 2010, p. 254
34) 대순진리회, 『전경』, 대순진리회 출판부, 2010, pp. 140-141
35) 대순진리회, 『전경』, 대순진리회 출판부, 2010, pp. 265-266
36) 대순진리회, 『전경』, 대순진리회 출판부, 2010, p. 318

있다. 세계 각국의 인간들이 한반도로 향하고 있는 것인데, 인망(人望)을 얻어야 신망(神望)을 얻을 수 있듯이[37] 신망을 받음으로써 인망도 받게 된다는 원리다.

    기본적으로 한민족은 다른 나라를 침략한 역사를 갖고 있지 않은 세계적으로 드문 국가이며 평화를 사랑하고 인애를 베푸는 민족이기 때문에 세계의 모든 인류와 완만한 관계를 유지하고 있다. 그 결과 현재 매년 한국 방문객 수가 급증하고 있으며 외국인 투자가 확대되고 있다. 현재 한국은 세계적인 불경기임에도 불구하고 사람과 화폐가 모이는 지역이다. 향후에도 이러한 추세가 지속되면서 한반도가 세계 정치경제의 중심지로 발전하게 되고 이에 대한 구심점으로서 DMZ 공원이 제안되었다고 볼 수 있다.

    DMZ 공원의 최적지로 간주되고 있는 중부권 접경지역(포연철)은 역사적으로 한반도 통일국가 건설을 위한 노력이 삼국시대 이래로 지속되고 있는 지역이다.

    포천(왕방산)에는 삼국시대에 삼국통일과 국태민안을 기원했던 신라왕의 도장인 왕방사(王訪寺)가 지금까지 유지되고 있으며 조선 개국을 기원했던 태조 이성계 가족의 자취가 남아 있다. 또한 6.25 이전 북한의 영토였던 산정호수에는 김일성 주석이 한반도 (적화)통일을 구상했던 별장터가 남아있다.

    연천에는 신라군이 60만의 당나라 대군을 무찌름으로써 삼국통일의 위업을 달성했던 매초산성이 존재하고, 후삼국을 통일하고 고려를 건국했던 태조 왕건의 사당인 충의전이 보전되고 있다. 또한 연천에는 6.25 당시 한반도의 자유와 평화를 수호하기 위해 참전하여 전사했던 유엔군의 화장터가 남아있다. 끝으로 철원에는 후삼국을 통일하고자 했던 궁예의 도성터가 존재한다([그림 9-5]).

    중부권 접경지역은 삼국시대 이래로 한반도 통일의 역사적 성지로서 통일정부 수립을 위한 선조들의 피와 땀과 눈물이 서려 있는 지역이다. 이렇게 역사가 증명하듯. 통일에 대한 노력에 대한 보답으로 신명적인 보은 차원에서 향후 한반도의 통일수도와 세계정부의 중심으로 발전할 수 있는 DMZ 공원이 입지하게 될 것이다.

---

37) 대순진리회, 『전경』, 대순진리회 출판부, 2010, p. 225

[그림 9-5] 중부권 접경지역 통일 유적지

제5절 맺음말

    증산은 우주질서를 생(生:봄)·장(長:여름)·염(斂:가을)·장(藏:겨울)로 구분하고,[38] 현하를 염(가을)의 시대로 규정하고 있다.[39] 이처럼 증산은 선천 상극세상을 마무리하고 후천 지상선경을 건설하기 위해 한반도에서 천지공사를 단행했다.
    천지공사는 천지인 삼계공사이지만 최종적으로 천지의 주인공인 인간공사로 귀결되며 이때의 인간은 무정부주의적인 개인이 아니라 공동체의 구성원으로서의 인간이라고 할 수 있다. 현대 사회에 있어 국가가 가장 전형적인 인간 공동체라는 점에 입각한 경우 증산의 천지공사는 상생이 넘쳐나는 국가건설로 귀착된다. 이때 증산은 세계의 모든 국가를 대상으로 하기보다는 특정국가를 상등국으로 건설한 후에 이를 중심으로 상생의 세계질서를 구축하고자 했다.

    증산은 천지인 삼계 우주대권의 주재자로서 천지공사를 집행함에 있어 해원상생·보은상생이라는 공평무사한 원리를 기준으로 했다. 이러한 원리에 의한 천지공사는 결국 한반도 상등국 공사로 귀결된다.
    증산의 한반도 탄강 당시의 한반도 상황은 이리떼와 같은 제국주의 열강에 포위되어 있는 어린 양과 같았다. 증산의 천지공사는 이러한 나약한 국가를 보호·육성하여 후천 선경세계를 주도할 수 있는 상등국으로 성장시키기 위한 우주적인 메가 플랜이었다고 볼 수 있다. 증산이 행한 명부공사, 씨름판

---

38) 대순진리회, 『전경』, 대순진리회 출판부, 2010, p. 255
39) 대순진리회, 『전경』, 대순진리회 출판부, 2010, pp. 321-322

공사, 오선위기 공사 등 모든 천지공사가 한반도 상등국 공사로 귀결된다. 이러한 증산의 천지공사는 우주역사상 유일무이한 일로서[40] 물샐틈없이 짜여 있기 때문에 제 한도대로 돌아가고 있다고 볼 수 있다.[41]

현재에 이르러 증산의 한반도 상등국 천지공사가 결실을 볼 시점에 도달했다고 할 수 있는데 이에 대한 첫걸음이 바로 DMZ 공원이다. DMZ 공원은 유엔을 비롯한 전 세계의 관심과 참여 속에서 남북교류와 협력의 구심점이 되고 향후 통일수도로 발전함과 동시에 세계의 정치경제의 일번지로 성장할 것이다. 세계의 명당 한반도, 그 명당의 혈자리에 DMZ 공원이 조성될 예정이다. 선천의 양육강식과 적자생존의 냉혹한 자본주의에서 벗어나 해원과 보은을 위주로 상생의 자본주의를 건설하기 위한 후기 자본주의 거점으로 성장하게 될 DMZ 공원의 미래가 기대되는 바이다.

증산은 한반도에서 1901년부터 9년이라는 짧은 기간동안 천지공사를 행한 후에 한민족의 손에 인(仁)와 생(生)를 쥐어주고 화천하면서 선천에서는 모사재인 성사재천(謀事在人 成事在天)이나 후천에서는 모사재천 성사재인(謀事在天 成事在人)이라고 일러주면서 상등국 건설을 위한 빈틈없는 노력을 당부하였다. 천지대운이 한반도로 밀려오고 있는 때에 철저한 준비를 통해 증산의 상등국 천지공사의 비전과 이상을 실현하는 것이 한민족의 과제이다. 증산은 이러한 우주 가을철의 시대적 특징의 하나로 원시반본(原始返本)을 들고 있다.[42] 이는 나무가 봄과 여름철에는 성장과 분열을 통해 잎과 가지를 번성시키다가 가을철에는 낙엽을 떨구고 수분과 양분을 뿌리로 회귀시키는 것과 같은 이치이다.

이를 인류역사에 적용하게 된다면 인류가 원시 원형문화에서 출발하여 세계만방으로 퍼졌다가 우주 가을철을 맞이하여 본거지로 돌아오게 된다는 것으로 추론할 수 있다.

한민족은 환국→배달→고조선→북부여→고구려→발해→고려→조선→대한제국→대한민국으로 이어지는 9천 년이라는 세계에서 가장 유구한 역사를 보유하고 있는 세계문명의 종가국(宗家國)이다. 한민족의 뿌리 국가임과 동시에 세계 최초 국가였던 9천 년 전의 환국이 지금으로부터 6천 년 전에 천재지변과 기후변화를 겪으면서 양분되어 한 갈래는 동진하여 배달·고조선·북부여·고구려를 거치면서 한반도에 정착하고 일부는 동북진하여 오츠크해 인근→베링해협→캄차카반도→알류산열도→알레스카→아메리카대륙까지 진출하여 현재에 이르고 있으며 또 다른 한 갈래는 서쪽으로 천산(Anshan)을 넘어 이주하여 서양문명의 효시인 수메르 문명을 탄생시킨 후에 계속 서진하여 지중해 문명와 유럽문화를 발전시킨 후에 대서양을 건너가 먼저 정착해 있던 아메리카 토착민들을 정복하였다.[43]

---

40) 대순진리회, 『전경』, 대순진리회 출판부, 2010, pp. 97-98
41) 대순진리회, 『전경』, 대순진리회 출판부, 2010, p. 314
42) 대순진리회, 『전경』, 대순진리회 출판부, 2010, p. 258
43) 손성태(2010), 「아스텍제국에 나타난 우리민족의 풍습」, 비교민속학, 43집, (2010), pp. 299-347; 손성태, 「우리민족의 태양신 신앙과 아메리카 이동」, 비교민속학, 제52집, (2013), pp. 301-341: 손성태, 「우리민족의 대이동: 아메리카 인디안은 우리민족이다」, 도서출판 코리, (2014) ; Steve Tayor, *The Fall: The Insanity of the Ego in Human History and the Dawning of a New Era*, Iffs Books (2015); Hong Beom Rhee, *Asian Millenarianism: An Interdisciplinary Study of the Taiping and Tonghak Rebellions in a Global Context*, Cambria Press. (2007).

이와 같이 널리 퍼져 있던 한민족의 문화와 인종의 치어(稚魚)들이 성어(成魚)가 되어 후천 가을개벽 시대를 맞이하여 한반도로 회귀하고 있다. 실제로 근현대의 세계에서 정치·경제·문화의 중심축이 유럽 지중해에서 출발하여 대서양을 건너 미국을 거쳐 태평양을 넘어 잠시 일본에 머물렀다가 한반도로 향하고 있다. 특히 최근에 접어들면서 한국의 드라마·노래·음식 등이 한류(The Korean Waves)라는 이름으로 전 세계에 퍼지면서 세계의 모든 민족과 인종들이 한국을 동경하고 있다. 이러한 한류의 열풍은 우연한 일시적인 현상이 아니라 우주 가을철에 원시반본하는 자연섭리라고 볼 수 있다.

증산은 상제로서 서양 대법국 천계탑에 내려와서 천하를 대순하다가 한반도에 탄강하여 후천 선경세계 건설을 위한 천지공사를 공사를 행하였는데, 이곳이 세계인류의 종가국(宗家國)이기 때문이었다고 볼 수 있다. 증산은 자신의 한반도 종가국 탄강과 관련하여 "조선강산이 명산이기 때문에 대선생이라는 이름으로 이곳에 갱생하여 1만2천 도통군자를 배출하게 하게 된다"고 규정하고 있다.[44] 또한 종가국에서의 천지공사는 한반도 상등국 공사를 본질적인 내용으로 하며, 원시반본 시대에는 혈통줄이 바로 잡히기[45] 때문에 종가국 중심으로 세계질서를 재편하게 된다.

한반도에서 상생을 위한 글로벌 마스터플랜을 설계하여 모든 국가와 민족에 적용함으로써 후천 지상 선경세계를 건설하고자 했다[46] 이를 위해 증산은 천지공사를 통해서 남조선 뱃길을 열어 전명숙으로 하여금 도사공(都沙工)을 맡게 하여 혈식천추 도덕군자들이 배를 몰고 한반도로 향하도록 했다.[47]

이러한 증산의 한반도 상등국 천지공사는 현재에 이르러 DMZ 공원에 의해 구체화되어 가고 있다. 앞으로 조성될 DMZ공원은 남북교류 전진기지로서 향후 통일수도로 발전함과 동시에 글로벌 상생의 정치와 경제의 거점으로 자리매김할 것이다.

DMZ 공원을 정치적으로 본다면 유엔을 비롯한 국제기구와 함께 세계평화와 공존의 상징시설들이 입지하게 되어 세계정치의 중심지로 발전할 것이며, 경제적으로 본다면 21세기 철의 실크로드 시발역으로서 세계의 물류거점으로 발전함과 동시 20세기 제국주의형 자본주의를 청산하고 미덕이 넘치는 세계 경제공동체를 건설하는 구심점으로 성장할 것으로 예상된다.

---

44) 대순진리회, 『전경』, 대순진리회 출판부, 2010, pp. 265-266
45) 대순진리회, 『전경』, 대순진리회 출판부, 2010, p. 258
46) 대순진리회, 『전경』, 대순진리회 출판부, 2010, p. 314: 萬國活計 南朝鮮, 淸風明月 金山寺, 文明 開花 三千國, 道術運通 九萬里.
47) 대순진리회, 『전경』, 대순진리회 출판부, 2010, p. 326

참고문헌

김정완(2013). 「통일시대를 대비한 접경지역 시군통합의 필요성과 기대효과」. 한국지방행정학보, 제10권 제1호, pp. 169-192.

_____(2019). 「북핵, 빅딜을 위한 협상 플랫폼 구축해야」. 경인일보, 2019.03.21. 제23면: http://www.kyeongin.com/main/view.php?key=20190310010003508.

김찬권(2014). 「DMZ 세계평화공원 조성 국민 인식도」. 중부권 접경지역의 미래: 평화공원과 통일수도, DMZ 세계평화공원 중부권 유치위원회 Workshop, 대진대 DMZ연구원, pp. 63-113.

대순진리회(2010). 『전경』, 대순진리회 출판부.

손성태(2010). 「아스텍제국에 나타난 우리민족의 풍습」. 비교민속학, 43집, pp. 299-347.

_____(2013). 「우리민족의 태양신 신앙과 아메리카 이동」, 비교민속학, 제52집, pp. 301-341.

_____(2014), 「우리민족의 대이동: 아메리카 인디안은 우리민족이다」, 도서출판 코리.

Tayor, Steve(2005), *The Fall: The Insanity of the Ego in Human History and the Dawning of a New Era*, Iffs Books.

Rhee, Hong Beom(2007), *Asian Millenarianism: An Interdisciplinary Study of the Taiping and Tonghak Rebellions in a Global Context*, Cambria Press.

필자

김정완
- 대진대 DMZ연구원장(행정정보학과 교수)
- 대통령 소속 자치분권위원회 전문위원
- 국민권익위원회 청렴사회 민관협의의 교육분과장

〈주요 저서 및 논문〉
- 『애덤 스미스의 이해』(2012, 대영문화사).
- 「접경지역 남북교류거점의 입지와 개발방향」(2018).
- 「군사격장의 피해현황에 따른 보통교부세 지원 방안」(2019).

박영민
- 대진대 창의미래인재대학 교수
- 한국세계지역학회 회장
- 한국국제정치학회 기획위원장(2017)

〈주요 저서 및 논문〉
- 「북한의 부패실태 및 사회변화에 미치는 영향」(2016).
- 「DMZ 군사충돌 사례와 요인 연구」(2018).

나용우
- 통일연구원 기획조정실 연구기획부장
- 성균관대학교 정치외교학과 겸임교수
- 서울특별시 한강시민위원회 남북협력분과위원

〈주요 저서 및 논문〉
- 『분권형 대북정책 추진전략과 실천과제: 대북교류협력정책의 지속가능성 제고 방안을 중심으로』(2019, 통일연구원).
- 『한반도 평화·번영 실현을 위한 국경협력』(2019, 통일연구원).
- 『남북관계의 변화와 동북아외교』(2019, 부산외대 출판부).

박은진
- 국립생태원 경영기획실장
- 유네스코 MAB한국위원회 위원
- 과기부 기술수준평가 핵심전문가
- 제19대 민주평화통일자문회의 위원

〈주요 저서 및 논문〉
- 『환경정의, 니가 뭔지 알고싶어』(2015).
- 「국가 생태계서비스 평가 가이드라인」(2017).
- 『지속가능발전목표(SDG) 15 해설서』(2018).

이정훈

- 경기연구원 북부연구센터장
- 경기학회 회장
- 대한지리학회 부회장

〈주요 저서 및 논문〉

- 「한반도 신경제구상과 경기북부 접경지역 발전 전략」(2019).
- 「트윈시티모델에 기반한 남북한 접경지역 분석과 발전 전망」(2019).
- 「한국인과 외국인이 본 DMZ의 이미지와 가치」(2019).

함광복

- (사)한국DMZ연구소장
- 대통령직속 통일준비위원회 위원
- sbs/G1강원민방 대기자 방송위원
- 강원도민일보 논설실장

〈주요 저서 및 논문〉

- 『DMZ는 국경이 아니다』.
- 『DMZ기행 할아버지 연어를 따라오면 한국입니다』.
- 『The Living History of The DMZ』.

최용환

- 국가안보전략연구원 안보전략연구실장
- 민주평화통일자문회의 상임위원
- 통일부 정책자문위원

〈주요 저서 및 논문〉

- 『한국의 대북정책과 지자체의 역할』 (2015, 한울).
- 「DMZ평화지대 조성을 위한 실천과제」 (2018, 『접경지역통일연구』).
- 「김정은 시대 북한의 핵협상 전략」 (2018, 국가안보전략연구원).

황수환

- 강원대학교 통일강원연구원 선임연구원
- 민주평화통일자문회의 상임위원
- 평화나눔연구소 연구위원

〈주요 저서 및 논문〉

- 「평화학적 관점에서 본 한반도 평화의 방향」(2019, 『평화학연구』).
- 「평화의 과정: 보스니아 평화협정, 사라예보에서 데이튼까지」(2019, 『국제정치논총』).

한상민

- 한림대 글로벌협력대학원 객원교수
- 한국외대 글로벌정치연구소 초빙연구원
- 고려대 국제대학원 연구교수